Kontaktadresse nach EU-Produktsicherheitsverordnung:
produktsicherheit@fischerverlage.de

Franz Kafka
Tagebücher

Bd. 2: 1912–1914

in der Fassung der Handschrift

Fischer Taschenbuch Verlag

Eine Auswahl aus den ›Tagebüchern‹
erschien erstmals in dem Band ›Tagebücher und Briefe‹,
herausgegeben von Max Brod im Jahre 1937 bei Heinr. Mercy Sohn in Prag,
die erste vervollständigte Ausgabe unter dem Titel ›Tagebücher 1910–1923‹,
herausgegeben von Max Brod, 1951 im S. Fischer Verlag, Frankfurt am Main.

Textgrundlage dieses Bandes
sind die Seiten 343–638 des Bandes
Franz Kafka, ›Tagebücher‹, Kritische Ausgabe.
herausgegeben von Hans-Gerd Koch, Michael Müller und Malcolm Pasley,
Frankfurt am Main: S. Fischer Verlag 1990.

2. Auflage

Druck und Bindung: BoD – Books on Demand GmbH,
Norderstedt, Germany
ISBN 978-3-596-18118-6

Unsere Adresse im Internet: www.fischerverlage.de

Dieser Taschenbuchedition liegt die Kritische Ausgabe der Werke von Franz Kafka zugrunde. Sie wurde anhand der Originalmanuskripte erarbeitet und bietet die authentischen, oft fragmentarischen Texte unter Beibehaltung von Orthographie und Zeichensetzung. »Mag die Interpunktion auf den ersten Blick auch willkürlich erscheinen, weil man die Anwendung der erlernten Regeln vermißt, so erkennt man doch ihre Konsequenz, sobald man mit Hilfe des Ohrs zu lesen beginnt. Denn Kafkas Zeichensetzung dient nicht so sehr der Verdeutlichung der grammatischen Struktur als vielmehr der leichteren Erfassung ihres Sinnes und der Markierung von Rhythmus und Tonfall.« (Malcolm Pasley)

In Kafkas Tagebüchern mischen sich autobiographische und literarische Aufzeichnungen. Die am Anfang entwikkelte Form behält er grundsätzlich bei, variiert sie aber immer wieder. In dieser Edition verteilen sich die Tagebuchaufzeichnungen auf drei Bände und einen weiteren Band mit den Reiseaufzeichnungen.

Franz Kafka wurde am 3. Juli 1883 als Sohn jüdischer Eltern in Prag geboren, der Stadt, in der er nahezu sein ganzes Leben verbrachte. Nach Schulbesuch und Jurastudium, das er 1906 mit der Promotion abschloß, absolvierte er zunächst ein einjähriges Rechtspraktikum, bevor er 1907 in die Prager Filiale der *Assicurazioni Generali* und 1908 schließlich in die *Arbeiter-Unfall-Versicherungs-Anstalt* eintrat, deren Beamter er bis zu seiner frühzeitigen Pensionierung im Jahre 1922 blieb. Im Spätsommer 1917 erlitt Franz Kafka einen Blutsturz; es war der Ausbruch der Tuberkulose, an deren Folgen er am 3. Juni 1924, noch nicht 41 Jahre alt, starb.

Franz Kafka
Gesammelte Werke in zwölf Bänden

Nach der Kritischen Ausgabe
herausgegeben von Hans-Gerd Koch

1
Ein Landarzt
und andere Drucke zu Lebzeiten

2
Der Verschollene

3
Der Proceß

4
Das Schloß

5
Beschreibung eines Kampfes
und andere Schriften aus dem Nachlaß

6
Beim Bau der chinesischen Mauer
und andere Schriften aus dem Nachlaß

7
Zur Frage der Gesetze
und andere Schriften aus dem Nachlaß

8
Das Ehepaar
und andere Schriften aus dem Nachlaß

9
Tagebücher
Band 1: 1909–1912

10
Tagebücher
Band 2: 1912–1914

11
Tagebücher
Band 3: 1914–1923

12
Reisetagebücher

Fünftes Heft

4. I 11 *⟨1912⟩* Nur infolge meiner Eitelkeit lese ich so gerne meinen Schwestern vor, (daß heute z. B. zu spät zum Schreiben geworden ist) Nicht daß ich überzeugt wäre, daß ich im Vorlesen etwas Bedeutendes erreichen würde, vielmehr beherrscht mich nur die Sucht, mich an die guten Arbeiten, die ich vorlese, so sehr heranzudrängen, daß ich mit ihnen nicht durch mein Verdienst, sondern nur in der durch das Vorgelesene aufgeregten und für das Unwesentliche getrübten Aufmerksamkeit meiner zuhörenden Schwestern in eins verfließe und deshalb auch unter der vertuschenden Wirkung der Eitelkeit als Ursache an allem Einfluß teilnehme, welchen das Werk selbst geübt hat. Deshalb lese ich auch vor meinen Schwestern tatsächlich bewundernswert, erfülle manche Betonungen mit einer meinem Gefühl nach äußersten Genauigkeit, weil ich nachher nicht nur von mir sondern auch von meinen Schwestern im Übermaß belohnt werde. Lese ich aber vor Brod oder Baum oder andern, muß jedem mein Lesen schon infolge meiner Ansprüche auf Lob entsetzlich schlecht vorkommen, selbst wenn er von der Güte meines sonstigen Vorlesens nichts weiß, denn hier sehe ich daß der Zuhörer die Sonderung zwischen mir und dem Gelesenen aufrecht erhält, ich darf mich mit dem Gelesenen nicht gänzlich verbinden ohne meinem Gefühl nach, das keine Unterstützung vom Zuhörer zu erwarten hat, lächerlich zu werden, ich umfliege das Vorzulesende mit der Stimme, versuche, weil man es will, hie und da einzudringen, beabsichtige es aber nicht ernstlich, weil man es von mir gar nicht erwartet; das was man aber eigentlich will, ohne Eitelkeit ruhig

und entfernt zu lesen und leidenschaftlich nur zu werden, wenn es meine Leidenschaft verlangt, das kann ich nicht leisten; trotzdem ich mich aber damit abgefunden zu haben glaube und mich also damit begnüge vor andern als vor meinen Schwestern schlecht vorzulesen, zeigt sich meine Eitelkeit, die diesmal kein Recht haben sollte, doch, indem ich mich gekränkt fühle, wenn jemand in dem Vorgelesenen etwas aussetzt, rot werde und rasch weiterlesen will, wie ich überhaupt, wenn ich einmal zu lesen angefangen habe, danach strebe, endlos vorzulesen in der unbewußten Sehnsucht daß im Verlauf des langen Lesens, zumindest in mir das eitle falsche Gefühl der Einheit mit dem Vorgelesenen sich erzeugen wird, wobei ich vergesse, daß ich niemals die genügende augenblickliche Kraft haben werde, aus meinem Gefühl auf den klaren Überblick des Zuhörers einzuwirken und daß es zuhause immer die Schwestern sind, welche mit der erwünschten Verwechslung beginnen

---

5. I 11 *⟨1912⟩* Seit 2 Tagen konstatiere ich in mir Kühle und Gleichgültigkeit wann ich will. Gestern abend beim Spazierengehn war mir jedes kleine Straßengeräusch, jeder auf mich gerichtete Blick, jede Photographie in einem Auslagskasten wichtiger als ich.

Die Einförmigkeit. Geschichte

Wenn man sich am abend endgiltig entschlossen zu haben scheint, zuhausezubleiben, den Hausrock angezogen hat, nach dem Nachtmahl beim beleuchteten Tische sitzt und jene Arbeit oder jenes Spiel vorgenommen hat, nach dessen Beendigung man gewohnheitsmäßig schlafen geht, wenn draußen ein unfreundliches Wetter ist, das das Zuhausebleiben selbstverständlich macht, wenn man jetzt auch schon so lange bei Tisch still gehalten hat, daß das Weggehn nicht nur väterlichen Ärger sondern allgemeines Staunen hervorrufen müßte, wenn nun auch schon das Treppenhaus dunkel und das Haustor gesperrt ist und wenn man nun trotz alledem in einem plötzlichen Unbehagen aufsteht, den Rock wechselt, sofort straßenmäßig angezogen erscheint, weggehn zu müssen erklärt, es nach kurzem Abschied auch tut, je nach der Schnelligkeit mit der man die Wohnungstüre zuschlägt und damit die allgemeine Besprechung des Fortgehns abschneidet, mehr oder weniger Ärger zu hinterlassen glaubt, wenn man sich auf der Gasse wiederfindet mit Gliedern, die diese schon unerwartete Freiheit, die man ihnen verschafft hat, mit besonderer Beweglichkeit belohnen, wenn man durch diesen einen Entschluß alle Entschlußfähigkeit in sich aufgeregt fühlt, wenn man mit größerer als der gewöhnlichen Bedeutung erkennt, daß man mehr Kraft als Bedürfnis hat, die schnellsten Veränderungen leicht zu bewirken und zu ertragen, daß man mit sich allein gelassen in Verstand und Ruhe und in deren Genusse wächst, dann ist man für diesen Abend so gänzlich aus seiner Familie ausgetreten, wie man es durchdringender durch die entferntesten Reisen nicht erreichen könnte und man hat ein Erlebnis gehabt, das man wegen seiner für Europa äußersten Einsamkeit nur russisch nennen kann. Verstärkt wird es noch, wenn man zu dieser späten Abendzeit einen Freund aufsucht, um nachzusehn, wie es ihm geht.

Weltsch eingeladen, zum Benefice der Frau Klug zu kommen. Löwy mit seinen starken Kopfschmerzen, die wahrscheinlich ein schweres Kopfleiden anzeigen, lehnte sich unten auf der Gasse, wo er auf mich wartete, die Rechte verzweifelt an der Stirn, an eine Hausmauer. Ich zeigte ihn Weltsch, der sich vom Kanapee aus zum Fenster hinüberneigte. Ich glaubte zum erstenmal in meinem Leben in dieser leichten Weise aus dem Fenster einen mich nahe betreffenden Vorgang unten auf der Gasse beobachtet zu haben. An und für sich ist mir solches Beobachten aus Sherlock Holmes bekannt.

6 I 12 Gestern »Vicekönig« von Feimann. Die Eindrucksfähigkeit für das Jüdische in diesen Stücken verläßt mich, weil sie zu gleichförmig sind und in ein Jammern ausarten, das auf vereinzelte kräftigere Ausbrüche stolz ist. Bei den ersten Stücken konnte ich denken, an ein Judentum geraten zu sein, in dem die Anfänge des meinigen ruhen und die sich zu mir hin entwickeln und dadurch in meinem schwerfälligen Judentum mich aufklären und weiterbringen werden, statt dessen entfernen sie sich, je mehr ich höre, von mir weg. Die Menschen bleiben natürlich und an die halte ich mich. – Frau Klug hatte Benefice und sang deshalb einige neue Lieder und machte ein paar neue Witze. Aber nur bei ihrem Antrittslied war ich ganz unter ihrem Eindruck, dann bin ich zu jedem Teilchen ihres Anblicks in der stärksten Beziehung, zu den beim Gesang ausgestreckten Armen und den schnippenden Fingern, zu den fest gedrehten Schläfenlocken, zu dem flach und unschuldig unter die Weste gehenden dünnen Hemd, zu der Unterlippe die sich einmal beim Genießen der Wirkung eines Witzes aufstülpt (seht Ihr, alle Sprachen kenn ich, aber auf jiddisch), zu den fetten Füßchen, die in den dicken weißen Strümpfen bis hinter die Zehen durch die Schuhe sich niederhalten lassen. Da sie aber gestern neue Lieder sang, schädigte

sie ihre Hauptwirkung auf mich, die darin bestand, daß sich hier ein Mensch zur Schau stellt, der ein paar Witze und Lieder herausgefunden hat, die sein Temperament und alle seine Kräfte auf das vollkommenste vorführen. Da diese Vorführung gelingt, ist alles gelungen und macht es uns Freude diesen Menschen öfters auf uns wirken zu lassen, so werden wir uns natürlich – und darin sind vielleicht alle Zuhörer mit mir einig – durch die ständige Wiederholung der immer gleichen Lieder nicht beirren lassen, wir werden es vielmehr als Hilfsmittel der Sammlung ebenso z. B. wie die Verdunkelung des Saales gutheißen und von der Frau aus gesehn jene Unerschrockenheit und Selbstbewußtheit darin erkennen, die wir gerade suchen. Als daher die neuen Lieder kamen, die an Frau Klug nichts neues zeigen konnten, da die früheren ihre Schuldigkeit so vollkommen getan hatten, und als daher diese Lieder Anspruch darauf machten, als Lieder beachtet zu werden, wozu gar kein Grund war und als sie auf diese Weise von Frau Kl. ablenkten, aber gleichzeitig zeigten, daß auch sie selbst in diesen Liedern sich nicht wohl fühlte und zum teil verfehlte zum Teil übertriebene Gesichter und Bewegungen machte, mußte man verdrießlich werden und blieb nur dadurch getröstet, daß die Erinnerung an ihre vollkommene Darstellung von früher infolge ihrer unerschütterlichen Wahrhaftigkeit zu fest war, um sich durch den gegenwärtigen Anblick stören zu lassen.

---

7. I 12

Frau T. hat leider immer Rollen, welche nur die Essenz ihres Wesens zeigen, sie spielt immer Frauen und Mädchen, die mit einem Schlage unglücklich, verhöhnt, entehrt, gekränkt werden, denen aber nicht Zeit gegönnt ist, ihr Wesen in natürlicher Folge zu entwickeln. An der hervorbrechenden natürlichen Macht, mit welcher sie jene Rollen spielt, die nur im Spiel Höhepunkte, im geschriebenen Stück dagegen, infolge des Reichtums, den sie fordern, bloße Andeutungen sind, erkennt man, was sie zu leisten fähig wäre. – Eine ihrer wichtigen Bewegungen geht als Schauer von den etwas steif gehaltenen, zuckenden Hüften aus. Ihre kleine Tochter scheint eine Hüfte völlig steif zu haben. – Wenn die Schauspieler einander umarmen, halten sie einander gegenseitig die Perücken fest. – Als ich letzthin mit Löwy in sein Zimmer hinaufgieng, wo er mir den Brief vorlesen wollte, den er an den Warschauer Schriftsteller Nombert geschrieben hatte, trafen wir auf dem Treppenabsatz das Ehepaar T. Sie trugen ihre Kostüme für Kol-Nidre, die wie Mazzes in Seidenpapier gepackt waren, in ihr Zimmer hinauf. Wir blieben ein Weilchen stehn. Ich hatte das Geländer zur Stütze der Hände und Satzbetonungen. Ihr großer Mund bewegte sich so nahe vor mir in überraschenden aber natürlichen Formen. Das Gespräch drohte durch meine Schuld ins Trostlose auszugehn, denn durch mein Streben in Eile alle Liebe und Ergebenheit auszudrücken, brachte ich es nur zu der Feststellung, daß die Geschäfte der Truppe elend giengen, daß ihr Repertoire erschöpft war daß sie also nicht mehr lange bleiben könnten und daß die Interesselosigkeit der Prager Juden ihnen gegenüber unbegreiflich sei. Montag sollte ich – so bat sie mich – zu Sejdernacht kommen, trotzdem ich es schon kannte. Dann werde ich sie jenes Lied (bore Isroel) singen hören, das ich, wie sie sich aus einer alten Bemerkung erinnert hatte, besonders liebe.

Das nächtliche Aussehn, das ich und Max, Weltsch nicht so sehr, gestern mittag auf dem Graben hatten, weil wir so wenig bei Tag spazieren gehn.

Jeschive sind Talmudhochschulen, welche von vielen Gemeinden in Polen und Rußland ausgehalten werden. Die Kosten sind nicht sehr groß, weil diese Schulen meistens in einem alten unbrauchbaren Gebäude untergebracht sind, in dem sich außer den Lehr- und Schlafzimmern der Schüler die Wohnung des Rosch-Jeschive, der auch sonst Gemeindedienste versieht, und seines Gehilfen befindet. Die Schüler zahlen kein Schulgeld und bekommen die Mahlzeiten abwechselnd bei den Gemeindemitgliedern. Trotzdem diese Schulen auf den strenggläubigsten Grundlagen beruhn, sind gerade sie die Ausgangstätten des abtrünnigen Fortschritts, denn weil hier junge Leute von weit her zusammenkommen und gerade die Armen, die Energischen, die von zuhause fortstreben, da hier die Beaufsichtigung nicht sehr streng ist und die jungen Leute hier ganz aufeinander angewiesen sind und der wesentlichste Teil des Studiums im gemeinsamen Lernen und gegenseitigen Erklärungen schwieriger Stellen besteht, da die Frömmigkeit in den verschiedenen Heimatsorten der Studenten eine gleichartige ist, die nicht besonders zu Mitteilungen auffordert, während der niedergehaltene Fortschritt je nach den verschiedenen Ortsverhältnissen in der mannigfaltigsten Weise steigt oder fällt, so daß es hier immer viel zu erzählen gibt, da ferner von den verbotenen fortschrittlichen Schriften sich immer nur eines oder das andere in den Händen eines Einzelnen befindet, während sie in der Jeschive von allen Seiten zusammengetragen werden und hier besonders wirken können, weil jeder Besitzer nicht nur den Text, sondern sein eigenes Feuer weiterträgt, aus allen diesen Gründen und ihren nächsten Folgen sind aus diesen Schulen in der letzten Zeit alle fortschrittlichen Dichter, Politiker, Journalisten und Gelehrten hervorgegangen. Dadurch hat sich einerseits der Ruf dieser Schulen unter den Strenggläubigen sehr verschlechtert, anderseits strömen ihnen mehr als früher fortschrittlich gesinnte junge Leute zu. – Eine berühmte Jeschive ist die von Ostro, einem kleinen, 8 Eisenbahnstunden von Warschau entfernten Ort. Ganz Ostro ist eigentlich nur die Einfassung eines ganz kurzen Stückes der Landstraße. Löwy behauptet, es sei so lang wie sein Stock. Als einmal ein Graf mit seinem vierspännigen Reisewagen in Ostro Halt machte, standen die vordern 2 Pferde und der hintere Teil des Wagens schon außerhalb des Ortes. – Löwy entschloß sich, im Alter von beiläufig 14 Jahren, als ihm der Zwang des Lebens zuhause unerträglich schien nach Ostro zu fahren. Der Vater hatte ihm gerade, als er gegen Abend die Close verließ, auf die Schulter geklopft und leichthin gesagt, er möchte dann später zu ihm kommen, er habe mit ihm zu reden. Weil hier offenbar wieder nichts anderes zu erwarten war, als Vorwürfe, gieng L. direkt von der Close ohne Gepäck, in einem etwas bessern Kaftan, weil es Samstag abend war, und mit seinem ganzen Geld, das er immer bei sich trug, auf den Bahnhof und fuhr mit dem 10 Uhrzug nach Ostro, wo er um 7 Uhr früh ankam. Er gieng gleich in die Jeschive, wo er kein besonderes Aufsehen machte, weil jeder in eine Jeschive eintreten kann und keine besonderen Aufnahmbedingungen bestehn. Auffallend war nur, daß er gerade zu dieser Zeit – es war Sommer – eintreten wollte, was nicht üblich war, und weil er einen guten Kaftan hatte. Aber auch damit fand man sich bald ab, weil so ganz junge Leute, die in einer uns unbekannten Stärke durch ihr Judentum an einander gebunden sind, sich leicht bekanntmachen. Beim Lernen zeichnete er sich aus, da er schon von zuhause viel Wissen mitbrachte. Die Unterhaltung mit den fremden Jungen gefiel ihm, besonders da ihn alle, als sie von seinem Geld erfuhren, mit Kaufangeboten umdrängten. Einer, der ihm »Tage« verkaufen wollte, setzte ihn besonders in Erstaunen. Mit »Tage«

wurden nämlich Freitische bezeichnet. Ein verkäuflicher Gegenstand waren sie deshalb, weil es den Gemeindemitgliedern, die mit der Gewährung von Freitischen ohne Ansehen der Person ein gottgefälliges Werk tun wollten, gleichgültig war, wer an ihrem Tische saß. Wenn nun ein Student besonders geschickt war, konnte es ihm gelingen, einen Tag mit zwei Freitischen zu besetzen. Diese doppelten Mahlzeiten konnte er um so besser ertragen, als sie nicht sehr reichhaltig waren und man nach der einen noch mit großem Vergnügen die zweite herunteressen konnte und weil es auch vorkam, daß zwar ein Tag doppelt besetzt war, andere Tage aber leer standen. Trotzdem war natürlich jeder froh, wenn er Gelegenheit fand, einen solchen überzähligen Freitisch vorteilhaft zu verkaufen. Kam nun einer im Sommer wie Löwy also zu einer Zeit, wo die Freitische längst verteilt waren, konnte man sie überhaupt nur noch durch Kauf bekommen, da die am Anfang überzähligen Freitische sämtlich von Spekulanten besetzt waren. – Die Nacht in der Jeschiveh war unerträglich. Zwar standen alle Fenster offen, weil die Nacht warm war, aber der Gestank und die Hitze wollten sich aus den Zimmern nicht rühren, weil die Studenten, die keine eigentlichen Betten hatten, wo sie gerade zuletzt saßen, ohne sich auszuziehn, in ihren verschwitzten Kleidern sich zum Schlaf niederlegten. Alles war voll Flöhe. Früh benetzte sich jeder nur flüchtig Hände und Gesicht mit Wasser und fieng wieder zu studieren an. Man lernte meist zusammen, gewöhnlich zwei aus einem Buch. Oft verbanden Debatten mehrere zu einem Kreis. Der Rosch-Jeschive erklärte nur hie und da die schwierigsten Stellen. Trotzdem L. später – er blieb 10 Tage in Ostro, schlief und aß aber im Gasthaus – 2 ihm gleichgesinnte Freunde fand (man fand einander nicht so leicht, weil man die Gesinnung und Vertrauenswürdigkeit des andern immer erst vorsichtig prüfen mußte) kehrte er doch sehr gern wieder nachhause zurück, da er an ein geordnetes Leben gewöhnt war und es vor Heimweh nicht aushalten konnte.

Im großen Zimmer war der Lärm des Kartenspiels und später der gewöhnlichen vom Vater, wenn er gesund ist wie heute, laut wenn auch nicht zusammenhängend geführten Unterhaltung. Die Worte stellten nur kleine Spannungen eines unförmlichen Lärms vor. Im Mädchenzimmer, dessen Tür völlig geöffnet war, schlief der kleine Felix. Auf der anderen Seite in meinem Zimmer schlief ich. Die Tür dieses Zimmers war aus Rücksicht auf mein Alter geschlossen. Außerdem war durch die offene Tür angedeutet, daß man F. noch zur Familie heranlocken wollte, während ich schon abgeschieden war.

Gestern bei Baum. Strobl sollte kommen, war aber im Teater. B. las ein Feuilleton »vom Volkslied« vor; schlecht. Dann ein Kapitel aus »Des Schicksals Spiele und Ernst«; sehr gut. Ich war gleichgültig, schlecht gestimmt, bekam keinen reinen Eindruck des Ganzen. Auf dem Nachhauseweg im Regen erzählte mir Max den gegenwärtigen Plan der »Irma Polak«. Zugeben konnte ich meinen Zustand nicht, da M. das niemals richtig anerkennt. Ich mußte daher unaufrichtig sein, was mir schließlich alles verleidete. Ich war so wehleidig, daß ich lieber zu Max sprach, wenn sein Gesicht im Dunkeln war, trotzdem dann meines in der Helligkeit sich leichter verraten konnte. Der geheimnisvolle Schluß des Romans ergriff mich dann aber durch alle Hindernisse hindurch. Auf dem Nachhauseweg nach dem Abschied Reue über meine Falschheit und Schmerz über ihre Unumgänglichkeit. Absicht ein eigenes Heft über mein Verhältnis zu Max anzulegen. Was nicht aufgeschrieben ist, flimmert einem vor den Augen und optische Zufälle bestimmen das Gesamturteil.

Als ich auf dem Kanapee lag und in beiden Zimmern mir zur Seite laut gesprochen wurde, links nur von Frauen, rechts mehr von Männern, hatte ich den Eindruck daß es rohe negerhafte nicht zu besänftigende Wesen sind, die nicht wissen, was sie reden und nur reden, um die Luft in Bewegung zu setzen, die beim Reden das Gesicht heben und den Worten, die sie aussprechen, nachsehn.

So vergeht mir der regnerische, stille Sonntag, ich sitze im Schlafzimmer und habe Ruhe aber statt mich zum Schreiben zu entschließen, in das ich z. B. vorgestern mich hätte ergießen wollen mit allem was ich bin, habe ich jetzt eine ganze Weile lang meine Finger angestarrt. Ich glaube diese Woche ganz und gar von Goethe beeinflußt gewesen zu sein, die Kraft dieses Einflusses eben erschöpft zu haben und daher nutzlos geworden zu sein.

Aus einem Gedicht von Rosenfeld, das einen Meersturm darstellt: »Es flattern die Seelen, es zittern die Leiber«. Löwy verkrampft beim Recitieren die Haut der Stirn und der Nasenwurzel, wie man nur Hände verkrampfen zu können glaubt. Bei den ergreifendsten Stellen, die er einem nahebringen will, nähert er sich uns selbst oder besser er vergrößert sich, indem er seinen Anblick klarer macht. Nur ein wenig tritt er vor, hält die Augen aufgerissen, zupft mit der abwesenden linken Hand am Schlußrock und hält die rechte offen und groß uns hin. Auch sollen wir, wenn wir schon nicht ergriffen sind, seine Ergriffenheit anerkennen und ihm die Möglichkeit des beschriebenen Unglücks erklären.

Ich soll dem Maler Ascher nackt zu einem heiligen Sebastian Modell stehn.

Wenn ich jetzt am Abend zu meinen Verwandten zurückkehren werde, werde ich, da ich nichts geschrieben habe, was mich freuen würde, ihnen nicht fremder verächtlicher, nutzloser vorkommen als mir. Dies alles natürlich nur meinem Gefühl nach (das durch keine noch so genaue Beobachtung zu betrügen ist) denn tatsächlich haben sie alle Achtung vor mir und lieben mich auch.

---

24 I 12 Mittw. Aus folgenden Gründen solange nicht geschrieben: Ich war mit meinem Chef bös und brachte das erst durch einen guten Brief ins Reine; war mehrere Male in der Fabrik; las Pinez »L'histoire de la litterature judeo-allemande« 500 S. undzwar gierig, wie ich es mit solcher Gründlichkeit, Eile und Freude bei ähnlichen Büchern noch niemals getan habe; jetzt lese ich Fromer »Organismus des Judentums«; endlich hatte ich mit den jüdischen Schauspielern viel zu tun, schrieb für sie Briefe, habe beim zionistischen Verein durchgesetzt, daß die z. Vereine Böhmens befragt werden, ob sie Gastspiele der Truppe haben wollen, das nötige Rundschreiben habe ich geschrieben und vervielfältigen lassen; habe noch einmal Sulamit gesehn und einmal Herzele Meliches von Richter, war beim Volksliederabend des Vereins Bar Kochba und vorgestern beim »Graf von Gleichen« von Schmidtbonn.

Volksliederabend: Dr. Nathan Birnbaum hält den Vortrag. Ostjüdische Gewohnheit, wo die Rede stockt, »meine verehrten Damen und Herren« oder nur »meine Verehrten« einzufügen. Wiederholt sich am Anfang der Rede Birnbaums zum Lächerlichwerden. Soweit ich aber Löwy kenne glaube ich daß solche ständigen Wendungen, die auch im gewöhnlichen ostjüdischen Gespräch oft vorkommen wie »Weh ist mir!« oder »S'ist nischt« oder »S'ist viel zu reden« nicht Verlegenheit verdecken sollen, sondern als immer neue Quellen den für das ostjüdische Temperament immer noch zu schwer daliegenden Strom der Rede umquirlen sollen. Bei Birnbaum aber nicht.

26. I 12

– Der Rücken des Herrn Weltsch und die Stille des ganzen Saales beim Anhören der schlechten Gedichte. – Birnbaum: Die Frisur mit den länglichen Haaren setzt scharf am Hals ab, der durch diese plötzliche Entblößung oder durch sich selbst sehr aufrecht ist. Große gekrümmte, nicht zu schmale und doch an den Seiten breitflächige Nase, die vor allem infolge der guten Proportionalität zum großen Bart schön aussieht. – Sänger Gollanin. Friedliches, süßliches, himmlisches, herablassendes, mit zur Seite und in die Tiefe geneigtem Gesicht lang ausgehaltenes, mit gerümpfter Nase etwas zugespitztes Lächeln, das aber auch bloß zur Mundtechnik gehören kann. –

Pinès: Histoire de la Litterature Judéo-Allemande. Paris 1911
⟨...⟩
sie durch den Jargon in Verbindung mit den Brüdern in Holland.

Erstes Buch 1507 Venedig, Bovomaisse, Übersetzung eines engl. Romans.

Tsena-Urena de Jakob ben Isack de Janow (gest. Prag 1628) Legenden, Frauenbuch, sehr schön

Volkslieder: (Evreiskia narodnia piesni w Rassia Ginsbourg u. Marek 1901)

⟨. . .⟩

treten die Mutter des Gerechten

Soldatenlied:

Man schneidet uns Bart und Schläfenlocken
Und man verbietet uns den Samstag und die Festtage zu feiern.

oder

Schon im Alter von 5 Jahren bin ich in den »Cheder« eingetreten und jetzt soll ich auf den Pferden reiten!

Wos mir seinen, seinen mir
Ober jueden seinen mir

Haskala, von Mendelssohn am Anfang des 19ten Jahrhunderts eingeleitete Strömung, Anhänger heißen Maskilim, volks-jargon-feindlich zum Hebräisch und zu den europäischen Wissenschaften hin. Vor den pogroms des Jahres 1881 war sie nicht nationalistisch, später stark zionistisch. Grundsatz von Gordon formuliert: »Zuhause sei Jude, draußen Mensch.« Um ihre Ideen zu verbreiten, muß die Haskala den Jargon gebrauchen und so sehr sie ihn haßt begründet sie seine Litteratur

Eines der beliebtesten Bücher »Kolumbus« von Chaikel Hurwiz de Ouman. Übersetzung eines deutschen Buches. Weitere Bestrebungen der Haskala »la lutte contre le chassidisme, l'exaltation de l'instruction et des travaux manuels. Levinsohn, Aksenfeld, Ettinger

Badchen die traurigen Volks- und Hochzeitssänger (Eliakum Zunser) talmudische Gedankengänge

Le Roman populaire: Aisik Meier Dick 1808–1894 lehrhaft, haskalisch, Schomer, noch ärger

Titel z. B. Der podriatschik (l'entrepreneur) ein höchst interessanter Roman. Ein richtiger fact vun leben oder »Die eiserne Frau oder das verkaufte Kind. Ein wunderschöner roman«

weiterhin in Amerika Lieferungsromane »Zwischen menschenfresser« 26 Bände

S. J. Abramowitsch (Mendele Mocher Sforim) lyrisch, gedämpft lustig, verschwommene Kompositionen »Fischke der krumer« (Ostjüdische Gewohnheit des an den Lippen Beißens)

J. J. Linetzki Dos polnische juengel

Ende der Haskala 1881. Neuer Nationalismus und Demokratismus. Aufschwung der Jargonlitteratur

S. Frug Lyriker, Landleben um jeden Preis

Délicieux est le sommeil du seigneur dans sa chambre
Sur des oreillers doux, blancs comme la neige
Mais plus délicieux encore est le repos dans le champ sur du foin frais
A l'heure du soir, après le travail

Talmud: Der, welcher sein Studium unterbricht, um zu sagen, wie hübsch ist dieser Baum, hat den Tod verdient

---

Klagen an der westl. Mauer des Tempels
Gedicht: La fille du Schamesch

Der geliebte Rabbi ist auf dem Totenbett. Die Beerdigung eines Leichentuchs in der Größe des Rabbi und andere mystische Mittel helfen nicht mehr. Die Gemeindeältesten gehen daher in der Nacht mit einer Liste von Haus zu Haus und sammeln Verzichterklärungen der Gemeindemitglieder auf Tage und Wochen ihres Lebens zugunsten des Rabbi ein. Deborah la fille du Schamesch gibt ihr ganzes Leben. Sie stirbt, der Rabbi wird gesund. In der Nacht wenn er allein in der Synagoge studiert, hört er die Stimmen des ganzen unterdrückten Lebenslaufes Deborahs. Den Gesang bei ihrer Hochzeit, die Schreie des Kindbettes, die Wiegenlieder, die Stimme des Sohnes, der die Tora lernt, die Musik bei der Hochzeit der Tochter. Zugleich mit dem Ertönen der Klagelieder über ihrer Leiche stirbt auch der Rabbi.

Perez né 1851 schlechte Heine Lyrik und sociale Gedichte

Rosenfeld das arme Jargonpublikum hat seine Existenz durch eine Sammlung sichergestellt

M. Spektor: besser als Dick, sociale u. nationale Interessen

Zerstörung der Mikwe zerstört die Gemeinde Jakob Dienesohn: Seine Schurken werden besser belohnt. Süßlich	Behandlung höherer Themen

S. Rabinowitsch (Scholem-Aleichem)

né 1859. Gewohnheit großer Jubiläumsfeierlichkeiten in der Jargonlitteratur

Kassriliwke, Menachem Mendel, der ausgefahren ist und sein ganzes Vermögen mitgenommen hat; trotzdem er bisher nur Talmud studiert hat, fängt er in der großen Stadt an der Börse zu spekulieren an, faßt jeden Tag andere Entschlüsse und berichtet darüber immer sehr selbstzufrieden seiner Frau; bis er endlich um Reisegeld bitten muß

Purim, die Ghettostadt voll Masken

Perez

Die Gestalt des batlen, häufig in den Ghettos, arbeitsscheu und durch Faulenzen klug geworden, lebt in den Kreisen der Frommen und Gelehrten. Viele Anzeichen des Unglücks an ihnen, da sie junge Leute sind, die gegenüber dem Genuß der Tatenlosigkeit sich an ihr auch verzehren, in Träumen leben, unter der freigelassenen Gewalt ungestillter Wünsche leben.

mithat nechiko Tod durch den Kuß: nur den Frömmsten vorbehalten

Baalschem, ehe er Rabbi in Miečeboz war, lebte er in den Karpathen als Gemüsegärtner. später war er Kutscher seines Schwagers. Die Erleuchtungen kamen ihm auf einsamen Spaziergängen. Zohar »Bibel der Kabbalisten«

<u>Jüdisches Teater</u> 1708 Frankfurt Purimspiele
Ein schoen neu Achaschwerosch-spiel

Abraham Goldfaden, 1876/77 russisch-türkischer Krieg, russische und galizische Armeelieferanten hatten sich in Bukarest angesammelt, Goldf. hatte sich auch herverirrt auf der Suche nach Verdienst hörte das Publikum in den Kafehäusern Jargonlieder singen und bekam Mut zur Teatergründung. Frauen konnte er hier noch nicht auf die Bühne bringen. 1883 wurden Jargonaufführ. in Rußland verboten. 1884 begannen sie in London und New York (Lateiner Horowitz)

J. Gordin 1897 in einer Jubileumschrift des jüd. Teaters in New York: Das Jargonteater hat ein Publikum von Hunderttausenden, aber es darf das Heraufkommen eines Schriftstellers mit mächtigem Talent nicht erhoffen, solange die Mehrzahl seiner Autoren Leute sein werden wie ich, die nur durch Zufall dramatische Autoren geworden sind, die nur unter dem Zwange ihrer Lebensverhältnisse Stücke schreiben und die wie ich vereinsamt zurückbleiben und rings um sich nur Unwissenheit, Neid, Feindschaft und Gehässigkeit erblicken.

Beckermann (Sch.) Gitil die kremerke, sehr a interessanter Roman, wos die Leser wellen sein zufrieden. Vilna 1898

Missionärbuch: Beweise aus den alten Propheten, dos der Messias schon gekommen 1819 London

31. I 12. Nichts geschrieben. Weltsch bringt mir Bücher über Goethe, die mir eine zerstreute, nirgends anwendbare Aufregung verursachen. Plan eines Aufsatzes »Goethes entsetzliches Wesen«. Furcht vor dem 2stündigen Abendspaziergang, den ich jetzt für mich eingeführt habe.

4. II 12 Vor 3 Tagen Wedekind: Erdgeist.
Wedekind und seine Frau Tilly spielen mit. Klare gestochene Stimme der Frau. Schmales mondsichelförmiges Gesicht. Der beim ruhigen Stehn sich seitlich abzweigende Unterschenkel. Klarheit des Stückes auch im Rückblick, so daß man ruhig und selbstbewußt nachhause geht. Widersprechender Eindruck des durchaus festgegründeten und doch fremdbleibenden.

Als ich damals ins Teater gieng, war mir wohl. Wie Honig schmeckte ich mein Inneres. Trank es in ununterbrochenem Zug. Im Teater vergieng es gleich. Es war übrigens der vorige Teaterabend: »Orpheus in der Unterwelt« mit Pallenberg. Die Aufführung war so schlecht, Beifall und Lachen um mich im Stehparterre so groß, daß ich mir nur dadurch zu helfen wußte, daß ich nach dem 2. Akt weglief und dadurch alles zum Schweigen brachte.

Vor-Gestern guten Brief nach Trautenau wegen eines Gastspiels von Löwy geschrieben. Jedes Lesen des Briefes beruhigte und stärkte mich, so sehr war darin unausgesprochener Bezug auf alles Gute in mir genommen.

Der mich ganz durchgehende Eifer mit dem ich über Goethe lese (Goethes Gespräche, Studentenjahre, Stunden mit Goethe, Ein Aufenthalt Goethes in Frankfurt) und der mich von jedem Schreiben abhält.

Schmerler, Kaufmann, 32 Jahre alt, konfessionslos, philosophisch gebildet, für schöne Litteratur hauptsächlich nur soweit interessiert, als sie sein Schreiben betrifft. Runder Kopf, schwarze Augen, kleiner energischer Schnurrbart, festes Wangenfleisch, gedrungene Gestalt. Studiert seit Jahren von 9 Uhr bis 1 Uhr in der Nacht. Gebürtig aus Stanislau, Kenner des Hebräischen und des Jargon. Verheirathet mit einer Frau, die nur durch die ganz runde Gesichtsform den Eindruck der Beschränktheit macht.

Seit zwei Tagen Kühle gegen Löwy. Er fragt mich danach. Ich leugne es.

Ruhiges, zurückgezogenes Gespräch mit Fräulein T. im Zwischenakt des Erdgeist auf der Gallerie. Man muß förmlich, um ein gutes Gespräch zu erreichen die Hand tiefer, leichter, verschlafener unter den zu behandelnden Gegenstand schieben, dann hebt man ihn zum Erstaunen. Sonst knickt man sich die Finger ein und denkt an nichts als an die Schmerzen.

Geschichte: Die Abendspaziergänge. (Erfindung des raschen Gehns) Einleitendes schönes dunkles Zimmer.

Frl. T. erzählte von einer Szene ihrer neuen Geschichte, in welcher einmal in die Nähschule ein Mädchen mit schlechtem Ruf eintritt. Der Eindruck auf die andern Mädchen. Ich meine, bedauern werden sie diejenigen, welche die Fähigkeit und Lust, zu schlechtem Ruf zu kommen, deutlich in sich fühlen und damit zugleich unmittelbar sich vorstellen können, in was für ein Unglück sich zu stürzen, das bedeutet.

Vor einer Woche Vortrag Dr. Theilhaber im Festsaal des Jüdischen Rathauses über den Untergang der deutschen Juden. Er ist unaufhaltbar denn 1.) sammeln sich die Juden in den Städten, die jüdischen Landgemeinden verschwinden. Das Streben nach Gewinn verzehrt sie. Ehen werden nur mit Rücksicht auf die Versorgung der Braut geschlossen. 2 Kindersystem

2. Mischehen 3.) Taufen
Komische Szenen, als Prof. Ehrenfels, der immer schöner wird und dem sich im Licht der kahle Kopf in einer gehauchten Kontur nach oben abgrenzt, die Hände an einander gelegt und gegenseitig drückend, mit seiner vollen wie bei einem Musikinstrument modulierten Stimme, vor Vertrauen zur Versammlung lächelnd für Mischrassen sich einsetzt

---

5. II 12 Mo. Müde auch das Lesen von »Dichtung und Wahrheit« aufgegeben. Ich bin hart nach Außen, kalt im Innern. Als ich heute zu Dr. Fleischmann kam war es, trotzdem

wir langsam und überlegt zusammenkamen, als wären wir wie Bälle zusammengestoßen, die einer den andern zurückwerfen und selbst ohne Beherrschung sich verlieren. Ich fragte ihn ob er müde wäre. Er war nicht müde. Warum ich fragte? Ich bin müde antwortete ich und setzte mich.

Aus einem solchen Zustand sich zu erheben, sollte eigentlich selbst mit gewollter Energie leicht sein. Ich reiße mich vom Sessel los, umlaufe den Tisch mit großen Schritten, mache Kopf und Hals beweglich, bringe Feuer in die Augen, spanne die Muskeln um sie herum. Arbeite jedem Gefühl entgegen, begrüße Löwy stürmisch, wenn er jetzt kommen wird, dulde freundlich meine Schwester im Zimmer, während ich schreibe, ziehe bei Max alles, was gesagt wird, trotz Schmerz und Mühe in langen Zügen in mich hinein. Nun ist es zwar möglich, daß mir einzelnes davon ziemlich vollständig gelingen würde, aber mit jedem deutlichen Fehler – und die können nicht ausbleiben – wird das Ganze, das Leichte und das Schwere, stocken und ich werde mich im Kreise zurückdrehn müssen. Der beste Rat bleibt deshalb, möglichst ruhig alles hinzunehmen, als schwere Masse sich verhalten und fühle man sich selbst fortgeblasen, keinen unnötigen Schritt sich ablocken lassen, den andern mit Tierblick anschauen, keine Reue fühlen, sich dem Bewußtlosen hingeben, das man ferne glaubt, trotzdem man sich daran gerade verbrennt, seine eckigen unveränderlichen Gliedmaßen sich nach Belieben legen lassen, kurz das was vom Leben als Gespenst noch übrig ist mit eigener Hand niederdrücken d. h. die letzte grabmäßige Ruhe noch vermehren und nichts außer ihr mehr bestehen lassen. Eine charakteristische Bewegung eines solchen Zustandes ist das Hinfahren des kleinen Fingers über die Augenbrauen.

Kleiner Ohnmachtsanfall gestern im Kafé City mit Löwy. Das Herabbeugen über ein Zeitungsblatt um ihn zu verbergen

---

Goethes schöne Silhouette in ganzer Gestalt. Nebeneindruck des Widerlichen beim Anblick dieses vollkommenen menschlichen Körpers, da ein Übersteigen dieser Stufe außerhalb der Vorstellbarkeit ist und diese Stufe doch nur zusammengesetzt und zufällig aussieht. Die aufrechte Haltung, die hängenden Arme, der schmale Hals, die Kniebeugung.

Die Ungeduld und Trauer wegen meiner Mattigkeit nährt sich besonders durch die niemals aus den Augen gelassene Aussicht in die Zukunft, die mir dadurch vorbereitet wird. Was für Abende, Spaziergänge, Verzweiflung im Bett und auf dem Kanapee,
7 II 12 stehn mir noch bevor, ärger als die schon überstandenen!

Gestern in der Fabrik. Die Mädchen in ihren an und für sich unerträglich schmutzigen und gelösten Kleidern, mit den wie beim Erwachen zerworfenen Frisuren, mit dem vom unaufhörlichen Lärm der Transmissionen und von der einzelnen zwar automatischen aber unberechenbar stockenden Maschine festgehaltenen Gesichtsausdruck sind nicht Menschen, man grüßt sie nicht, man entschuldigt sich nicht, wenn man sie stößt, ruft man sie zu einer kleinen Arbeit, so führen sie sie aus, kehren aber gleich zur Maschine zurück, mit einer Kopfbewegung zeigt man ihnen wo sie eingreifen sollen, sie stehn in Unterröcken da, der kleinsten Macht sind sie überliefert und haben nicht einmal genug ruhigen Verstand, um diese Macht mit Blicken und Verbeugungen anzuerkennen und sich geneigt zu machen. Ist es aber sechs Uhr und rufen sie das einander zu, binden sie die Tücher vom Hals und von den Haaren los, stauben sie sich ab mit einer Bürste, die den Saal umwandert und von Ungeduldigen herangerufen wird, ziehn sie die Röcke über die Köpfe und bekommen sie die Hände rein so gut es geht, so sind sie schließlich doch Frauen, können trotz Blässe und schlechten Zähnen lächeln, schütteln den erstarrten Körper, man kann sie nicht mehr stoßen, anschauen oder übersehn, man drückt sich an die schmierigen Kisten um ihnen den Weg freizumachen, behält den Hut in der Hand, wenn sie guten Abend sagen und weiß nicht, wie man es hinnehmen soll, wenn eine unseren Winterrock bereithält, daß wir ihn anziehn.

---

8 II 12 Goethe: Meine Lust am Hervorbringen war grenzenlos.

Ich bin nervöser, schwächer geworden und habe einen großen Teil der Ruhe, auf die ich vor Jahren stolz war, verloren. Als ich heute die Karte von Baum bekam in der er schreibt, daß er doch die Conférence zum ost-jüdischen Abend nicht halten kann und ich also glauben mußte, daß ich die Sache werde übernehmen müssen, war ich ganz unbeherrschbaren Zuckungen überlassen, wie kleine Feuerchen sprang das Aufklopfen der Adern den Körper entlang; saß ich, zitterten mir unter dem Tisch die Knie und die Hände mußte ich aneinanderdrücken. Ich werde ja einen guten Vortrag halten, das ist sicher, auch wird die aufs höchste gesteigerte Unruhe an dem Abend selbst mich so zusammenziehn, daß nicht einmal für Unruhe Raum sein wird und die Rede aus mir geradewegs kommen wird wie aus einem Flintenlauf. Es ist aber möglich, daß ich nachher niederfallen und jedenfalls es lange nicht werde verwinden können. So wenig Körperkraft! Sogar diese paar Worte sind unter der Beeinflussung der Schwäche geschrieben.

Gestern Abend bei Baum mit Löwy. Meine Lebendigkeit. Letzthin hat Löwy bei Baum eine schlechte hebräische Geschichte »Das Auge« übersetzt.

---

13. II 12 Ich beginne für die Konference zu Löwys Vorträgen zu schreiben. Sie ist schon Sonntag den 18ten. Ich werde nicht mehr viel Zeit haben mich vorzubereiten und stimme doch hier ein Recitativ an wie in der Oper. Nur deshalb weil schon seit Tagen eine ununterbrochene Aufregung mich bedrängt und ich vor dem eigentlichen Beginn halbwegs zurückgezogen paar Worte nur für mich hinschreiben will, um dann erst ein wenig in Gang gebracht vor die Öffentlichkeit mich hinzustellen. Kälte und Hitze wechselt in mir mit dem wechselnden Wort innerhalb des Satzes, ich träume melodischen Aufschwung und Fall, ich lese Sätze Goethes, als liefe ich mit ganzem Körper die Betonungen ab.

25. II 12 Das Tagebuch von heute an festhalten! Regelmäßig schreiben! Sich nicht aufgeben! Wenn auch keine Erlösung kommt, so will ich doch jeden Augenblick ihrer würdig sein. Diesen Abend verbrachte ich in vollständiger Gleich-

gültigkeit am Familientisch, die rechte Hand an der Sessellehne der neben mir Karten spielenden Schwester, die linke schwach im Schooß. Von Zeit zu Zeit suchte ich meines Unglücks mir bewußt zu werden, es gelang mir kaum. –

Ich habe so lange nichts geschrieben, weil ich einen Vortragsabend Löwys im Festsaal des jüdischen Rathauses am 18. II 12 veranstaltet habe, bei dem ich einen kleinen Einleitungsvortrag über Jargon hielt. Zwei Wochen lebte ich in Sorgen, weil ich den Vortrag nicht zustandebringen konnte. Am Abend vor dem Vortrag gelang er mir plötzlich. Vorbereitungen zum Vortrag: Konferenzen mit dem Verein Bar-Kochba, Zusammenstellung des Programms, Eintrittskarten, Saal, Numerierung der Plätze, Schlüssel zum Klavier (Toynbeehalle), erhöhtes Podium, Klavierspieler, Kostümierung, Kartenverkauf, Zeitungsnotizen, Censur der Polizei und der Kultusgemeinde. Lokale, in denen ich war und Leute mit denen ich gesprochen oder denen ich geschrieben habe: Allgemeines: mit Max, mit Schmerler, der bei mir war, mit Baum, der zuerst die Conference übernommen hatte, sie dann ablehnte, den ich im Laufe eines dafür bestimmten Abends wieder umstimmte und der den nächsten Tag mit Rohrpostkarte wieder absagte, mit Dr. Hugo Hermann und Leo Hermann im Kafé Arco, öfters mit Robert Weltsch in seiner Wohnung, wegen Kartenverkaufes mit Dr. Bloch (umsonst) Dr. Hanzal, Dr. Fleischmann, Besuch bei Frl. Taussig, Vortrag im Afike Jehuda (Rabb. Ehrentreu über Jeremias und seine Zeit beim geselligen Zusammensein nachher kleine mißlungene Rede über Löwy), beim Lehrer Weiß (dann im Café, dann spazieren, von 12 bis 1 stand er lebendig wie ein Tier vor meiner Haustür und ließ mich nicht hinein) Wegen des Saales bei Dr. Karl Bendiener, im Flur des Rathauses mit dem alten Dr. Bendiener, zweimal in der Wohnung des Liebers am Heuwagsplatz, einigemal bei Otto Pick in der Bank, wegen des Klavierschlüssels beim Toynbeevortrag mit Hr. Roubitschek und dem Lehrer Stiassny, dann in des letztern Wohnung den Schlüssel abholen und wieder zurückbringen, wegen des Podiums mit dem Hausmeister und Diener des Rathauses, wegen der Bezahlung in der Rathauskanzlei (zweimal), wegen des Verkaufes bei Frau Freund in der Ausstellung »Der gedeckte Tisch«

Geschrieben: an Frl. Taussig, an einen Otto Klein (nutzlos) fürs Tagblatt (nutzlos) an Löwy (»ich werde den Vortrag nicht halten können, retten Sie mich!«) Aufregungen: wegen des Vortrags eine Nacht zusammengedreht im Bett, heiß und schlaflos, Haß auf Dr. Bloch, Schrecken vor Weltsch (er wird nichts verkaufen können) Afike Jehuda, in den Zeitungen erscheinen die Notizen nicht so wie man es erwartet, Zerstreutheit im Bureau, das Podium kommt nicht, es wird wenig verkauft, die Farbe der Karten regt mich auf, der Vortrag muß unterbrochen werden, weil der Klavierspieler die Noten zuhause in Košíř vergessen hat, häufige Gleichgültigkeit gegen Löwy, fast Abscheu.

Nutzen: Freude an L. und Vertrauen zu ihm, stolzes, überirdisches Bewußtsein während meines Vortrages (Kälte gegen das Publikum, nur der Mangel an Übung hindert mich an der Freiheit der begeisterten Bewegung) starke Stimme, müheloses Gedächtnis, Anerkennung, vor allem aber die Macht mit der ich laut, bestimmt, entschlossen, fehlerfrei, unaufhaltsam, mit klaren Augen, fast nebenbei, die Frechheit der drei Rathausdiener unterdrücke und ihnen statt der verlangten 12K nur 6K gebe und diese noch wie ein großer Herr. Da zeigen sich Kräfte, denen ich mich gerne anvertrauen möchte, wenn sie bleiben wollten. (Meine Eltern waren nicht dort.)

sonst: Akademie der Herdervereinigung auf der Sophieninsel. Bie schiebt mit Beginn des Vortrags die Hand in die Hosentasche. Dieses unter aller Täuschung befriedigte Gesicht der nach ihrem Belieben arbeitenden Menschen. Hoffmannstal liest mit falschem Klang in der Stimme. Gesammelte Gestalt, angefangen von den an den Kopf angepreßten Ohren. Wiesental. Die schönen Tanzstellen, wenn sich z. B. in einem auf den Boden Zurücksinken die natürliche Körperschwere zeigt.

Eindruck der Toynbeehalle.

Zionistische Versammlung. Blumenfeld. Sekretär der zionistischen Weltorganisation

In meiner Selbstüberlegung ist seit letzter Zeit eine neue festigende Kraft aufgetreten, die ich gerade und erst jetzt erkennen kann, da ich mich in der letzten Woche geradezu auflöse vor Traurigkeit und Nutzlosigkeit.

Wechselndes Gefühl inmitten der jungen Leute im Café Arco.

26. II 12 Besseres Selbstbewußtsein. Herzschlag näher den Wünschen. Das Rauschen des Gaslichtes über mir.

Ich öffnete die Haustür, um nachzusehn, ob das Wetter zu einem Spaziergang verlocke. Blauer Himmel war nicht zu leugnen, aber große blaudurchschimmerte graue Wolken mit klappenförmig abgebogenen Rändern schwebten niedrig, wie man an den nahen Waldhügeln abmessen konnte. Trotzdem war die Gasse voll Menschen die zu Spaziergängen auszogen. Kinderwagen wurden von festen Mutterhänden gelenkt. Hie und da stockte in der Menge ein Gefährt und wartete, bis vor den auf- und absteigenden Pferden die Menschen auseinandertraten. Indessen blickte der Wagenlenker, ruhig die zitternden Zügel haltend, vor sich hin, übersah keine Kleinigkeit, untersuchte alles einigemal und gab dem Wagen im richtigen Augenblick den letzten Antrieb. Kinder konnten laufen, sowenig Raum auch war. Mädchen in leichten Kleidern mit Hüten, die so ausgesprochen wie Briefmarken gefärbt waren, giengen am Arm junger Leute und eine in ihren Kehlen unterdrückte Melodie zeigte sich im Tanzschritt ihrer Beine. Familien hielten gut zusammen und waren sie auch einmal in langer Reihe zerstreut so fanden sich leicht rückwärts ausgestreckte Arme, winkende Hände, Ausrufe von Schmeichelnamen welche die Verlorenen verknüpften. Allein gelassene Männer suchten sich noch mehr abzuschließen, indem sie die Hände in die Taschen steckten. Das war kleinliche Narrheit. Zuerst stand ich im Haustor, dann lehnte ich mich an um ruhiger zuzusehn. Kleider streiften mich, einmal ergriff ich ein Band das hinten einen Mädchenrock verzierte und ließ es durch die sich Entfernende aus der Hand ziehn; als ich einmal einem Mädchen, nur um ihm zu schmeicheln über die Schulter strich, gab mir der folgende Passant einen Schlag auf die Finger. Ich zog ihn aber hinter den einen verriegelten Haustorflügel, meine Vorwürfe waren erhobene Hände, Blicke aus den Augenwinkeln, ein Schritt zu ihm hin ein Schritt von ihm weg, er war glücklich, als ich ihn mit einem Stoß entließ. Von jetzt an rief ich natürlich öfters Leute zu mir her, ein Winken mit dem Finger genügte oder ein rascher, nirgends zögernder Blick.

In einer wie mühelosen Schläfrigkeit ich dieses Unnütze, Unfertige geschrieben habe.

Heute schreibe ich an Löwy. Ich schreibe die Briefe an ihn hier auf, weil ich mit ihnen etwas zu erreichen hoffe:

Lieber Freund

27 II 12 Ich habe keine Zeit Briefe doppelt zu schreiben.

Gestern abend 10 Uhr gieng ich in meinem traurigen Schritt die Zeltnergasse herab. In der Gegend des Hutgeschäftes Hess bleibt ein junger Mann drei Schritte schief vor mir stehn, bringt mich dadurch auch zum Stehn, zieht den Hut und lauft dann auf mich zu. Ich trete im ersten Schrecken zurück, denke zuerst, jemand will den Weg zur Bahn wissen, aber warum in dieser Weise, glaube dann, da er vertraulich nahe an mich heran kommt und mir von unten her ins Gesicht sieht, weil ich größer bin, vielleicht will er Geld oder noch Ärgeres. Mein verwirrtes Zuhören und sein verwirrtes Reden vermischen sich. »Sie sind Jurist nicht wahr? Doktor? Bitte könnten Sie mir da nicht einen Rat geben? Ich habe da eine Sache, zu der ich einen Advokaten brauche.« Aus Vorsicht, allgemeinem Verdacht, und Besorgnis, ich könnte mich blamieren, leugne ich Jurist zu sein, bin aber bereit ihm einen Rat zu geben, was ist es? Er beginnt zu erzählen, es interessiert mich, um das Vertrauen zu stärken, fordere ich ihn auf, lieber im Gehn mir zu erzählen, er will mich begleiten, nein ich werde lieber mit ihm gehn, ich habe keinen bestimmten Weg.

Er ist ein guter Recitator, früher war er beiweitem nicht so gut wie jetzt, jetzt kann er schon den Kainz nachmachen, daß keiner ihn unterscheidet. Man wird sagen, er macht ihm nur nach, aber er gibt doch auch viel eigenes. Er ist zwar klein, aber Mimik, Gedächtnis, Auftreten hat er, alles, alles. In der Militärzeit draußen in Milowitz im Lager hat er recitiert, ein Kamerad hat gesungen, sie haben sich wirklich sehr gut unterhalten. Es war eine schöne Zeit. Am liebsten recitiert er Dehmel, die leidenschaftlichen frivolen Gedichte z. B. von der Braut, welche sich die Brautnacht vorstellt, wenn er das recitiert, so macht das besonders auf die Mädchen einen riesigen Eindruck. Also das ist ja selbstverständlich. Er hat den Dehmel sehr schön gebunden, so in rotem Leder. (Mit herabfahrenden Händen beschreibt er ihn) Aber auf den Einband kommt es ja nicht an. Außerdem recitiert er sehr gern Rideamus. Nein die widersprechen einander gar nicht, da vermittelt er schon, redet dazwischen, was ihm einfällt, macht sich aus dem Publikum einen Narren. Dann ist auf seinem Programm noch Prometheus. Da fürchtete er sich vor niemandem, auch vor Moissi nicht, Moissi trinkt, er nicht. Endlich liest er sehr gerne vor von Swet Marten; das ist ein neuer nordischer Schriftsteller. Sehr gut. Es sind so Epigramme und kleine Aussprüche. Besonders die über Napoleon sind ausgezeichnet, aber auch alle andern über andere große Männer. Nein, recitieren kann er daraus noch nichts, er hat es noch nicht studiert, nicht einmal ganz gelesen, nur seine Tante hat es ihm letzthin vorgelesen und da hat es ihm eben so gut gefallen

Mit diesem Programm wollte er also öffentlich auftreten

und hat sich also dem »Frauenfortschritt« für einen Vortragsabend angeboten. Eigentlich wollte er zuerst »Eine Gutsgeschichte« von der Lagerlöf vortragen und hat auch diese Geschichte der Obmännin des Frauenfortschritt, der Frau Durège-Wodnanski, zur Überprüfung geborgt. Sie sagte, die Geschichte wäre ja schön, aber zu lang, um vorgetragen zu werden. Er sah das ein, sie war wirklich zu lang, besonders da an dem beabsichtigten Vortragsabend noch sein Bruder Klavier vorspielen sollte. Dieser Bruder, 21 Jahre alt, ein sehr lieber Junge, ist ein Virtuose, er war zwei Jahre (schon vor 4 Jahren) an der Musikhochschule in Berlin. Ist aber ganz verdorben zurückgekommen. Verdorben eigentlich nicht, aber seine Kostfrau hat sich in ihn verliebt. Er hat dann später erzählt, daß er oft zum Spielen zu müde war, weil er immerfort auf dieser Kostschachtel herumreiten mußte.

Da also die Gutsgeschichte nicht paßte, einigte man sich auf das andere Programm Dehmel, Rideamus, Prometheus und Swet Marten. Um nun aber der Frau Durège von vornherein zu zeigen, was er eigentlich für ein Mensch ist, brachte er ihr das Manuscript eines Aufsatzes »Lebensfreude«, den er im Sommer dieses Jahres geschrieben hatte. Er hatte es in der Sommerfrische geschrieben, bei Tag stenographiert, am Abend ins reine gebracht, gefeilt, gestrichen, aber eigentlich nicht viel Arbeit damit gehabt, da es ihm gleich gelungen war. Er borgt es mir, wenn ich will, es ist zwar populär geschrieben, mit Absicht, aber es sind gute Gedanken darin und es ist betamt wie man sagt. (Spitziges Lachen mit erhobenem Kinn.) Ich kann es mir ja hier durchblättern unter dem elektrischen Licht. (Es ist eine Aufforderung an die Jugend nicht traurig zu sein, denn es gibt ja die Natur, die Freiheit, Goethe, Schiller Shakespeare, Blumen, Insekten u. s. w.) Die Durege sagte, sie hätte jetzt gerade keine Zeit es zu lesen, aber er könne es ihr ja borgen, sie werde es ihm in paar

Tagen zurückgeben. Er hatte schon Verdacht und wollte es nicht dort lassen, wehrte sich, sagte z. B. Schauen Sie Frau Durege warum soll ich es hier lassen, es sind ja nur Banalitäten, es ist ja gut geschrieben, aber – Es half alles nichts, er mußte es dort lassen. Das war Freitag.

28 II 12 Am Sonntag morgen beim Waschen fällt ihm ein, daß er das Tagblatt noch nicht gelesen hat. Er schlägt es auf, zufällig gerade die erste Seite der Unterhaltungsbeilage. Der Titel des ersten Aufsatzes »Das Kind als Schöpfer« fällt ihm auf, er liest die ersten Zeilen – und fängt vor Freude zu weinen an. Es ist sein Aufsatz, wortwörtlich sein Aufsatz. Es ist also zum erstenmal etwas gedruckt, er lauft zur Mutter und erzählt es. Die Freude! Die alte Frau, sie ist zuckerkrank und vom Vater geschieden, der übrigens im Recht ist, ist so stolz. Ein Sohn ist ja schon Virtuose, jetzt wird der andere Schriftsteller!

Nach der ersten Aufregung überlegt er nun die Sache. Wie ist denn der Aufsatz in die Zeitung gekommen? Ohne seine Zustimmung? Ohne Namen des Verfassers? Ohne daß er Honorar bekommt? Das ist eigentlich ein Vertrauensmißbrauch, ein Betrug. Diese Frau Durege ist doch ein Teufel. Und Frauen haben keine Seele sagt Mohamet (oft wiederholt) Man kann es sich ja leicht vorstellen, wie es zu dem Plagiat gekommen ist. Da war ein schöner Aufsatz, wo findet man gleich einen solchen. Da ist also Frau D. ins Tagblatt gegangen, hat sich mit einem Redakteur zusammengesetzt, beide überglücklich, und jetzt haben sie die Bearbeitung angefangen. Bearbeitet mußte es ja werden, denn erstens durfte man ja das Plagiat nicht auf den ersten Blick erkennen und zweitens war der 32 Seiten lange Aufsatz für die Zeitung zu groß.

Auf meine Frage, ob er mir nicht Stellen zeigen wolle, die sich decken, da dieses mich besonders interessieren würde und da ich erst dann ihm einen Rat für sein Verhalten geben kann, fängt er seinen Aufsatz zu lesen an, schlägt eine andere Stelle auf, blättert, ohne zu finden und sagt schließlich, daß alles abgeschrieben sei. Da stehe z. B. in der Zeitung: Die Seele des Kindes sei ein unbeschriebenes Blatt und »unbeschriebenes Blatt« komme auch in seinem Aufsatz vor. Oder der Ausdruck »benamset« sei auch abgeschrieben, wie käme man denn sonst auf »benamset«. Aber einzelne Stellen kann er nicht vergleichen. Es sei zwar alles abgeschrieben, aber eben vertuscht, in anderer Reihenfolge, gekürzt und mit kleinen fremden Zutaten.

Ich lese laut einige auffallendere Stellen aus der Zeitung. Kommt das im Aufsatz vor? Nein. Das? Nein. Das? Nein. Ja aber das sind eben die aufgesetzten Stellen. Im Innern ist alles alles abgeschrieben. Aber der Beweis wird, fürchte ich, schwer. Er wird es schon beweisen mit Hilfe eines geschickten Advokaten, dazu sind ja Advokaten da. (Er sieht diesem Beweis wie einer ganz neuen von dieser Angelegenheit vollständig abgetrennten Aufgabe entgegen und ist stolz darauf, daß er sich ihre Bewältigung zutraut)

Daß es sein Aufsatz ist, sieht man übrigens schon daraus, daß er in 2 Tagen gedruckt war. Sonst dauert es doch zumindest 6 Wochen, bis eine angenommene Sache in den Druck kommt. Hier aber war natürlich Eile nötig, damit er nicht dazwischenkomme. Darum haben 2 Tage genügt. – Außerdem heißt der Zeitungsaufsatz »Das Kind als Schöpfer«. Das hat eine deutliche Beziehung zu ihm und außerdem ist es eine Stichelei. Mit dem »Kind« ist nämlich er gemeint, denn man hat ihn früher für ein »Kind« für »dumm« gehalten (er war es wirklich nur während der Militärzeit, er hat 1½ Jahre gedient) und will nun mit dem Titel sagen, daß er ein Kind etwas so Gutes wie den Aufsatz zustande gebracht hat, daß er sich also zwar als Schöpfer bewährt hat, gleichzeitig aber dumm und ein Kind geblieben ist, indem er sich hat so betrügen lassen. – Mit dem Kind, von dem im ersten Absatz die Rede ist, ist eine Kousine vom Lande gemeint, die gegenwärtig bei seiner Mutter wohnt. – Besonders überzeugend wird aber das Plagiat durch einen Umstand bewiesen, auf den er allerdings erst nach längerer Überlegung gekommen ist: »Das Kind als Schöpfer« ist auf der ersten Seite der Unterhaltungsbeilage, auf der dritten aber ist eine kleine Geschichte von einer gewissen »Feldstein«. Der Name ist offenbar Pseudonym. Nun muß man nicht diese ganze Geschichte lesen, es genügt ein Überfliegen der ersten Zeilen und man weiß sofort, daß hier die Lagerlöf in einer unverschämten Weise nachgeahmt ist. Die ganze Geschichte macht es noch deutlicher. Was bedeutet das? Das bedeutet daß diese Feldstein oder wie sie heißt, eine Kreatur der Durege ist, daß sie bei ihr die »Gutsgeschichte« gelesen hat, die er hingebracht hat, daß sie diese Lektüre zum Schreiben dieser Geschichte verwendet hat und daß ihn also beide Frauenzimmer eine auf der 1.) die andere auf der 3ten Seite der Unterhaltungsbeilage ausnützen. Natürlich kann jeder auch aus eigenem Antrieb die Lagerlöf lesen und nachahmen, aber hier ist doch sein Einfluß zu offenbar. (Er schlägt das eine Blatt öfters hin und her)

Montag mittag gleich nach Bankschluß gieng er natürlich zur Frau D. Sie öffnet nur eine Spalte der Wohnungstüre, sie ist ganz ängstlich: »Aber, Herr Reichmann warum kommen Sie mittag. Mein Mann schläft. Ich kann Sie jetzt nicht hereinlassen.« »Frau D. Sie müssen mich unbedingt hineinlassen. Es handelt sich um eine wichtige Angelegenheit.« Sie sieht, ich mache Ernst und läßt mich ein. Der Mann war ja bestimmt nicht zuhause. In einem Nebenzimmer sehe ich auf dem Tisch mein Manuscript und mache mir gleich meine Gedanken. »Frau D. was haben Sie mit meinem Manuscript gemacht. Sie haben es ohne meine Zustimmung ins Tagblatt gegeben. Wieviel Honorar haben Sie bekommen?« Sie zittert, sie weiß nichts, hat keine Ahnung, wie es in die Zeitung hat kommen können. J'accuse Frau D. sage ich, halb scherzend aber doch so, daß sie meine wahre Stimmung merkt und dieses j'accuse Frau D. wiederhole ich die ganze Zeit, während ich dort bin, damit sie es sich merkt und sage es noch beim Abschied in der Tür mehrere Male. Ihre Angst verstehe ich ja gut. Wenn ich es bekanntmache oder sie klage, ist sie ja unmöglich, muß aus dem Frauenfortschritt heraus u. s. w.

Von ihr gehe ich direkt in die Redaktion des Tagblatt und lasse den Redakteur Löw herausrufen. Er kommt natürlich ganz bleich heraus, kann kaum gehn. Trotzdem will ich nicht gleich auf meine Sache losgehn und ihn auch zuerst prüfen. Ich frage ihn also »Herr Löw, sind Sie Zionist?« (Denn ich weiß, daß er Zionist war) »Nein« sagt er. Ich weiß genug, er muß sich also vor mir verstellen. Jetzt frage ich nach dem Aufsatz. Wieder unsicheres Reden. Er weiß nichts, hat mit der Unterhaltungsbeilage nichts zu tun, wird wenn ich es wünschte den betreffenden Redakteur holen. Herr Wittmann kommen Sie her, ruft er und ist froh, daß er wegkann. Wittmann kommt, wieder ganz bleich. Ich frage: »Sind Sie der Redakteur der Unterhaltungsbeilage.« Er: Ja. Ich sage nur »j'accuse« und gehe.

In der Bank läute ich sofort telephonisch die »Bohemia« an. Ich will ihr die Geschichte zur Veröffentlichung übergeben. Es kommt aber keine rechte Verbindung zustande. Wissen Sie warum? Die Tagblattredaktion ist ja nahe bei der Hauptpost, da können sie vom Tagblatt aus leicht die Verbindungen nach Belieben beherrschen, aufhalten und herstellen. Und tatsächlich höre ich immerfort im Telephon undeutliche Flüsterstimmen offenbar von Tagblattredakteuren. Sie haben ja ein großes Interesse, diese telephonische Verbindung nicht zuzulassen. Da höre ich (natürlich ganz undeutlich) wie die einen auf das Fräulein einreden, daß sie die Verbindung nicht herstellen soll, während die andern schon mit der Bohemia verbunden sind und sie von der Aufnahme meiner Geschichte abhalten wollen. »Fräulein« schreie ich ins Telephon hinein »wenn Sie jetzt nicht sofort die Verbindung herstellen, klage ich bei der Postdirektion.« Die Kollegen in der Bank lachen rings herum, wie sie mich so energisch mit dem Telephonfräulein reden hören. Endlich habe ich die Verbindung. »Rufen Sie den Redakteur Kisch. Ich habe für die Bohemia eine äußerst wichtige Meldung. Wenn sie sie nicht nimmt, gebe ich sie sofort einer andern Zeitung. Es ist höchste Zeit.« Da aber Kisch nicht dort ist, läute ich ab, ohne etwas zu verraten.

Am Abend gehe ich zur Bohemia und lasse den Redakteur Kisch herausrufen. Ich erzähle ihm die Geschichte, aber er will sie nicht veröffentlichen. »Die Bohemia, sagt er, kann so etwas nicht machen, das wäre ein Skandal und den können wir nicht wagen, weil wir abhängig sind. Geben Sie es einem Advokaten, das ist das Beste.«

Wie ich von der Bohemia kam habe ich Sie getroffen und frage Sie also um Rat.

»Ich rate Ihnen die Sache im Guten beizulegen.«

Ich habe mir ja auch gedacht, daß es besser wäre. Sie ist ja eine Frau. Frauen haben keine Seele sagt Mohamet mit Recht. Zu verzeihen wäre auch menschlicher, goethischer.

»Gewiß. Und dann müssen Sie auch auf den Recitationsabend nicht verzichten, der doch sonst verloren wäre.«

»Was soll ich aber jetzt machen«

»Sie gehn morgen hin und sagen, daß Sie diesmal noch unbewußte Beeinflussung annehmen wollen.«

»Das ist sehr gut. So werde ich es wirklich machen«

»Auf die Rache müssen Sie deshalb noch nicht verzichten.

Sie lassen einfach den Aufsatz anderswo drucken und schikken ihn dann der Frau D. mit einer schönen Widmung.«

»Das wird die beste Strafe sein. Ich lasse es im Deutschen Abendblatt drucken. Das nimmt es mir; da habe ich keine Sorge. Ich verlange einfach keine Bezahlung.«

Dann reden wir von seinem Schauspielertalent. Ich meine er sollte sich doch ausbilden lassen. »Ja da haben Sie Recht. Aber wo? Wissen Sie vielleicht wo man das lernen kann?« Ich sage: Das ist schwer. Ich kenne mich da nicht aus. Er: Das macht ja nichts. Ich werde den Kisch fragen. Der ist Journalist und hat da viele Beziehungen. Der wird mir schon gut raten. Ich werde ihn einfach antelephonieren, erspare ihm und mir den Weg und erfahre alles.

Und mit der Frau D. machen Sie es so wie ich es Ihnen geraten habe?

»Ja, ich habe es nur vergessen; wie haben Sie es mir geraten?« Ich wiederhole meinen Rat.

»Gut so werde ich es machen.« Er geht ins Kafe Corso ich nach Hause mit der Erfahrung, wie erfrischend es ist, mit einem vollkommenen Narren zu reden. Ich habe fast nicht gelacht, sondern war nur ganz aufgeweckt.

Das wehmüthige nur auf den Firmatafeln gebräuchliche »vormals«

---

2 III 12 Wer bestätigt mir die Wahrheit oder Wahrscheinlichkeit dessen, daß ich nur infolge meiner litterarischen Bestimmung sonst interesselos und infolge dessen herzlos bin.

3 III 12. Den 28. II bei Moissi. Widernatürlicher Anblick. Er sitzt scheinbar ruhig, hat womöglich die gefalteten Hände zwischen den Knien, die Augen in dem frei vor ihm liegenden Buch und läßt seine Stimme über uns kommen mit dem Athem eines Laufenden. – Gute Akustik des Saales. Kein Wort verliert sich oder kommt auch nur im Hauch zurück, sondern alles vergrößert sich allmählich als wirke unmittelbar die längst anders beschäftigte Stimme noch nach, es verstärkt sich nach der ihm mitgegebenen Anlage und schließt uns ein. – Die Möglichkeiten der eigenen Stimme die man hier sieht. Sowie der Saal für Moissis Stimme, arbeitet seine Stimme für unsere. Unverschämte Kunstgriffe und Überraschungen, bei denen man auf den Boden schauen muß und die man selbst niemals machen würde: Singen einzelner Verse gleich im Beginn z. B. Schlaf Mirjam mein Kind, ein Herumirren der Stimme in der Melodie; rasches Ausstoßen des Mailiedes, scheinbar wird nur die Zungenspitze zwischen die Worte gesteckt; Teilung des Wortes November-Wind, um den »Wind« hinunterstoßen und aufwärts pfeifen lassen zu können. – Schaut man zur Saaldecke, wird man von den Versen hochgezogen. – Goethes Gedichte unerreichbar für den Recitator, deshalb kann man aber nicht gut einen Fehler bei diesem Recitieren aussetzen, weil jedes zum Ziele hinarbeitet. – Große Wirkung als er dann bei der Zugabe »Regenlied« von Shakespeare, aufrecht stand, frei vom Text war, das Taschentuch in den Händen spannte und zusammendrückte und mit den Augen glänzte. – Runde Wangen und doch kantiges Gesicht. Weiches Haar mit weichen Handbewegungen immer wieder gestrichen. – Die begeisterten Kritiken, die man über ihn gelesen hat, nützen ihm in unserer Meinung nur bis zum ersten Anhören, dann verwickelt er sich in sie und kann keinen reinen Eindruck hervorbringen. – Diese Art des sitzenden Recitierens mit dem Buch vor sich

erinnert ein wenig an das Bauchreden. Der Künstler scheinbar unbeteiligt, sitzt so wie wir, kaum daß wir in seinem gesenkten Gesicht die Mundbewegungen hie und da sehn und läßt statt seiner über seinem Kopfe die Verse reden. – Trotzdem soviele Melodien zu hören waren, die Stimme gelenkt schien wie ein leichtes Boot im Wasser, war die Melodie der Verse eigentlich nicht zu hören. – Manche Worte wurden von der Stimme aufgelöst, sie waren so zart angefaßt worden, daß sie aufsprangen und nichts mehr mit der menschlichen Stimme zu tun hatten, bis dann die Stimme notgedrungen irgend einen scharfen Konsonanten nannte, das Wort zur Erde brachte und schloß.

Nachher Spaziergang mit Ottla, Frl. Taussig, Ehepaar Baum und Pick, Elisabethbrücke, Quai, Kleinseite, Radetzkykaffee, Steinerne Brücke, Karlsgasse. Ich hatte gerade noch die Aussicht in die gute Laune, sodaß an mir nicht gerade viel auszusetzen war.

---

5. III 12 Diese empörenden Ärzte! Geschäftlich entschlossen und in der Heilung so unwissend, daß sie, wenn jene geschäftliche Entschlossenheit sie verließe, wie Schuljungen vor den Krankenbetten stünden. Hätte ich doch die Kraft, einen Naturheilverein zu gründen. Durch Herumkratzen im Ohr meiner Schwester macht Dr. Kral eine Trommelfellentzündung zu einer Mittelohrentzündung; das Dienstmädchen fällt beim Einheizen hin, der Doktor erklärt es mit jener Schnelligkeit der Diagnose, die er gegenüber Dienstmädchen hat, für verdorbenen Magen und Blutandrang infolgedessen, am nächsten Tag legt sie sich wieder nieder, hat hohes Fieber, der Doktor dreht sie rechts und links, konstatiert Angina und

läuft rasch weg, um nicht vom nächsten Augenblick widerlegt zu werden. Wagt sogar von »niederträchtig starken Reaktionen dieses Mädchens« zu reden, woran das wahr ist, daß er an Menschen gewöhnt ist, deren körperlicher Zustand seiner Heilkunst würdig und durch sie hervorgebracht ist und daß er sich durch die starke Natur dieses Mädchens vom Lande mehr, als er weiß, beleidigt fühlt.

Gestern bei Baum. Vorgelesen »Der Dämon«. Unfreundlicher Eindruck im Ganzen. Gute präcise Laune im Hinaufgehn zu Baum, sofortiges Nachlassen oben, Verlegenheit gegenüber dem Kinde.

Sonntag: Im Kontinental bei den Kartenspielern. »Journalisten« mit Kramer vorher 1½ Akte. Viele gezwungene Lustigkeit in Bolz ist sichtbar, aus der sich allerdings auch ein wenig wirkliche zarte ergibt. Frl. Taussig vor dem Teater getroffen, in der Pause nach dem 2 Akt. In die Garderobe gelaufen, mit fliegendem Mantel zurückgekommen und sie nachhause begleitet.

---

8. III ⟨*1912*⟩ Vorgestern Vorwürfe wegen der Fabrik bekommen. Eine Stunde dann auf dem Kanapee über Ausdem-Fenster-springen nachgedacht.

Gestern Hardenvortrag über »Teater«. Offenbar gänzlich improvisiert, ich war in ziemlich guter Laune und habe ihn deshalb nicht so leer gefunden wie andere. Guter Anfang: »Zu dieser Stunde, in der wir uns hier zu einer Besprechung des Teaters zusammengefunden haben, teilt sich in allen Schauhäusern Europas und der übrigen Erdteile der Vorhang und enthüllt dem Publikum die Szene.« Mit einer Glühlampe, die vor ihm in Brusthöhe auf einem Ständer beweglich angebracht ist, beleuchtet er die Hemdbrust, wie in der Auslage eines Wäschegeschäftes, und bringt im Laufe des Vortrages durch Bewegen dieser Glühlampe Abwechslung in die Beleuchtung. Fußspitzentanz, um sich größer zu machen sowie um die Improvisationsfähigkeit anzuspannen. Gespannte Hose selbst in der Leistengegend. Ein wie bei einer Puppe aufgenagelter kurzer Frack. Fast angestrengt ernsthaftes Gesicht, einmal einer alten Dame, einmal Napoleon ähnlich. Erblassende Färbung der Stirne wie bei einer Perücke. Wahrscheinlich geschnürt.

Einige alte Papiere durchgelesen. Es gehört alle Kraft dazu das auszuhalten. Das Unglück, das man ertragen muß, wenn man in einer Arbeit, die immer nur in ganzem Zug gelingen kann, sich unterbricht und das ist mir bisher immer geschehn, dieses Unglück muß man beim Durchlesen wenn auch nicht in der alten Stärke, so gedrängter durchmachen.

Heute beim Baden glaubte ich alte Kräfte zu fühlen, als wären sie unberührt von der langen Zwischenzeit

---

10. III 12 So.

Er verführte ein Mädchen in einem kleinen Orte im Isergebirge, wo er sich einen Sommerlang aufhielt um seine angegriffenen Lungen wiederherzustellen. Unbegreiflich, wie manchmal Lungenkranke werden, warf er das Mädchen die

Tochter seines Hauswirts, die am Abend nach der Arbeit gerne einen Spaziergang mit ihm machte, nach einem kurzen Überredungsversuch in das Gras am Flußufer und nahm sie, die vor Schrecken ohnmächtig dalag, in Besitz. Später mußte er in den hohlen Händen Wasser aus dem Fluß holen und über das Gesicht des Mädchens schütten, um sie nur zum Leben zu bringen. »Julchen, aber Julchen« sagte er, über sie gebeugt, unzähligemale. Er war bereit, jede Verantwortung für sein Vergehn auf sich zu nehmen und strengte sich nur an, sich begreiflich zu machen, wie ernst seine Lage war. Ohne Überlegung hätte er es nicht einsehn können. Das einfache Mädchen, das vor ihm lag, schon wieder regelmäßig atmete und nur aus Angst und Befangenheit die Augen noch geschlossen hielt, konnte ihm keine Sorge machen; mit einer Fußspitze konnte er der große starke Mensch das Mädchen beiseite schieben. Sie war schwach und unansehnlich, konnte das was ihr geschah eine auch nur bis morgen wirkende Bedeutung haben? Mußte nicht jeder so entscheiden der sie zwei verglich? Der Fluß dehnte sich ruhig zwischen den Wiesen und Feldern zu den entfernteren Bergen hin. Sonnenschein war nur noch an der Böschung des andern Ufers. Die letzten Wolken zogen unter dem reinen Abendhimmel fort.

Nichts, nichts. Auf diese Weise mache ich mir Gespenster. Beteiligt war ich, wenn auch nur schwach, bloß bei der Stelle »Später mußte …« vor allem beim »schütten«. In der Beschreibung der Landschaft glaubte ich einen Augenblick etwas richtiges zu sehn.

So verlassen von mir, von allem. Lärm im Nebenzimmer.

---

11 III 12 Gestern nicht zum aushalten. Warum nehmen an der Abendtafel nicht alle Anteil. Es wäre doch so schön.

Der Recitator Reichmann ist den Tag nach unserem Gespräch ins Irrenhaus gekommen.

Heute viele alte widerliche Papiere verbrannt.

W. Freiherr von Biedermann Gespräche mit Goethe
wie ihn die Töchter des Leipziger Kupferstechers Stock kämmen 1767

Wie ihn Kestner 1772 in Garbenheim im Grase liegend fand und wie er sich »mit einigen Umstehenden, einem epikuräischen Philosophen (v. Goué, großes Genie) einem stoischen Philosophen (v. Kielmansegg) und einem Mitteldinge von beiden (Dr. König) unterhielt und ihm recht wohl war.«

---

mit Seidel 1783 5–7 II »Einst klingelte er mitten in der Nacht und als ich zu ihm in die Kammer trete, hat er sein eisernes Rollbette vom untersten Ende der Kammer herauf bis ans Fenster gerollt und beobachtet den Himmel. »Hast Du nichts am Himmel gesehen?« fragte er mich und als ich dies verneinte »so laufe einmal nach der Wache und frage den Posten, ob der nichts gesehn.« Ich lief hin; der Posten aber hatte nichts gesehn, welches ich meinem Herrn meldete, der noch ebenso lag und den Himmel unverwandt beobachtete. Höre sagte er dann zu mir »wir sind in einem bedeutenden

Moment: entweder wir haben in diesem Augenblick ein Erdbeben oder wir bekommen eins.« Und nun mußte ich mich zu ihm aufs Bett setzen und er demonstrierte mir, aus welchen Merkmalen er das abnehme.« (Erdbeben von Messina)

---

mit von Trebra (1783 Sept.) ein geologischer Spaziergang durch Gestrüpp und Felsen. Goethe voran

---

Zur Herder 1788. Unter anderem sagte er auch, daß er 14 Tage vor der Abreise aus Rom täglich wie ein Kind geweint habe

---

Wie ihn die Herder beobachtet, um alles ihrem Mann nach Italien zu schreiben.

Goethe nimmt sich der Herder gegenüber sehr Herders an

Besuch bei Kagliostros Familie

1794 14 Sept. von ½12, wo Schiller angezogen war bis 11 Uhr ununterbrochen mit Schiller im Zimmer mit litterarischen Beratungen verbracht und so öfters

David Veit 19 Okt. 1794 immer jüdische Beobachtung daher so leicht aufzunehmen, wie wenn es gestern geschehen wäre.

»Den Abend wurde in Weimar »Der Diener zweier Herrn« zu meiner Verwunderung recht hübsch gespielt. Goethe war auch im Teater undzwar wie immer auf dem Platz des Adels. Mitten im Spiel geht er von diesem Platz weg – was er sehr selten tun soll – setzt sich solange er mich nicht anreden konnte, hinter mir – wie mir meine Nachbarinnen erzählt haben – und sowie der Akt zuende ist, kommt er vor, macht ein äußerst verbindliches Kompliment und fängt in einem recht vertraulichen Ton an --- kurze Rede und Gegenrede über das Stück -- Hierauf fängt er an einen Augenblick zu schweigen; indem vergesse ich, daß er Teaterdirektor ist und sage: »Sie spielen es auch recht hübsch.« Er sieht noch immer gerade aus, und so sage ich in der Dummheit – aber wirklich in einer Empfindung, die ich mir noch nicht zu zergliedern weiß – noch einmal: »Sie spielen recht hübsch.« In dem Augenblick macht er mir ein Kompliment, das aber wirklich wie das erste so verbindlich war und fort ist er! Hab ich ihn beleidigt oder nicht? .. Sie können es gar nicht glauben, wie ich noch immer geängstigt bin, ohnerachtet ich schon von Humboldt, der ihn jetzt genau kennt, die Versicherung habe, daß er oft so schnell weggeht und Humboldt es auf sich genommen hat, noch einmal mit ihm von mir zu sprechen«

---

ein anderesmal, sie reden über Maimon »Ich sprach immer viel dazwischen und kam ihm oft zur Hülfe; denn er kann sich gemeinhin auf viele Worte nicht besinnen und macht beständig Gesichter«

1795 Mit Schiller. wir sitzen von Abend um 5 Uhr bis nachts 12, auch 1 Uhr beisammen und schwatzen.

1796 erste 1/2 Sept. Beim Vorlesen des Gespräches Hermann's mit der Mutter am Birnbaume. Er weinte. »So schmilzt man bei seinen eigenen Kohlen« sagte er, indem er sich die Tränen trocknete

---

»Die breite bretterne Brüstung der Loge des alten Herrn«. Goethe liebte es, zuweilen einen Vorrat kalter Speise und Weins in seiner Loge bereit zu halten mehr für andere deren – Einheimische und Fremde von Bedeutung – er nicht selten auch dort empfieng.

Aufführung von Schlegels Alarcos 1802
»mitten im Parterre Goethe, ernst und feierlich auf seinem hohen Armstuhle tronend«
man wird unruhig, bei einer Stelle endlich tobendes Gelächter, das ganze Haus erbebt. »Aber nur einen Moment. Im Nu sprang Goethe auf, rief mit donnernder Stimme und drohender Bewegung Stille Stille und das wirkte wie eine Zauberformel. Augenblicklich legte sich der Tumult und der unselige Alarcos gieng ohne weitere Störung aber auch ohne das geringste Zeichen des Beifalls zu Ende«

Stael: Der für Francosen scheinbare Witz der Ausländer, ist oft nur Unkunde des Französischen
Goethe nannte eine Idee Schillers neuve et courageuse, das war bewunderungswert, es stellte sich aber heraus, daß er hardie hatte sagen wollen.

Was lockst Du meine Brut hinauf in Todesglut. Stael übersetzte aïr brulant. Goethe sagte, er hätte die Kohlenglut gemeint. Das fand sie äußerst maussade und geschmacklos. Das feine Gefühl des Schicklichen fehle den deutschen Dichtern.

1804 Liebe zu Heinrich Voß. – Goethe las die Luise mit der Sonntagsgesellschaft.

»An Goethe kam die Stelle von der Trauung die er mit dem tiefsten Gefühle las. Aber seine Stimme ward kleinlaut, er weinte und gab das Buch seinem Nachbar. Eine heilige Stelle rief er aus mit einer Innigkeit, die uns alle erschütterte«

»Wir saßen zu mittage und hatten eben das letzte verzehrt, als Goethe einen Kuchen beorderte »weil der Voß noch so hungrig aussähe«

»Nie aber ist er angenehmer und liebenswürdiger, als des Abends in seinem Zimmer wenn er ausgezogen ist oder auf dem Sopha sitzt.«

»Als ich zu ihm kam, fand ichs gar behaglich bei ihm. Er hatte eingeheizt, hatte sich ausgezogen bis auf ein wollen Wämmschen, worin der Mann sich gar prächtig ausnimmt.«

Bücher Stilling, Goethe Jahrbuch

Briefwechsel zwischen Rahel und D. Veit.

---

12 III 12

In der vorübereilenden Elektrischen saß in einem Winkel, die Wange an der Scheibe den linken Arm die Lehne entlanggestreckt ein junger Mann in offenem um ihn sich aufbauschendem Überzieher und sah über die lange leere Bank mit beobachtenden Blicken hin. Er hatte sich heute verlobt und dachte an nichts anderes. Er fühlte sich gut aufgehoben im

Zustand eines Bräutigams und sah in diesem Gefühl manchmal flüchtig zur Decke des Wagens hinauf. Als der Schaffner kam, um ihm die Fahrkarte zu geben, fand er unter Klimpern leicht das richtige Geldstück, legte es im Schwunge in die Hand des Schaffners und ergriff die Karte mit zwei scherenförmig ausgebreiteten Fingern. Es bestand kein richtiger Zusammenhang zwischen ihm und der Elektrischen und es wäre kein Wunder gewesen, wenn er ohne Platform und Treppe zu benützen auf der Gasse erschienen und seinen Weg zu Fuß mit gleichen Blicken verfolgt hätte.

Nur der sich aufbauschende Überzieher bleibt bestehn, alles andere ist erdacht.

---

16. III 12 Samstag Wieder Aufmunterung. Wieder fasse ich mich, wie die Bälle, die fallen und die man im fallen fängt. Morgen, heute fange ich eine größere Arbeit an, die ungezwungen nach meinen Fähigkeiten sich richten soll. Ich werde nicht von ihr ablassen, so lange ich nur kann. Lieber schlaflos sein, als so hinzuleben.

Kabaret Lucerna. Einige junge Leute singen jeder ein Lied. Ist man frisch und hört zu, so wird man durch einen derartigen Vortrag eher an die Folgerungen erinnert, welche der Text auf unser Leben erlaubt, als dies durch den Vortrag geübter Sänger geschehen kann. Denn die Kraft der Verse wird durch den Sänger keinesfalls vergrößert, sie behalten ihre Selbständigkeit und tyrannisieren uns mit dem Sänger der nicht einmal Lackstiefel hat, dessen Hand vom Knie einmal nicht loswill und wenn sie muß, noch ihren Widerwillen zeigt, der sich möglichst rasch auf die Bank hinwirft um die Menge kleiner ungeschickter Bewegungen, die er dafür aufbieten muß, möglichst wenig sehen zu lassen. – Liebesszene im Frühling in der Art der Photographieansichtskarten. Treue, das Publikum rührende und beschämende Darstellung. – Fatinizza, Wiener Sängerin. Süßes inhaltsvolles Lachen. Erinnerung an Hansi. Ein Gesicht mit unbedeutenden, meist auch zu scharfen Details vom Lachen zusammengehalten und ausgeglichen. Unwirksame Übermacht über das Publikum, die man ihr zusprechen muß, wenn sie an der Rampe steht und in das gleichgültige Publikum lacht. – Dummer Tanz der Degen mit fliegenden Irrlichtern, Zweigen, Schmetterlingen, Papierfeuern, Totenkopf. – 4 Roking Girls. Eine sehr schön. Kein Teaterzettel nennt ihren Namen. Sie war die äußerste rechts vom Zuschauerraum. Wie sie beschäftigt die Arme warf, wie die dünnen langen Beine mit zarten spielenden Knöchelchen in besonders fühlbar stummer Bewegung waren, wie sie das Tempo nicht einhielt wie sie aber durch kein Erschrecken in ihrem Beschäftigtsein sich stören ließ, was für ein sanftes Lächeln sie hatte im Gegensatz zu dem verzerrten der andern, wie ihr Gesicht und Haar fast üppig war im Vergleich zur Magerkeit des Körpers, wie sie den Musikanten »langsam« zurief auch für ihre Mitschwestern. Ihr Tanzmeister, ein junger auffallend angezogener magerer Mensch stand hinter den Musikanten und winkte rythmisch mit einer Hand weder von Musikanten noch von den Tänzerinnen beachtet und selbst mit seinen Blicken im Zuschauerraum. – Warnebold, feurige Nervosität eines kräftigen Menschen. In Bewegungen manchmal ein Witz, dessen Macht einen erhebt. Wie er nach der Ankündigung der Nummer mit großen Schritten dem Klavier zueilt.

Gelesen »aus dem Leben eines Schlachtenmalers« Flaubert zufrieden vorgelesen.

Der Mann in Stulpstiefeln im Regen

Wünsche.

Notwendigkeit über Tänzerinnen mit Rufzeichen zu reden. Weil man so ihre Bewegung nachahmt, weil man im Rythmus bleibt und das Denken dann im Genusse nicht stört, weil dann die Tätigkeit immer am Schluß des Satzes bleibt und besser weiterwirkt.

17. III. ⟨*1912*⟩ In diesen Tagen »Morgenrot« von Stössl gelesen.

Maxens Koncert am Sonntag. Mein fast bewußtloses Zuhören. Ich kann mich von jetzt an bei Musik nicht mehr langweilen. Diesen undurchdringlichen Kreis, der sich mit der Musik um mich bald bildet, versuche ich nicht mehr zu durchdringen, wie ich es früher nutzlos tat, hüte mich auch, ihn zu überspringen, was ich wohl imstande wäre, sondern bleibe ruhig bei meinen Gedanken, die in der Verengung sich entwickeln und ablaufen, ohne daß störende Selbstbeobachtung in dieses langsame Gedränge eintreten könnte. – Der schöne »magische Kreis« (von Max) der stellenweise die Brust der Sängerin zu öffnen scheint. – Goethe »Trost im Schmerz«. Alles geben die unendlichen Götter Ihren Lieblingen ganz, die Freuden die unendlichen, die Schmerzen die unendlichen ganz. – Meine Unfähigkeit gegenüber meiner Mutter, gegenüber Frl. T. und gegenüber allen dann im Kontinental und später auf der Gasse.

Mam'zelle Nitouche am Montag. Die gute Wirkung eines französischen Wortes innerhalb einer traurigen deutschen Vorstellung. – Pensionatsmädchen in hellen Kleidern laufen hinter einem Gitter mit ausgestreckten Armen in den Garten. – Kasernenhof des Dragonerregimentes in der Nacht. Officiere feiern in einem über paar Treppen zu erreichendem Saal des hintern Kaserngebäudes ein Abschiedsfest. Mam'zelle Nitouche kommt und läßt sich durch Liebe und Leichtsinn dazu bringen, an dem Fest teilzunehmen. Was Mädchen passieren kann! Früh im Stift, abends Auftreten für eine absagende Operettensängerin und nachts in der Dragonerkaserne.

Heute den Nachmittag mit schmerzhafter Müdigkeit auf dem Kanapee verbracht.

18. III 12 Weise war ich, wenn man will, weil ich jeden Augenblick zu sterben bereit war, aber nicht deshalb, weil ich alles besorgt hatte, was mir zu tun auferlegt war, sondern weil ich nichts davon getan hatte und auch nicht hoffen konnte, jemals etwas davon zu tun.

---

22 III *⟨1912⟩* (ich habe die letzten Tage falsche Daten geschrieben) Baums Vorlesung in der Lesehalle. Grete Fischer,

19 Jahre, heirathet nächste Woche. Dunkles fehlerloses mageres Gesicht. Gewölbte Nasenflügel. Seit jeher trägt sie jägerartige Hüte und Kleider. Auch dieser dunkelgrüne Abglanz auf dem Gesicht. Die Haarsträhnen welche die Wangen entlang laufen, scheinen sich mit frischen entlang der Wangen wachsenden zu vereinigen, wie überhaupt der Schein einer leichten Behaarung über dem ganzen ins Dunkel gebeugtem Gesichte liegt. Schwach auf die Sessellehne gestützte Spitzen der Elbogen. Dann auf dem Wenzelsplatz eine schwungvolle, vollkommen mit wenig Kraft zuende geführte Verbeugung Wendung und Aufrichtung des ärmlich und rauh gekleideten magern Körpers. Ich sah sie viel seltener an, als ich wollte.

---

24. III *〈1912〉* So. gestern. »Die Sternenbraut« von Christian von Ehrenfels. – Verloren im Anschauen, Unübersichtlichem rohen Zusammenhang gegenübergestellt, vor den 3 bekannten Ehepaaren gut mit mir verbunden. – Der kranke Offizier im Stück. Der kranke Leib in der gespannten, zur Gesundheit und Entschlossenheit verpflichtenden Uniform.

Vormittag in reiner Laune eine ½ Stunde bei Max.

Im Nebenzimmer unterhält sich meine Mutter mit dem Ehepaar Lebenhart. Sie sprechen über Ungeziefer und Hühneraugen. (Hr. Lebenhart hat 6 Hühneraugen an jedem Finger.) Man sieht leicht ein, daß durch solche Gespräche kein eigentlicher Fortschritt eintritt. Es sind Mitteilungen, die von beiden wieder vergessen werden und die schon jetzt ohne Verantwortungsgefühl in Selbstvergessenheit vor sich gehn. Eben deshalb aber weil solche Gespräche ohne Entrükkung nicht denkbar sind, zeigen sie leere Räume, die wenn man dabei bleiben will, nur mit Nachdenken oder besser Träumen ausgefüllt werden können.

---

25. III 12 Der den Teppich kehrende Besen im Nebenzimmer hört sich wie eine ruckweise bewegte Schleppe an

---

26. III 12 Nur nicht überschätzen, was ich geschrieben habe, dadurch mache ich mir das zu Schreibende unerreichbar.

27 III ⟨*1912*⟩ Montag faßte ich auf der Gasse einen Jungen der mit andern ein wehrlos vor ihnen gehendes Dienstmädchen mit einem großen Ball bewarf, gerade als dem Mädchen der Ball gegen den Hintern flog, beim Hals, würgte ihn in großer Wut, stieß ihn bei Seite und schimpfte. Gieng dann weiter und sah das Mädchen gar nicht an. Man vergißt ganz an seine irdische Existenz, weil man so ganz von Wut erfüllt ist und glauben darf, daß man bei Gelegenheit ebenso mit noch schöneren Gefühlen vollständig sich erfüllen wird

---

28. III ⟨*1912*⟩ Aus dem Vortrag der Fr. Fanta »Berliner Eindrücke«: Grillparzer wollte einmal nicht in eine Gesellschaft gehn, weil er wußte, daß auch Hebbel, mit dem er befreundet war, dort sein würde. »Er wird mich wieder über meine Meinung über Gott ausfragen und wenn ich nichts zu

sagen wissen werde, wird er grob werden.« – Mein stockiges Benehmen.

---

29 III 12

Die Freude am Badezimmer. – Allmähliches Erkennen. Die Nachmittage die ich mit den Haaren verbrachte.

---

1 IV 12 Zum erstenmal seit einer Woche ein fast vollständiges Mißlingen im Schreiben. Warum? Ich habe auch vorige Woche verschiedene Stimmungen durchgemacht und das Schreiben vor ihrem Einfluß bewahrt; aber ich fürchte mich darüber zu schreiben.

---

3 IV *⟨1912⟩* – So ist ein Tag vorüber – Vormittag Bureau, nachmittag Fabrik, jetzt abends Geschrei in der Wohnung rechts und links, später die Schwester von Hamlet abholen – und ich habe mit keinem Augenblick etwas anzufangen verstanden

---

8 *⟨6.⟩* IV 12 Charsamstag.

Vollständiges Erkennen seiner selbst. Den Umfang seiner Fähigkeiten umfassen können, wie einen kleinen Ball. Den größten Niedergang als etwas Bekanntes hinnehmen und so darin noch elastisch bleiben.

Verlangen nach einem tiefern Schlaf, der mehr auflöst. Metaphysisches Bedürfnis ist nur Todesbedürfnis

Wie ich heute vor Haas, weil er Maxens und meinen Reisebericht lobte, geziert gesprochen habe, um mich des Lobes, das auf den Bericht nicht zutrifft, wenigstens dadurch würdig zu machen oder um die erschwindelte oder erlogene Wirkung des Reiseberichtes im Schwindel fortzusetzen oder in der liebenswürdigen Lüge des Haas, die ich ihm zu erleichtern suchte

Sechstes Heft

6 Mai 1912 11 Uhr zum erstenmal seit einiger Zeit vollständiges Mißlingen beim Schreiben. Das Gefühl eines geprüften Mannes.

Traum vor kurzem: Ich fuhr mit meinem Vater durch Berlin in der Elektrischen. Das Großstädtische war vorgestellt von unzähligen regelmäßig aufrechtstehenden zweifarbig gestrichenen, am Ende stumpf abgeglätteten Schlagbäumen. Sonst war alles fast leer, aber das Gedränge dieser Schlagbäume war groß. Wir kamen vor ein Tor, stiegen ohne es zu fühlen aus, traten durch das Tor ein. Hinter dem Tor stieg eine sehr steile Wand aufwärts, die mein Vater fast tanzend erstieg, die Beine flogen ihm dabei so leicht wurde es ihm. Es lag sicher auch einige Rücksichtslosigkeit darin, daß er mir gar nicht half, denn ich kam nur mit der äußersten Mühe, auf allen Vieren, häufig wieder zurückrutschend hinauf, als sei die Wand unter mir steiler geworden. Peinlich war dabei auch, daß sie mit Menschendreck bedeckt war, so daß mir Flocken davon vor allem auf der Brust hängen blieben. Ich sah sie mit geneigtem Gesicht an und fuhr mit der Hand darüber hin. Als ich endlich oben war, flog mir gleich mein Vater, der schon aus dem Innern eines Gebäudes kam, an den Hals und küßte und drückte mich. Er hatte einen mir aus der Erinnerung gut bekannten altmodischen, kurzen, im innern sophaartig gepolsterten Kaiserrock an. »Dieser Dr. von Leyden! Das ist doch ein ausgezeichneter Mensch« rief er immer wieder. Er hatte ihn aber durchaus nicht als Arzt besucht sondern nur als kennenswerten Mann. Ich hatte ein wenig Angst, daß ich auch zu ihm hineinmüßte, es wurde aber nicht verlangt. Links hinter mir sah ich in einem förmlich mit lauter Glaswänden umgebenen Zimmer einen Mann sitzen, der mir den Rücken zuwandte. Es zeigte sich, daß dieser Mann der Sekretär des Professors war, daß mein Vater tatsächlich nur mit ihm gesprochen hatte und nicht mit dem Professor selbst, daß er aber irgendwie durch den Sekretär hindurch die Vorzüge des Professors leibhaftig erkannt hatte, so daß er in jeder Hinsicht zu einem Urteil über den Professor genau so berechtigt war, wie wenn er persönlich mit ihm gesprochen hätte.

Lessingteater: Die Ratten
Brief an Pick, weil ich ihm nicht geschrieben habe. Karte an Max, aus Freude über Arnold Beer.

---

9. V. ⟨*1912*⟩ Gestern abend mit Pick im Kaffeehaus.

Wie ich mich gegen alle Unruhe an meinem Roman festhalte, ganz wie eine Denkmalsfigur die in die Ferne schaut und sich am Block festhält.

Trostloser Abend heute in der Familie. Die Schwester weint wegen Ihrer neuen Schwangerschaft, der Schwager braucht Geld für die Fabrik, der Vater ist aufgeregt wegen der Schwester, wegen des Geschäfts und wegen seines Herzens, meine unglückliche zweite Schwester, die über alles unglückliche Mutter und ich mit meinen Schreibereien.

---

22. Mai *⟨1912⟩* Gestern wunderschöner Abend mit Max. Wenn ich mich liebe, liebe ich ihn noch stärker. Lucerna. Madame, la mort von Rachilde. Traum eines Frühlingsmorgens. Die lustige Dicke in der Loge. Die wilde mit der rohen Nase, dem aschebestaubten Gesicht, den Schultern die sich aus dem übrigens nicht dekolltierten Kleide drängten, dem hin und her gezerrten Rücken, der einfachen weißgetupften blauen Bluse, dem Fechterhandschuh, der immer zu sehen war, da sie die Rechte meistens auf dem rechten Schenkel der neben ihr sitzenden lustigen Mutter ganz oder auf den Fingerspitzen ruhen ließ. Die über den Ohren gedrehten Zöpfe, nicht das reinste hellblaue Band auf dem Hinterkopf, das Haar vorn im dünnen aber dichten Büschel geht rund um die Stirn und vorn weit über sie hinaus. Ihr warmer, faltiger, leichter, nachlässig vor lauter Schmiegsamkeit hängender Mantel, als sie bei der Kassa unterhandelte.

---

23 *⟨Mai 1912⟩* Gestern: hinter uns fiel ein Mann vor Langweile vom Sessel. Vergleich von Rachilde: die sich an der Sonne freuen und von den andern Freude verlangen, sind wie Betrunkene die in der Nacht von einer Hochzeit kommen und ihnen Entgegenkommende zwingen, auf das Wohl der unbekannten Braut zu trinken.

Brief an Weltsch, ihm das Du angetragen
Gestern guter Brief an Onkel Alfred wegen der Fabrik.
Vorgestern Brief an Löwy

Jetzt abends vor Langweile dreimal im Badezimmer hintereinander mir die Hände gewaschen.

Angst vor dem Alleinsein am Pfingstsonntag und Montag mit der unglaublichen Begründung, daß die Eltern nach Franzensbad fahren.

Das Kind mit den zwei kleinen Zöpfchen, bloßem Kopf, losen weißpunktierten rotem Kleidchen, bloßen Beinen und Füßen, das mit einem Körbchen in der einen, mit einem Kistchen in der andern Hand zögernd den Fahrdamm beim Landesteater überschritt.

Das anfängliche Rückenspiel in Madame la mort nach dem Grundsatz: Der Rücken eines Dilettanten ist unter gleichen Verhältnissen so schön wie der Rücken eines guten Schauspielers. Die Gewissenhaftigkeit der Leute!

In den letzten Tagen ausgezeichneter Vortrag von Davis Trietsch über Kolonisation in Palästina.

25 ⟨*Mai 1912*⟩ Schwaches Tempo, wenig Blut.

27 ⟨*Mai 1912*⟩ Gestern Pfingstsonntag, kaltes Wetter, nicht schöner Ausflug mit Max und Weltsch.
Abend Kaffeehaus, Werfel gibt mir »Besuch aus dem Elysium«

Ein Teil der Niklasstraße und die ganze Brücke dreht sich gerührt nach einem Hund um, der laut bellend ein Automobil der Rettungsgesellschaft begleitet. Bis der Hund plötzlich abläßt, umkehrt und sich als ein gewöhnlicher fremder Hund zeigt, der mit der Verfolgung des Wagens nichts besonderes meinte.

1 Juni 1912 Nichts geschrieben.

2 Juni *⟨1912⟩* Fast nichts geschrieben.
Gestern Vortrag Dr. Soukup im Repräsentationshaus über Amerika [Die Tschechen in Nebraska, alle Beamten in Amerika werden gewählt, jeder muß einer der drei Parteien (republikanisch, demokratisch, socialistisch) angehören, Wahlversammlung Roosevelts, der einen Farmer, welcher einen Einwand macht, mit seinem Glas bedroht, Straßenredner die als Podium eine kleine Kiste mit sich tragen] dann Frühlingsfest, Paul Kisch getroffen der von seiner Dissertation »Hebbel u. die Tschechen« erzählt. Sein fürchterliches Aussehn. Auswüchse hinten auf dem Hals. Der Eindruck, wenn er von seinen Liebchen spricht.

---

6 Juni *⟨1912⟩*. Donnerstag Frohnleichnam
wie von zwei Pferden im Lauf das eine den Kopf für sich und aus dem Lauf heraus senkt und gegen sich mit der ganzen Mähne schüttelt, dann ihn aufrichtet und jetzt erst scheinbar gesünder den Lauf wieder aufnimmt, den es eigentlich nicht unterbrochen hat.

Jetzt lese ich in Flauberts Briefen:
Mein Roman ist der Felsen, an dem ich hänge und ich weiß nichts von dem was in der Welt vorgeht. – Ähnlich wie ich es für mich am 9 V eingetragen habe

---

Gewichtlos, knochenlos, körperlos zwei Stundenlang durch die Gassen gegangen und überlegt, was ich nachmittag beim Schreiben überstanden habe.

7 Juni ⟨*1912*⟩. Arg. Heute nichts geschrieben. Morgen keine Zeit.

Montag 6 ⟨*8.*⟩ Juli 1912 Ein wenig angefangen. Bin ein wenig verschlafen. Auch verlassen unter diesen ganz fremden Menschen.

9 August ⟨*Juli 1912*⟩ Solange nichts geschrieben. Morgen anfangen. Ich komme sonst wieder in eine sich ausdehnende unaufhaltsame Unzufriedenheit; ich bin schon eigentlich drin. Die Nervositäten fangen an. Aber wenn ich etwas kann, dann kann ich es ohne abergläubische Vorsichtsmaßregeln.

Die Erfindung des Teufels. Wenn wir vom Teufel besessen sind, dann kann es nicht einer sein, denn sonst lebten wir, wenigstens auf der Erde, ruhig, wie mit Gott, einheitlich, ohne Widerspruch, ohne Überlegung, unseres Hintermannes immer gewiß. Sein Gesicht würde uns nicht erschrecken, denn als Teuflische wären wir bei einiger Empfindlichkeit für diesen Anblick klug genug lieber eine Hand zu opfern, mit der wir sein Gesicht bedeckt hielten. Wenn uns nur ein einziger Teufel hätte mit ruhigem ungestörtem Überblick über unser ganzes Wesen und mit augenblicklicher Verfügungsfreiheit, dann hätte er auch genügende Kraft uns ein menschliches Leben lang so hoch über dem Geist Gottes in uns zu halten und noch zu schwingen, daß wir auch keinen Schimmer von ihm zu sehen bekämen also auch von dort nicht beunruhigt würden. Nur die Menge der Teufel kann unser irdisches Unglück ausmachen. Warum rotten sie einander nicht aus bis auf einen oder warum unterordnen sie sich nicht einem großen Teufel; beides wäre im Sinne des teuflischen Princips, uns möglichst vollkommen zu betrügen. Was nützt denn, solange die Einheitlichkeit fehlt, die peinliche Sorgfalt die sämtliche Teufel für uns haben? Es ist selbstverständlich, daß den Teufeln an dem Ausfallen eines Menschenhaares mehr gelegen sein muß als Gott, denn dem Teufel geht das Haar wirklich verloren, Gott nicht. Nur kommen wir dadurch, solange die vielen Teufel in uns sind noch immer zu keinem Wohlbefinden.

7. *⟨August 1912⟩* Lange Plage. Max endlich geschrieben, daß ich die noch übrigen Stückchen nicht ins Reine bringen kann, mich nicht zwingen will und daher das Buch nicht heraus geben werde.

---

8 *⟨August 1912⟩* »Bauernfänger« zur beiläufigen Zufriedenheit fertiggemacht. Mit der letzten Kraft eines normalen Geisteszustandes. 12 Uhr, wie werde ich schlafen können?

---

9 ⟨*August 1912*⟩ Die aufgeregte Nacht. – Gestern das Dienstmädchen, das zum kleinen Jungen auf der Treppe sagte: »Halt dich an meine Röcke.« – Mein aus Eingebungen fließendes Vorlesen des »Armen Spielmann«. – Die Erkenntnis des Männlichen an Grillparzer in dieser Geschichte. Wie er alles wagen kann und nichts wagt, weil schon nur Wahres in ihm ist, das sich selbst bei widersprechendem Augenblickseindruck zur entscheidenden Zeit als Wahres rechtfertigen wird. Das ruhige Verfügen über sich selbst. Der langsame Schritt, der nichts versäumt. Das sofortige Bereitsein, wenn es notwendig ist, nicht früher, denn er sieht alles längst kommen.

10 ⟨*August 1912*⟩ Nichts geschrieben. In der Fabrik gewesen und im Motorraum 2 Stunden lang Gas eingeatmet. Die Energie des Werkmeisters und des Heizers vor dem Motor, der aus einem unauffindbaren Grunde nicht zünden will. Jammervolle Fabrik.

---

11 ⟨*August 1912*⟩ Nichts, nichts. Um wieviel Zeit mich die Herausgabe des kleinen Buches bringt und wieviel schädliches lächerliches Selbstbewußtsein beim Lesen alter Dinge im Hinblick auf das Veröffentlichen entsteht. Nur das hält mich vom Schreiben ab. Und doch habe ich in Wirklichkeit nichts erreicht, die Störung ist der beste Beweis dafür. Jedenfalls werde ich mich jetzt nach Herausgabe des Buches noch viel mehr von Zeitschriften und Kritiken zurückhalten müssen, wenn ich mich nicht damit zufrieden geben will, nur mit den Fingerspitzen im Wahren zu stecken. Wie schwer beweglich ich auch geworden bin! Früher, wenn ich nur ein der augenblicklichen Richtung entgegengesetztes Wort sagte,

flog ich auch schon nach der andern Seite, jetzt schaue ich mich bloß an und bleibe wie ich bin.

14 ⟨*August 1912*⟩

Brief an Rohwolt

Sehr geehrter Herr Rohwolt!

Hier lege ich die kleine Prosa vor, die Sie zu sehen wünschten; sie ergibt wohl schon ein kleines Buch. Während ich sie für diesen Zweck zusammenstellte, hatte ich manchmal die Wahl zwischen der Beruhigung meines Verantwortungsgefühls und der Gier, unter Ihren schönen Büchern auch ein Buch zu haben. Gewiß habe ich mich nicht immer ganz rein entschieden. Jetzt aber wäre ich natürlich glücklich wenn Ihnen die Sachen auch nur soweit gefielen, daß Sie sie druckten. Schließlich ist auch bei größter Übung und größtem Verständnis das Schlechte in den Sachen nicht auf den ersten Blick zu sehn. Die verbreitetste Individualität der Schriftsteller besteht ja darin, daß jeder auf ganz besondere Weise sein Schlechtes verdeckt.

Ihr ergebener

15 ⟨*August 1912*⟩ Nutzloser Tag. Verschlafen, verlegen. Marienfeier auf dem Altstädter Ring. Der Mann mit einer Stimme wie aus einem Erdloch. Viel an – was für eine Verlegenheit vor dem Aufschreiben von Namen – Felice Bauer gedacht. Gestern »Polnische Wirtschaft« – Jetzt hat mir Ottla Gedichte von Goethe aufgesagt. Sie wählt mit einem wahren Gefühle aus. Trost in Tränen. An Lotte. An Werther. An den Mond – Alte Tagebücher wieder gelesen, statt diese Dinge von mir abzuhalten. Ich lebe so unvernünftig wie nur möglich. An allem aber ist die Herausgabe der 31 Seiten schuld.

Noch mehr schuld allerdings meine Schwäche, die es erlaubt, daß derartiges auf mich Einfluß hat. Statt mich zu schütteln, sitze ich da und denke nach, wie ich das alles möglichst beleidigend ausdrücken könnte. Aber meine schreckliche Ruhe stört mir die Erfindungskraft. Ich bin neugierig darauf, wie ich mich aus diesem Zustand herausfinden werde. Stoßen lasse ich mich nicht, des rechten Weges bin ich mir auch nicht bewußt, wie wird es also werden? Bin ich als große Masse in meinen schmalen Wegen endgiltig festgerannt? – Dann könnte ich doch wenigstens den Kopf drehn. – Das tue ich doch.

16. ⟨*August 1912*⟩ Nichts weder im Bureau, noch zuhause. Paar Seiten im Weimarer Tagebuch geschrieben.

Abend das Wimmern meiner armen Mutter wegen meines Nichtessens.

20. August ⟨*1912*⟩.

Die kleinen Jungen, beide in blauen Blusen, einer in heller, der andere kleinere in dunklerer, tragen über den Universitätsbauplatz vor meinem Fenster, der zum Teil wild mit Gras bewachsen ist, mit vollen Armen jeder ein Bündel trockenen Heus. Sie schleppen sich damit einen Abhang hinauf. Annehmlichkeit des Ganzen für die Augen.

Heute früh der leere Leiterwagen und das magere große Pferd davor. Beide, wie sie die letzte Anstrengung machten, einen Abhang hinaufzukommen, ungewöhnlich in die Länge gezogen. Für den Beschauer schief aufgestellt. Das Pferd ein wenig die Vorderbeine gehoben, den Hals seitwärts und aufwärts gestreckt. Darüber die Peitsche des Kutschers.

Wenn Rohwolt es zurückschickte und ich alles wieder einsperren und ungeschehen machen könnte, so daß ich bloß so unglücklich wäre, wie früher.

Frl. Felice Bauer. Als ich am 13. VIII zu Brod kam, saß sie bei Tisch und kam mir doch wie ein Dienstmädchen vor. Ich war auch gar nicht neugierig darauf, wer sie war, sondern fand mich sofort mit ihr ab. Knochiges leeres Gesicht, das seine Leere offen trug. Freier Hals. Überworfene Bluse. Sah ganz häuslich angezogen aus, trotzdem sie es, wie sich später zeigte, gar nicht war. [Ich entfremde ihr ein wenig dadurch, daß ich ihr so nahe an den Leib gehe. Allerdings in was für einem Zustand bin ich jetzt, allem Guten in der Gesamtheit entfremdet und glaube es überdies noch nicht. Wenn mich heute bei Max die litterarischen Nachrichten nicht zu sehr zerstreuen, werde ich noch die Geschichte von dem Blenkelt zu schreiben versuchen. Sie muß nicht lang sein, aber treffen muß sie mich] Fast zerbrochene Nase. Blondes, etwas steifes reizloses Haar, starkes Kinn. Während ich mich setzte, sah ich sie zum erstenmal genauer an, als ich saß, hatte ich schon ein unerschütterliches Urteil. Wie sich –

21. VIII *⟨1912⟩* Unaufhörlich Lenz gelesen und mir aus ihm – so steht es mit mir – Besinnung geholt.

Das Bild der Unzufriedenheit, das eine Straße darstellt, da jeder von dem Platz, auf dem er sich befindet, die Füße hebt, um wegzukommen.

---

30. August ⟨*1912*⟩ Die ganze Zeit nichts gemacht. Besuch des Onkels aus Spanien. Vorigen Samstag recitierte Werfel im Arco die »Lebenslieder« und das »Opfer«. Ein Ungeheuer! Aber ich sah ihm in die Augen und hielt seinen Blick den ganzen Abend.

Ich werde schwer aufzuschütteln sein und bin doch unruhig. Als ich heute nachmittag im Bett lag und jemand einen Schlüssel im Schloß rasch umdrehte, hat ich einen Augenblick lang Schlösser auf dem ganzen Körper wie auf einem Kostümball und in kurzen Zwischenräumen wurde einmal hier einmal dort ein Schloß geöffnet oder zugesperrt.

Umfrage der Zeitschrift »Miroir« über die Liebe in der Gegenwart und über die Veränderungen der Liebe seit der Zeit unserer Großeltern. Eine Schauspielerin antwortete: Niemals hat man so gut geliebt wie heutzutage.

Wie zerworfen und erhoben ich nach dem Anhören von Werfel war! Wie ich mich nachher geradezu wild und ohne Fehler in die Gesellschaft bei den Löwyschen hinlegte.

Diesen Monat, der wegen der Abwesenheit meines Chefs besonders gut hätte benützt werden können, habe ich ohne viel Rechtfertigung (Absendung des Buches an Rohwolt, Abcesse, Besuch des Onkels) vertrödelt und verschlafen. Noch heute nachmittag habe ich mich mit träumerischen Entschuldigungen 3 Stunden auf dem Bett gedehnt.

4 Sept. ⟨*1912*⟩ Der Onkel aus Spanien. Der Schnitt seines Rockes. Die Wirkung seiner Nähe. Die Detailierung seines Wesens. – Sein Schweben durch das Vorzimmer ins Kloset. Gibt dabei auf eine Ansprache keine Antwort. – Wird weicher von Tag zu Tag, wenn man nicht einen allmählichen Wechsel, sondern auffallende Augenblicke beurteilt. –

5 Sept ⟨*1912*⟩ Ich frage ihn: Wie soll man das verbinden, daß Du unzufrieden bist, wie Du letzthin sagtest, und daß Du Dich in allem zurechtfindest, wie man immer wieder sieht (und wie es sich mit der solchem Zurechtfinden immer eigentümlichen Rohheit zeigt, dachte ich) Er antwortete, wie es sich in meiner Erinnerung auflöst: »Im Einzelnen bin ich unzufrieden, an das Ganze reicht es nicht heran. Ich nachtmahle öfters in einer kleinen französischen Pension, die sehr vornehm und teuer ist. Ein Zimmer für ein Ehepaar kostet z. B. mit Pension täglich 50 fr. Ich sitze dort also z. B. zwischen einem Legationssekretär der französischen Botschaft und einem spanischen Artilleriegeneral. Mir gegenüber sitzt ein hoher Beamter des Marineministeriums und irgend ein Graf. Ich kenne schon alle gut, setze mich auf meinen Platz mit Gruß nach allen Seiten, rede weil ich in eigener Laune bin, sonst kein Wort, bis auf den Gruß, mit dem ich mich wieder verabschiede. Dann bin ich allein auf der Gasse und kann wirklich nicht einsehn, wozu dieser Abend gedient haben soll. Ich gehe nachhause und bedauere nicht geheiratet zu haben. Natürlich verwischt sich das wieder, sei es, daß ich es zuende denke, sei es daß sich die Gedanken verlaufen. Aber bei Gelegenheit kommt es wieder.«

---

8. Sept. ⟨*1912*⟩ Sonntag Vormittag
Gestern Brief an Dr. Schiller

Nachmittag

Wie die Mutter mit stärkster Stimme nebenan unter einer Menge von Frauenzimmern mit kleinen Kindern spielt und mich aus der Wohnung treibt: Nicht weinen! Nicht weinen! u. s. w. Das gehört ihm! Das gehört ihm! u. s. w. Zwei große Menschen! u. s. w. Er will es nicht! . . . . Aber! Aber! . . Wie hat es Dir in Wien gefallen Dolphi? War es dort schön? . . . Ich bitte schauen Sie nur seine Hände an.

---

11 Sept. ⟨*1912*⟩ Vorvorgestern Abend mit Utitz.

Ein Traum: Ich befand mich auf einer aus Quadern weit ins Meer hineingebauten Landzunge. Irgendjemand oder mehrere Leute waren mit mir, aber das Bewußtsein meiner selbst war so stark, daß ich von ihnen kaum mehr wußte, als daß ich zu ihnen sprach. Erinnerlich sind mir nur die erhobenen Knie eines neben mir Sitzenden. Ich wußte zuerst nicht eigentlich wo ich war, erst als ich mich einmal zufällig erhob, sah ich links vor mir und rechts hinter mir, das weite klar umschriebene Meer mit vielen reihenweise aufgestellten, fest verankerten Kriegschiffen. Rechts sah man Newyork, wir waren im Hafen von Newyork. Der Himmel war grau aber gleichmäßig hell. Ich drehte mich frei, der Luft von allen Seiten ausgesetzt auf meinem Platze hin und her, um alles sehn zu können. Gegen Newyork zu, gieng der Blick ein wenig in die Tiefe, gegen das Meer zu gieng er empor. Nun bemerkte ich auch, daß das Wasser neben uns hohe Wellen schlug und ein ungeheuerer fremdländischer Verkehr sich auf ihm abwickelte. In Erinnerung ist mir nur, daß statt unserer Flöße lange Stämme zu einem riesigen runden Bündel zusammengeschnürt waren, das in der Fahrt immer wieder mit der

Schnittfläche je nach der Höhe der Wellen mehr oder weniger auftauchte und dabei auch noch der Länge nach sich in dem Wasser wälzte. Ich setzte mich, zog die Füße an mich, zuckte vor Vergnügen, grub mich vor Behagen förmlich in den Boden ein und sagte: Das ist ja noch interessanter als der Verkehr auf dem Pariser Boulevard.

---

12. Sept. *⟨1912⟩* Abend Dr. Löw bei uns. Wieder ein Palästinafahrer. Macht die Advokatursprüfung ein Jahr vor Ablauf seiner Koncipientenpraxis und fährt mit 1200 K (in 14 Tagen) nach Palästina. Würde eine Stelle beim Palästinaamt suchen. Alle diese Palästinafahrer (Bergmann, Dr. Kellner) haben gesenkte Blicke, fühlen sich von den Zuhörern geblendet, fahren mit den gestreckten Fingern auf dem Tisch herum, kippen mit der Stimme um, lächeln schwach und halten dieses Lächeln mit etwas Ironie aufrecht. – Dr. Kellner erzählte, daß seine Schüler Chauvinisten sind, immerfort die Makkabäer im Munde haben und ihnen nachgeraten wollen.

Ich merke daß ich dem Dr. Schiller nur deshalb so gern und gut geschrieben habe, weil das Frl. Bauer sich in Breslau, allerdings schon vor 14 Tagen, aufgehalten hat, und eine Witterung dessen noch in der Luft ist, da ich früher viel daran gedacht habe, ihr durch Dr. Schiller Blumen schicken zu lassen.

---

15. *⟨September 1912⟩* Verlobung meiner Schwester Valli

Aus dem Grunde
der Ermattung
steigen wir
mit neuen Kräften

Dunkle Herren
welche warten
bis die Kinder
sich entkräften

Liebe zwischen Bruder und Schwester – die Wiederholung der Liebe zwischen Mutter und Vater

---

Die Vorahnung des einzigen Biographen

Die Höhlung, welche das geniale Werk in das uns Umgebende gebrannt hat, ist ein guter Platz, um sein kleines Licht hineinzustellen. Daher die Anfeuerung, die vom Genialen ausgeht, die allgemeine Anfeuerung, die nicht nur zur Nachahmung treibt.

---

18. *⟨September 1912⟩* Die gestrigen Geschichten des Hubalek im Bureau. Der Steinklopfer, der ihm auf der Landstraße einen Frosch abbettelte, ihn bei den Füßen festhielt, und mit dreimaligem Beißen zuerst das Köpfchen, dann den Rumpf und endlich die Füße hinunterschlang. – Die beste Methode, Katzen, die ein sehr zähes Leben haben, zu töten: man quetscht den Hals zwischen eine geschlossene Tür und zieht am Schwanz. – Seine Abneigung gegen Ungeziefer.

Beim Militär juckte ihn einmal in der Nacht etwas unter der Nase, er griff im Schlaf hin und zerdrückte etwas. Das etwas war aber eine Wanze und er trug den Gestank davon tagelang mit sich herum. – Vier aßen einen fein hergerichteten Katzenbraten, aber nur drei wußten, was sie aßen. Nach dem Essen fiengen die drei zu miauen an, aber der vierte wollte es nicht glauben, erst bis man ihm das blutige Fell zeigte, glaubte er es, konnte nicht rasch genug hinauslaufen, um alles wieder herauszubrechen und war zwei Wochen schwer krank. – Dieser Steinklopfer aß nichts als Brot und was er sonst zufällig an Obst oder an Lebendem bekam und trank nichts, als Branntwein. Schlief im Ziegelschupfen einer Ziegelei. Einmal traf ihn der Hubalek in der Dämmerung auf den Feldern. »Bleib stehn« sagte der Mann oder – Hubalek blieb zum Spaß stehn. »Gib mir deine Zigarette« sagte der Mann weiter. Hub. gab sie ihm. »Gib mir noch eine!« So Du willst noch eine? fragte ihn Hub., hielt seinen Knotenstock für jeden Fall in der Linken bereit und gab ihm mit der rechten einen Schlag ins Gesicht, daß ihm die Zigarette entfiel. Der Mann lief auch, feig und schwach, wie solche Schnapstrinker sind, sofort weg.

Gestern bei Bergmann mit Dr. Löw. Lied von Reb Dovidl, Reb Dovidl, der Wassilkower fährt heint nach Tale. In einer Stadt zwischen Wassilko und Tale gleichgiltig, in Wassilko weinend, in Tale froh gesungen.

---

19. *⟨September 1912⟩* Kontrollor Pokorny erzählt von der Reise, die er als 13jähriger Junge mit 70 Kreuzer in der Tasche in Begleitung eines Schulkameraden ausführte. Wie sie am Abend in ein Wirtshaus kamen, wo eine ungeheuere

Sauferei im Gange war, zu Ehren des Bürgermeisters der vom Militär zurückgekommen war. Mehr als 50 leere Bierflaschen standen auf dem Fußboden. Alles war voll vom Rauch der Pfeifen. Der Gestank der Bierkäsl. Die zwei kleinen Jungen an der Wand. Der betrunkene Bürgermeister, der in der Erinnerung an das Militär überall Ordnung schaffen will, kommt auf sie zu und droht sie als Ausreißer, wofür er sie trotz aller Erklärungen hält, per Schub nachhause befördern zu lassen. Die Jungen zittern, zeigen Ausweiskarten des Gymnasiums, deklinieren mensa, ein halbbetrunkener Lehrer schaut zu, ohne zu helfen. Ohne eine klare Entscheidung über ihr Schicksal zu bekommen, werden sie gezwungen mitzutrinken, sind sehr zufrieden umsonst soviel gutes Bier zu bekommen, das sie sich mit ihren kleinen Mitteln niemals hätten gönnen dürfen. Sie trinken sich voll und legen sich dann tief in der Nacht nach dem Abmarsch der letzten Gäste in diesem Zimmer, das nicht gelüftet wurde, auf dünn aufgeschüttetes Stroh schlafen und schlafen wie Herren. Nur daß um 4 Uhr eine riesige Magd mit dem Besen kommt, keine Zeit zu haben erklärt und sie in den Morgennebel hinausgekehrt hätte, wenn sie nicht freiwillig weggelaufen wären. Als die Stube ein wenig gereinigt war, bekamen sie zwei große Kaffeetöpfe bis hinauf gefüllt auf den Tisch gestellt. Wie sie aber mit dem Löffel in ihrem Kaffee herumrührten, kam immer von Zeit zu Zeit etwas großes, dunkles, rundes an die Oberfläche. Sie dachten, es werde sich mit der Zeit aufklären, und tranken mit Appetit bis sie angesichts des halbleeren Topfes und der dunklen Sache doch Angst bekamen und die Magd um Rat fragten. Da zeigte es sich, daß das Schwarze altes geronnenes Gänseblut war, das von dem vortägigen Festessen her in den Töpfen geblieben war und über das man im Morgendusel den Kaffee einfach eingegossen hatte. Sofort liefen die Jungen heraus und erbrachen alles bis auf das letzte Tröpfchen. Später wurden sie zum Pfarrer vorgerufen, der nach einer kurzen Prüfung aus der Religion feststellte, daß sie brave Jungen seien, ihnen von der Köchin eine Suppe servieren ließ und sie dann mit seinem geistlichen Segen verabschiedete. Diese Suppe und diesen Segen ließen sie sich als Zöglinge eines von Geistlichen geleiteten Gymnasiums in fast allen Pfarrorten geben, durch die sie kamen.

20. ⟨*September 1912*⟩ Briefe an Löwy und Frl. Taussig gestern, an Frl. Bauer und Max heute.

Es war an einem Sontagvormittag im schönsten Frühjahr. Georg Bendemann, ein junger Kaufmann, saß in seinem Privatzimmer im ersten Stock eines der niedrigen leichtgebauten Häuser, die entlang des Flusses in einer langen Reihe fast nur in der Höhe und Färbung unterschieden sich hinzogen. Er hatte gerade einen Brief an einen sich jetzt im Ausland befindenden Jugendfreund beendet, verschloß ihn in spielerischer Langsamkeit und sah dann den Elbogen auf den Schreibtisch gestützt aus dem Fenster auf den Fluß, die Brücke und die Anhöhen am andern Ufer mit ihrem schwachen Grün. Er dachte darüber nach, wie dieser Freund, mit seinem Fortkommen zuhause unzufrieden, vor Jahren schon nach Rußland sich förmlich geflüchtet hatte. Nun betrieb er ein Geschäft in Petersburg, das anfangs sich sehr gut angelassen hatte, seit langem aber schon zu stocken schien, wie der Freund bei seinen immer seltener werdenden Besuchen klagte. So arbeitete er sich in der Fremde nutzlos ab, der fremdartige Vollbart verdeckte nur schlecht das seit den Kinderjahren wohl bekannte Gesicht, dessen gelbe Hautfarbe auf eine sich entwickelnde Krankheit hinzudeuten schien. Wie er erzählte hatte er keine rechte Verbindung mit der dortigen Kolonie seiner Landsleute, aber auch fast keinen gesellschaftlichen Verkehr mit einheimischen Familien und richtete sich so für ein endgiltiges Junggesellentum ein.

Was sollte man einem solchen Manne schreiben, der sich offenbar verrannt hatte, den man bedauern, dem man aber nicht helfen konnte. Sollte man ihm vielleicht raten, wieder nachhause zu kommen, seine Existenz hierherverlegen, alle die alten freundschaftlichen Beziehungen wieder aufzunehmen, wofür ja kein Hindernis bestand und im übrigen auf die Hilfe der Freunde vertrauen. Das bedeutete aber nichts anderes als daß man ihm gleichzeitig je schonender desto kränkender sagte, daß seine bisherigen Versuche mißlungen seien, daß er endlich von ihnen ablassen solle, daß er zurückkehren und sich als ein für immer Zurückgekehrter von allen mit großen Augen anstaunen lassen müsse, daß nur seine Freunde etwas verstünden und daß er ein altes Kind sei, das den erfolgreichen zuhausegebliebenen Kameraden einfach zu folgen habe. Und war es dann noch sicher, daß alle die Plage, die man ihm antun müßte, einen Zweck hätte. Vielleicht gelang es nicht einmal ihn überhaupt nachhausebringen, er sagte ja selbst, daß er die Verhältnisse in der Heimat nicht mehr verstünde, und so bliebe er dann trotzdem in seiner Fremde, verbittert durch die Ratschläge und den Freunden noch ein Stück mehr entfremdet. Folgte er aber wirklich dem Rat und würde hier, natürlich nicht mit Absicht, aber durch die Tatsachen niedergedrückt, fände sich nicht in seinen Freunden und nicht ohne sie zurecht, litte an Beschämung, hätte jetzt wirklich keine Heimat und keine Freunde mehr, war es da nicht viel besser für ihn, er blieb in der Fremde so wie er war. Konnte man denn bei solchen Umständen daran denken, daß er es hier tatsächlich vorwärtsbringen würde.

Aus diesen Gründen konnte man ihm, wenn man noch

überhaupt die briefliche Verbindung aufrechterhalten wollte, keine eigentlichen Mitteilungen machen, wie man sie ohne Scheu auch den entferntesten Bekannten machen würde. Der Freund war nun schon über drei Jahre nicht in der Heimat gewesen und erklärte dies sehr notdürftig mit der Unsicherheit der politischen Verhältnisse in Rußland, die demnach also auch die kürzeste Abwesenheit eines kleinen Geschäftsmannes nicht zuließen, während hunderttausende Russen ruhig in der Welt herumfuhren. Im Laufe dieser drei Jahre hatte sich aber gerade für Georg vieles verändert. Von dem Todesfall von Georgs Mutter, der vor etwa zwei Jahren erfolgt war und seit welchem Georg mit seinem alten Vater in gemeinsamer Wirtschaft lebte, hatte der Freund wohl noch erfahren und sein Beileid in einem Brief mit einer Trockenheit ausgedrückt, die ihren Grund nur darin haben konnte, daß die Trauer über ein solches Ereignis in der Fremde ganz unvorstellbar wird. Nun hatte aber Georg seit jener Zeit so wie alles andere auch sein Geschäft mit größerer Entschlossenheit angepackt. Vielleicht hatte ihn der Vater bei Lebzeiten der Mutter dadurch, daß er im Geschäft nur seine Ansicht gelten lassen wollte, an einer wirklichen eigenen Tätigkeit gehindert, vielleicht war der Vater seit dem Tode der Mutter trotzdem er noch immer im Geschäft arbeitete, zurückhaltender geworden, vielleicht spielten – was sogar sehr wahrscheinlich war – glückliche Zufälle eine weit wichtigere Rolle – jedenfalls aber hatte sich das Geschäft in diesen zwei Jahren ganz unerwartet entwickelt, das Personal hatte man verdoppeln müssen, der Umsatz hatte sich verfünffacht, ein weiterer Fortschritt stand zweifellos bevor.

Der Freund aber hatte keine Ahnung von dieser Veränderung. Früher, zum letztenmal vielleicht in jenem Beileidsbrief hatte er Georg zur Auswanderung nach Rußland überreden wollen und sich über die Aussichten verbreitet, die gerade für Georgs Geschäftszweig in Petersburg bestanden. Die Ziffern waren verschwindend gegenüber dem Umfang den Georgs Geschäft jetzt angenommen hatte. Georg aber hatte keine Lust gehabt, dem Freund von seinen geschäftlichen Erfolgen zu schreiben und hätte er es jetzt nachträglich getan, es hätte wirklich einen merkwürdigen Anschein gehabt. So beschränkte sich Georg darauf, dem Freund immer nur über bedeutungslose Vorfälle zu schreiben, wie sie sich, wenn man an einem ruhigen Sonntag nachdenkt, in der Erinnerung aufhäufen. Er wollte nichts anderes, als die Vorstellung ungestört lassen, die sich der Freund von der Heimatstadt in der langen Zwischenzeit wohl gemacht und mit welcher er sich auch abgefunden hatte. So geschah es Georg, daß er dem Freund die Verlobung eines gleichgültigen Menschen mit einem ebenso gleichgültigen Mädchen dreimal in ziemlich weit auseinanderliegenden Briefen anzeigte, bis sich dann allerdings der Freund ganz gegen Georgs Absicht für diese Merkwürdigkeit zu interessieren begann.

Georg schrieb ihm aber solche Dinge viel lieber, als daß er zugestanden hätte, daß er selbst vor einem Monat mit einem Fräulein Frieda Brandenfeld einem Mädchen aus wohlhabender Familie sich verlobt hatte. Oft sprach er mit seiner Braut über diesen Freund und das besondere Korrespondenzverhältnis, in welchem er zu ihm stand. Da wird er gar nicht zu unserer Hochzeit kommen sagte sie und ich habe doch das Recht, alle Deine Freunde kennen zu lernen. »Ich will ihn nicht stören antwortete Georg, versteh mich recht, er würde wahrscheinlich kommen, wenigstens glaube ich es, aber er würde sich gezwungen und geschädigt fühlen, vielleicht mich beneiden und sicher unzufrieden und unfähig die Unzufriedenheit zu beseitigen allein wieder zurückfahren. Allein – weißt du, was das ist.« »Ja kann er denn von unserer Heirat nicht auf andere Weise erfahren.« »Das kann ich allerdings nicht verhindern, aber es ist bei seiner Lebensweise unwahrscheinlich.« »Aber wirklich wenn Du solche Freunde hast, Georg hättest Du überhaupt nicht heiraten sollen.« »Ja das ist unser beider Schuld, aber ich wollte es doch nicht anders.« Und wenn sie dann raschatmend unter seinen Küssen noch vorbrachte »Eigentlich kränkt es mich doch« hielt er es wirklich für unverfänglich dem Freund alles zu schreiben. So bin ich und so hat er mich hinzunehmen sagte er sich. Ich kann nicht aus mir einen Menschen herausschneiden, der vielleicht für die Freundschaft mit ihm geeigneter wäre, als ich es bin.

Und tatsächlich berichtete er seinem Freund in dem langen Brief den er an diesem Sonntagvormittag schrieb, die erfolgte Verlobung mit folgenden Worten: »Die beste Neuigkeit habe ich mir zum Schlusse aufgespart. Ich habe mich mit einem Fräulein Frieda Brandenhof verlobt einem Mädchen aus einer wohlhabenden Familie die sich hier erst lange nach Deiner Abreise angesiedelt hat die Du also kaum kennen dürftest. Es wird sich noch Gelegenheit finden Dir näheres über meine Braut mitzuteilen, heute genüge Dir, daß ich recht glücklich bin und daß sich in unserem gegenseitigen Verhältnisse nur insoferne etwas geändert hat, als Du jetzt in mir statt eines ganz gewöhnlichen einen glücklichen Freund haben wirst. Außerdem bekommst Du in meiner Braut, die dich herzl. grüß. läßt und dir nächstens selbst schreiben wird, eine aufrichtige Freundin was für einen Jungges. nicht ganz ohne Bedeutung ist. Ich weiß es hält Dich vielerlei von einem Besuche bei uns zurück, wäre aber nicht gerade meine Hochzeit die richtige Gelegenheit einmal alle Hindernisse über den Haufen zu werfen? Aber wie dies auch sein mag, handle ohne alle Rücksicht und nur nach Deiner Wohlmeinung.«

Mit diesem Brief in der Hand war G. lange das Gesicht dem Fenster zugekehrt an seinem Schreibtisch gesessen. Einem Bekannten, der ihn im Vorübergehn von der Gasse aus gegrüßt hatte, hatte er kaum mit einem abwesenden Lächeln geantwortet.

Endlich steckte er den Brief in die Tasche und gieng aus seinem Zimmer quer durch einen kleinen Gang in das Zimmer seines Vaters, in dem er schon seit Monaten nicht gewesen war. Es bestand auch sonst keine Nötigung dazu, denn er verkehrte mit seinem Vater ständig im Geschäft, das Mittagessen nahmen sie gleichzeitig in einem Speisehaus ein, abend versorgte sich zwar jeder nach Belieben, doch saßen sie meistens, wenn nicht Georg wie es am häufigsten geschah, mit Freunden beisammen war oder jetzt seine Braut besuchte, am Abend noch ein Weilchen jeder mit seiner Zeitung im gemeinsamen Wohnzimmer.

Georg staunte darüber, wie dunkel das Zimmer des Vaters selbst an diesem sonnigen Vormittag war. Einen solchen Schatten warf also die hohe Mauer, die sich jenseits des schmalen Hofes erhob. Der Vater saß beim Fenster in einer Ecke, die mit verschiedenen Andenken an die selige Mutter ausgeschmückt war, und las die Zeitung, die er seitlich vor den Augen hielt, wodurch er irgendeine Augenschwäche auszugleichen suchte. Auf dem Tisch standen die Reste des Frühstücks, von dem nicht viel verzehrt zu sein schien. Ah Georg sagte der Vater und gieng ihm gleich entgegen. Sein schwerer Schlafrock öffnete sich im Gehn, die Enden umflatterten ihn, mein Vater ist noch immer ein Riese sagte sich Georg. Hier ist es ja unerträglich dunkel sagte er dann. Ja dunkel ist es schon antwortete der Vater. Das Fenster hast Du auch geschlossen?

Ich habe es lieber so.

Es ist ja ganz warm draußen sagte Georg wie im Nachhang zu dem frühern und setzte sich.

Der Vater räumte das Frühstücksgeschirr ab und stellte es auf einen Kasten.

Ich wollte Dir eigentlich nur sagen fuhr Georg fort, der den Bewegungen des alten Mannes ganz verloren folgte, daß ich nun doch nach Petersburg meine Verlobung angezeigt habe. Er zog den Brief ein wenig aus der Tasche und ließ ihn wieder zurückfallen.

Wieso nach Petersburg? fragte der Vater.

Meinem Freunde doch sagte Georg und suchte des Vaters Augen. Im Geschäft ist er doch ganz anders dachte er. Wie er hier breit sitzt und die Arme über der Brust kreuzt.

Ja. – Deinem Freunde. sagte der Vater mit Betonung.

Du weißt doch Vater, daß ich ihm meine Verlobung zuerst verschweigen wollte. Aus Rücksichtnahme, aus keinem andern Grunde sonst. Du weißt selbst, er ist ein schwieriger Mensch. Ich sagte mir, von anderer Seite kann er von meiner Verlobung wohl erfahren, wenn das auch bei seiner einsamen Lebensweise kaum wahrscheinlich ist – das kann ich nicht hindern – aber von mir selbst soll er es nun einmal nicht erfahren.

Und jetzt hast Du es Dir wieder anders überlegt? fragte der Vater und legte die große Zeitung auf den Fensterbord und auf die Zeitung die Brille, die er mit der Hand bedeckte.

Ja jetzt habe ich es mir wieder überlegt. Wenn er mein guter Freund ist sagte ich mir dann ist meine glückliche Verlobung auch für ihn ein Glück. Und deshalb habe ich nicht mehr gezögert es ihm anzuzeigen. Ehe ich jedoch den Brief einwarf, wollte ich es Dir sagen.

Georg sagte der Vater und zog den zahnlosen Mund in die Breite hör einmal. Du bist wegen dieser Sache zu mir gekommen um Dich mit mir zu beraten. Das ehrt Dich ohne Zweifel. Aber es ist nichts, es ist ärger als nichts, wenn Du mir jetzt nicht die volle Wahrheit sagst. Ich will nicht Dinge aufrühren die nicht hierhergehören. Seit dem Tode unserer teueren Mutter sind gewisse unschöne Dinge vorgegangen. Vielleicht kommt auch für sie die Zeit und vielleicht kommt sie früher als wir denken. Im Geschäft entgeht mir manches, es wird mir vielleicht nicht verborgen – ich will jetzt gar nicht die Annahme machen daß es mir verborgen wird – ich bin nicht mehr kräftig genug, mein Gedächtnis läßt nach, ich habe nicht mehr den Blick für alle die vielen Sachen. Das ist erstens der Ablauf der Natur und zweitens hat mich der Tod unseres Mütterchens viel mehr niedergeschlagen als Dich. – Aber weil wir gerade bei dieser Sache halten, bei diesem Briefe, so bitte ich Dich Georg täusche mich nicht. Es ist eine Kleinigkeit, es ist nicht des Athems wert, also täusche mich nicht. Hast Du wirklich diesen Freund in Petersburg?

Georg stand verlegen auf. Lassen wir meine Freunde sein. Tausend Freunde ersetzen mir nicht meinen Vater. Weißt Du was ich glaube? Du schonst Dich nicht genug. Aber das Alter verlangt seine Rechte. Du bist mir im Geschäft unentbehrlich, das weißt Du ja sehr genau, aber wenn das Geschäft Deine Gesundheit bedrohen sollte, sperre ich es noch morgen für immer. Das geht nicht. Wir müssen da eine andere Lebensweise für Dich einführen. Aber von Grund aus. Du sitzt hier im Dunkel und im Wohnzimmer hättest Du schönes Licht. Du nippst vom Frühstück statt Dich ordentlich zu stärken. Du sitzt bei geschlossenem Fenster und die Luft würde Dir so gut tun. Nein mein Vater. Ich werde den Arzt holen und seinen Vorschriften werden wir folgen. Die Zimmer werden wir wechseln, Du wirst ins Vorderzimmer ziehn, ich hierher. Es wird keine Veränderung für Dich sein, alles wird mit übertragen werden. Aber das alles hat Zeit, jetzt lege Dich noch ein wenig ins Bett, Du brauchst unbedingt Ruhe. Komm ich werde Dir beim Ausziehn helfen, Du wirst sehn, ich kann es. Oder willst Du gleich ins Vorderzimmer gehn, dann legst Du Dich vorläufig in mein Bett. Das wäre übrigens sehr vernünftig.

Georg stand knapp neben seinem Vater, der den Kopf mit dem struppigen weißen Haar auf die Brust hatte sinken lassen.

»Georg« sagte der Vater leise ohne Bewegung.

Georg kniete sofort neben dem Vater nieder, er sah die Pupillen in dem müden Gesicht des Vaters übergroß in den Winkeln der Augen auf sich gerichtet.

Du hast keinen Freund in Petersburg. Du bist immer ein Spaßmacher gewesen und hast Dich leider auch mir gegenüber nicht zurückgehalten. Wie solltest Du denn gerade dort einen Freund haben. Das kann ich gar nicht glauben.

»Denk doch nur einmal nach Vater« sagte Georg, hob den Vater vom Sessel und zog ihm wie er nun doch recht schwach dastand, den Schlafrock aus. Jetzt wird es bald drei Jahre her sein, da war ja mein Freund bei uns zu Besuch. Ich erinnere mich noch, daß Du ihn nicht besonders gern hattest. Wenigstens zweimal habe ich ihn vor Dir verläugnet, trotzdem er gerade bei mir im Zimmer saß. Ich konnte ja Deine Abneigung gegen ihn ganz gut verstehn, mein Freund hat seine Eigentümlichkeiten. Aber dann hast Du Dich doch wieder auch ganz gut mit ihm unterhalten. Ich war damals noch so stolz darauf, daß Du ihm zuhörtest, nicktest und fragtest. Wenn Du nachdenkst, mußt Du Dich erinnern. Er erzählte damals unglaubliche Geschichten von der russischen Revolution. Wie er z. B. auf einer Geschäftsreise in Kiew bei einem Tumult einen armenischen Geistlichen auf einem Balkon gesehen hatte, der sich ein breites Blutkreuz in die flache Hand schnitt, diese Hand erhob und die Menge anrief. Du hast ja selbst diese Geschichte hie und da wiedererzählt.

Währenddessen war es Georg gelungen, den Vater wieder niederzusetzen und ihm die Trikothosen, die er über den weißen Unterhosen trug, sowie die Socken vorsichtig auszuziehn. Beim Anblick der nicht besonders reinen Wäsche, machte er sich Vorwürfe, den Vater vernachlässigt zu haben. Es wäre sicherlich auch seine Pflicht gewesen über den Wäschewechsel seines Vaters zu wachen. Er hatte mit seiner Braut noch nicht ausdrücklich darüber gesprochen, wie sie die Zukunft des Vaters einrichten wollten, denn sie hatten stillschweigend vorausgesetzt, daß der Vater allein in der alten Wohnung bleiben würde. Doch jetzt entschloß er sich kurz mit aller Bestimmtheit, den Vater in seinen künftigen Haushalt mitzunehmen. Es schien ja fast wenn man genauer zusah, daß die Pflege, die dort dem Vater bereitet werden sollte, zu spät kommen könnte.

Auf seinen Armen trug er den Vater ins Bett. Ein schreckliches Gefühl hatte er, als er während der paar Schritte zum Bett hin merkte, daß der Vater mit seiner Uhrkette spiele. Er konnte ihn nicht gleich ins Bett legen, so fest hielt er sich an dieser Uhrkette

Kaum war er aber im Bett, schien alles gut. Er deckte sich selbst zu und zog dann die Bettdecke noch besonders weit über die Schulter hinauf. Er sah nicht unfreundlich zu Georg hinauf.

Nicht wahr Du erinnerst Dich schon an ihn fragte Georg und nickte ihm aufmunternd zu.

»Bin ich jetzt gut gedeckt« fragte der Vater als könne er nicht nachschauen, ob die Füße genug bedeckt seien.

Es gefällt Dir also schon im Bett sagte Georg und legte das Deckzeug besser um ihn

Bin ich gut zugedeckt fragte der Vater noch einmal und schien auf die Antwort besonders aufzupassen

Sei nur ruhig, Du bist gut zugedeckt.

Nein rief der Vater daß die Antwort an die Frage stieß, warf die Decke zurück mit einer Kraft, daß sie einen Augenblick im Flug sich ganz entfaltete und stand aufrecht im Bett, nur eine Hand hielt er leicht an den Plafond. »Du wolltest mich zudekken, das weiß ich mein Früchtchen aber zugedeckt bin ich noch nicht. Und ist es auch die letzte Kraft, genug für Dich, zu viel für Dich. Wohl kenn ich Deinen Freund. Er wäre ein Sohn nach meinem Herzen. Darum hast Du ihn auch betrogen die ganzen Jahre lang. Warum sonst? Glaubst Du ich habe nicht um ihn geweint? Darum sperrst Du Dich in Dein Bureau, niemand soll stören, der Chef ist beschäftigt nur damit Du Deine falschen Briefchen nach Rußland schreiben kannst. Aber den Vater muß glücklicherweise niemand lehren den Sohn zu durchschauen. Wie Du geglaubt hast, Du hättest ihn untergekriegt so untergekriegt, daß Du Dich mit Deinem Hintern daraufsetzen kannst und er rührt sich nicht, da hat sich mein Herr Sohn zum Heiraten entschlossen.

Georg sah zum Schreckbild seines Vaters auf. Der Petersburger Freund, den der Vater plötzlich so gut kannte, ergriff ihn wie noch nie. Verloren im weiten Rußland sah er ihn. An der Türe des leeren ausgeraubten Geschäftes sah er ihn. Zwischen den Trümmern der Regale, den zerfetzten Waren, den fallenden Gasarmen stand er gerade noch. Warum hatte er so weit wegfahren müssen.

Aber schau mich an rief der Vater und Georg lief fast zerstreut zum Bett um alles zu fassen stockte aber in der Hälfte des Wegs.

Weil sie die Röcke gehoben hat fieng der Vater zu flöten an weil sie die Röcke so gehoben hat, die widerliche Gans und er hob um das darzustellen, sein Hemd so hoch, daß man auf seinem Oberschenkel die Narbe aus seinen Kriegsjahren sah weil sie die Röcke so und so und so gehoben hat, hast Du Dich an sie heran gemacht und damit Du an ihr ohne Störung Dich befriedigen kannst, hast Du unserer Mutter Andenken geschändet, den Freund verraten und Deinen Vater ins Bett gesteckt, damit er sich nicht rühren kann. Aber kann er sich rühren oder nicht?

Und er stand vollkommen frei und warf die Beine. Er strahlte vor Einsicht.

Georg stand in einem Winkel, möglichst weit vom Vater. Vor einer langen Weile hat er sich fest entschlossen, alles vollkommen genau zu beobachten, damit er nicht irgendwie auf Umwegen, von hinten her, von oben herab gefangen werden könne. Jetzt erinnerte er sich wieder an den längst vergessenen Entschluß und vergaß ihn, wie man einen kurzen Faden durch ein Nadelöhr zieht.

Aber der Freund ist nun doch nicht verraten rief der Vater und sein hin und her bewegter Zeigefinger bekräftigte es. Ich war sein Vertreter hier am Ort.

»Komödiant!« konnte sich Georg zu rufen nicht enthalten, erkannte sofort den Schaden und biß nur zu spät die Augen erstarrt in seine Zunge, daß er vor Schmerz einknickte.

Ja freilich habe ich Komödie gespielt. Komödie, gutes Wort. Welcher andere Trost blieb dem alten verwitweten Vater. Sag – und für den Augenblick der Antwort sei Du noch mein lebender Sohn – was blieb mir übrig in meinem Hinterzimmer, verfolgt vom ungetreuen Personal alt bis in die Knochen. Und mein Sohn gieng im Jubel durch die Welt, schloß Geschäfte ab, die ich vorbereitet hatte, überpurzelte sich vor Vergnügen und gieng vor seinem Vater mit dem verschlossenen Gesicht eines Ehrenmanns davon. Glaubst Du ich hätte Dich nicht geliebt, ich, von dem Du ausgiengst.

Jetzt wird er sich vorbeugen dachte Georg. Wenn er fiele und zerschmetterte! Dieses Wort durchzischte seinen Kopf.

Der Vater beugte sich vor, fiel aber nicht. Da Georg sich nicht näherte, wie er erwartet hatte, erhob er sich wieder.

Bleib wo Du bist, ich brauch Dich nicht. Du denkst Du hast noch die Kraft hierherzukommen und hältst Dich bloß zurück, weil Du so willst. Daß Du Dich nicht irrst. Ich bin noch immer der viel Stärkere. Allein hätte ich vielleicht zurückweichen müssen, aber so hat mir die Mutter ihre Kraft abgegeben, mit Deinem Freund habe ich mich herrlich verbunden, Deine Kundschaft habe ich hier in der Tasche.

Sogar im Hemd hat er Taschen sagte sich Georg und glaubte, er könne ihn mit dieser Bemerkung in der ganzen Welt unmöglich machen. Nur einen Augenblick dachte er das denn immerfort vergaß er alles.

Häng Dich nur in Deine Braut ein und komm mir entgegen. Ich fege sie Dir von der Seite weg, Du weißt nicht wie.

Georg machte Grimassen, als glaube er das nicht. Der Vater nickte bloß die Wahrheit dessen, was er sagte beteurend in Georgs Ecke hin.

Wie hast Du mich doch heute unterhalten, als Du kamst und fragtest, ob Du Deinem Freund von der Verlobung schreiben sollst. Er weiß doch alles, dummer Junge, er weiß doch alles. Ich schreib ihm doch, weil Du vergessen hast, mir das Schreibzeug wegzunehmen. Darum kommt er schon seit Jahren nicht, er weiß ja alles hundertmal besser als Du selbst, Deine Briefe zerknüllt er ungelesen in der linken Hand, während er in der Rechten meine Briefe zum Lesen sich vorhält.

Seinen Arm schwang er vor Begeisterung über dem Kopf.

Er weiß alles tausendmal besser rief der Vater.

Zehntausendmal sagte Georg, um den Vater lächerlich zu machen, aber noch in seinem Munde bekam das Wort einen toternsten Klang.

»Seit Jahren passe ich schon auf, daß Du mit dieser Frage kämest. Glaubst Du mich kümmert etwas anderes, glaubst Du ich lese Zeitungen. Da!« Und er warf ihm ein Zeitungsblatt, das irgendwie mit ihm ins Bett getragen worden war, zu. Eine alte Zeitung mit einem Georg schon ganz unbekannten Namen.

Wie lange hast Du gezögert, ehe Du reif geworden bist. Die Mutter mußte sterben, sie konnte den Freudentag nicht erleben, der Freund geht zu Grunde in seinem Rußland, schon vor 3 Jahren war er gelb zum Wegwerfen, und ich, Du siehst ja wie es mit mir steht. Dafür hast Du doch Augen.

Du hast mir also aufgelauert! rief Georg.

Mitleidig sagte der Vater nebenbei: Das wolltest Du wahrscheinlich früher sagen. Das paßt ja gar nicht mehr

Und lauter: Jetzt weißt Du also was es noch außer Dir gab, bisher wußtest Du nur von Dir! Ein unschuldiges Kind warst Du ja eigentlich, aber noch eigentlicher warst Du ein teuflischer Mensch!

»Und darum wisse, ich verurteile Dich jetzt zum Tode des Ertrinkens!«

Georg fühlte sich aus dem Zimmer gejagt, den Schlag, mit dem der Vater hinter ihm aufs Bett stürzte, trug er noch in den Ohren davon. Auf der Treppe, über deren Stufen er wie über eine schiefe Fläche eilte, überrumpelte er seine Bedienerin, die im Begriffe war heraufzugehn, um die Wohnung nach der Nacht aufzuräumen. »Jesus!« rief sie und verdeckte mit der Schürze das Gesicht, aber er war schon davon. Aus dem Tor sprang er, über die Fahrbahn zum Wasser trieb es ihn. Schon hielt er das Geländer fest, wie ein Hungriger die Nahrung. Er schwang sich über, wie der ausgezeichnete Turner, der er in seinen Jugendjahren zum Stolz seiner Eltern gewesen war. Noch hielt er sich mit schwächer werdenden Händen fest, erspähte zwischen den Geländerstangen ein Autoomnibus, das mit Leichtigkeit seinen Fall übertönen würde, rief leise, »liebe Eltern ich habe Euch doch immer geliebt« und ließ sich herabfallen.

In diesem Augenblick gieng über die Brücke ein geradezu unendlicher Verkehr.

---

23 ⟨*September 1912*⟩ Diese Geschichte »das Urteil« habe ich in der Nacht vom 22 zum 23 von 10 Uhr abends bis 6 Uhr früh in einem Zug geschrieben. Die vom Sitzen steif gewordenen Beine konnte ich kaum unter dem Schreibtisch hervorziehn. Die fürchterliche Anstrengung und Freude, wie sich die Geschichte vor mir entwickelte wie ich in einem Gewässer vorwärtskam. Mehrmals in dieser Nacht trug ich mein Gewicht auf dem Rücken. Wie alles gewagt werden kann, wie für alle, für die fremdesten Einfälle ein großes Feuer bereitet ist, in dem sie vergehn und auferstehn. Wie es vor dem Fenster blau wurde. Ein Wagen fuhr. Zwei Männer über die Brücke giengen. Um 2 Uhr schaute ich zum letztenmal auf die Uhr. Wie das Dienstmädchen zum ersten Mal durchs Vorzimmer gieng, schrieb ich den letzten Satz nieder. Auslöschen der Lampe und Tageshelle. Die leichten Herzschmerzen. Die in der Mitte der Nacht vergehende Müdigkeit. Das zitternde Eintreten ins Zimmer der Schwestern. Vorlesung. Vorher das Sichstrecken vor dem Dienstmädchen und Sagen: »Ich habe bis jetzt geschrieben«. Das Aussehn des unberührten Bettes, als sei es jetzt hereingetragen worden. Die bestätigte Überzeugung, daß ich mich mit meinem Romanschreiben in schändlichen Niederungen des Schreibens befinde. Nur so kann geschrieben werden, nur in einem solchen Zusammenhang, mit solcher vollständigen Öffnung des Leibes und der Seele. Vormittag im Bett. Die immer klaren Augen. Viele während des Schreibens mitgeführte Gefühle: z. B. die Freude daß ich etwas Schönes für Maxens Arcadia haben werde, Gedanken an Freud natürlich, an einer Stelle an Arnold Beer, an einer andern an Wassermann, an einer (zerschmettern) an Werfels Riesin, natürlich auch an meine »Die städtische Welt«

Ich, nur ich bin der Beobachter des Parterres.

Gustav Blenkelt war ein einfacher Mann mit regelmäßigen Gewohnheiten. Er liebte keinen unnötigen Aufwand und hatte ein sicheres Urteil gegenüber Leuten die solchen Aufwand trieben. Trotzdem er Junggeselle war, fühlte er sich durchaus berechtigt in Eheangelegenheiten seiner Bekannten ein entscheidendes Wörtchen mitzusprechen, und derjenige der eine solche Berechtigung nur in Frage gestellt hätte, wäre schlecht bei ihm angekommen. Er pflegte seine Meinung rund heraus zu sagen und hielt die Zuhörer, denen seine Meinung gerade nicht paßte durchaus nicht zurück. Es gab wie überall Leute die ihn bewunderten, Leute die ihn anerkannten, Leute die ihn duldeten und schließlich solche die nichts von ihm wissen wollten. Es bildet ja jeder Mensch selbst der nichtigste wenn man nur ordentlich zusieht den Mittelpunkt eines hier und dort zusammengedrehten Kreises, wie hätte es bei Gustav Blenkelt einem im Grunde besonders geselligen Menschen anders sein sollen?

Im 35 ten Lebensjahre dem letzten Jahre seines Lebens verkehrte er besonders häufig bei einem jungen Ehepaar namens Strong. Es ist gewiß daß für Herrn Strong, der eben mit dem Gelde seiner Frau eine Möbelhandlung eröffnet hatte, die Bekanntschaft Blenkelts verschiedene Vorteile hatte, da dieser die Hauptmasse seiner Bekannten unter jungen heiratsfähigen Leuten besaß, die früher oder später daran denken mußten, für sich eine neue Möbeleinrichtung zu beschaffen und die schon aus Gewohnheit Ratschläge Blenkelts auch in dieser Richtung im allgemeinen nicht vernachlässigten. Ich halte sie an festen Zügeln pflegte Blenkelt zu sagen.

---

24 ⟨*September 1912*⟩ Meine Schwester sagte: Die Wohnung (in der Geschichte) ist der unsrigen sehr ähnlich. Ich sagte: wieso? Da müßte ja der Vater im Kloset wohnen.

---

25. ⟨*September 1912*⟩ Vom Schreiben mich mit Gewalt zurückgehalten. Mich im Bett gewälzt. Den Blutandrang zum Kopf und das nutzlose Vorüberfließen. Was für Schädlichkeiten! – Gestern bei Baum vorgelesen, vor den Baumischen, meinen Schwestern, Marta, Frau Dr. Bloch mit 2 Söhnen (einem Einjährig-Freiwilligen). Gegen Schluß fuhr mir meine Hand unregiert und wahrhaftig vor dem Gesicht herum. Ich hatte Tränen in den Augen. Die Zweifellosigkeit der Geschichte bestätigte sich. – Heute abend mich vom Schreiben weggerissen. Kinematograph im Landesteater. Loge. Frl. Oplatka, welche einmal ein Geistlicher verfolgte. Sie kam ganz naß von Angstschweiß nachhause. Danzig. Körners Leben. Die Pferde. Das weiße Pferd. Der Pulverrauch. Lützows wilde Jagd.

Als der 17 jährige Karl Roßmann, der von seinen armen Eltern nach Amerika geschickt worden war, weil ihn ein Dienstmädchen verführt und ein Kind von ihm bekommen hatte, in dem schon langsam gewordenen Schiff in den Hafen von Newyork einfuhr, erblickte er die schon längst beobachtete Statue der Freiheitsgöttin wie in einem plötzlich stärker gewordenen Sonnenlicht. Ihr Arm mit dem Schwert ragte wie neuerdings empor und um ihre Gestalt wehten die freien Lüfte.

»So hoch« sagte er sich und wurde, wie er so gar nicht an das Weggehn dachte, von der immer mehr anschwellenden Menge der Gepäckträger, die an ihm vorüberzogen, allmählich bis an das Bordgeländer geschoben.

Ein junger Mann, mit dem er während der Fahrt flüchtig bekannt worden war sagte im Vorübergehn: Ja haben sie denn noch keine Lust auszusteigen? »Ich bin doch fertig« sagte Karl ihn anlachend und hob, aus Übermut und weil er ein starker Junge war, den Koffer auf die Achsel. Aber wie er über seinen Bekannten hinsah, der ein wenig seinen Stock schwenkend sich schon mit den andern entfernte, merkte er, daß er seinen Regenschirm unten im Schiff vergessen hatte. Er bat schnell den Bekannten, der nicht sehr beglückt schien, um die Freundlichkeit, bei seinem Koffer einen Augenblick zu warten, überblickte schnell die Situation um sich bei der Rückkehr zurechtzufinden und eilte davon. Unten fand er zu seinem Bedauern einen Gang, der seinen Weg sehr verkürzt hätte, zum erstenmal versperrt, was wahrscheinlich mit der Ausschiffung sämtlicher Passagiere zusammenhieng, und mußte sich seinen Weg durch eine Unzahl kleiner Räume, fortwährend abbiegende Korridore, kurze Treppen, die einander aber immer wieder folgten ein leeres Zimmer mit einem verlassenen Schreibtisch mühselig suchen, bis er sich tatsächlich, da er diesen Weg nur ein oder zweimal und immer in größerer Gesellschaft gegangen war, ganz und gar verirrt hatte. In seiner Ratlosigkeit und da er keinen Menschen traf und nur immerfort über sich das Scharren der tausend Menschenfüße hörte und von der Ferne wie einen Hauch das letzte Arbeiten der schon eingestellten Maschine merkte, fieng er ohne zu überlegen, an eine beliebige kleine Türe zu schlagen an, bei der er in seinem Herumirren stockte. »Es ist ja offen« rief es von innen und Karl öffnete mit ehrlichem Aufatmen die Tür. »Warum schlagen sie so verrückt auf die Tür?« fragte ein riesiger Mann, kaum daß er nach Karl hinsah. Durch irgendeine Oberlichtluke fiel ein trübes oben im Schiff längst abgebrauchtes Licht in die klägliche Kabine, in welcher ein Bett, ein Schrank, ein Sessel und der Mann knapp neben einander wie eingelagert standen. »Ich habe mich verirrt« sagte Karl »ich habe es während der Fahrt gar nicht so bemerkt aber es ist ein schrecklich großes Schiff.« »Ja da haben Sie recht« sagte der Mann mit einigem Stolz und hörte nicht auf an dem Schloß eines kleinen Koffers zu hantieren, den er mit beiden Händen immer wieder zudrückte, um das Einschnappen des Riegels zu behorchen. »Aber kommen Sie doch herein« sagte der Mann weiter »Sie werden doch nicht draußen stehn.« Störe ich nicht, fragte Karl. »Ach wie werden Sie denn stören.« »Sind Sie ein Deutscher?« suchte sich Karl noch zu versichern, da er viel von den Gefahren gehört hatte, welche besonders von Irländern den Neuankömmlingen in Amerika drohen. »Bin ich, bin ich« sagte der Mann. Karl zögerte noch. Da faßte unversehens der Mann die Türklinke und schob mit der Türe, die er rasch schloß, Karl zu sich herein. »Ich kann es nicht leiden, wenn man mir vom Gang hereinschaut« sagte der Mann, der wieder an seinem Koffer arbeitete. »Da lauft jeder vorbei und schaut herein, das soll der Zehnte aushalten.« »Aber der Gang ist doch ganz leer« sagte Karl, der unbehaglich an den

Bettpfosten gequetscht dastand. »Ja, jetzt« sagte der Mann. »Es handelt sich doch um jetzt« dachte Georg »mit dem Mann ist schwer zu reden.« »Legen Sie sich doch aufs Bett, da haben Sie mehr Platz«, sagte der Mann. Karl kroch so gut es gieng hinein und lachte dabei laut über den ersten vergeblichen Versuch sich herüberzuschwingen. Kaum war er aber drin, rief er »Gotteswillen, ich habe ja ganz an meinen Koffer vergessen.« »Wo ist er denn?« »Oben auf dem Deck, ein Bekannter gibt acht auf ihn. Wie heißt er nur?« Und er zog aus einer Geheimtasche, die ihm seine Mutter für die Reise im Rockfutter angelegt hatte, eine Visitkarte. Butterbaum, Franz Butterbaum. »Haben Sie den Koffer sehr nötig?« »Natürlich.« »Ja warum haben sie ihn dann einem fremden Menschen gegeben?« »Ich hatte meinen Regenschirm unten vergessen und bin gelaufen ihn zu holen, wollte aber den Koffer nicht mitschleppen. Dann habe ich mich auch noch verirrt.« »Sie sind allein? Ohne Begleitung.« »Ja, allein.« Ich sollte mich vielleicht an diesen Mann halten, gieng es Karl durch den Kopf, wo finde ich gleich einen bessern Freund. »Und jetzt haben Sie auch noch den Koffer verloren. Vom Regenschirm rede ich gar nicht« und der Mann setzte sich auf den Sessel, als habe Karls Sache jetzt einiges Interesse für ihn gewonnen. »Ich glaube aber der Koffer ist noch nicht verloren.« »Glauben macht selig« sagte der Mann und kratzte sich kräftig in seinem dunklen kurzen dichten Haar. Auf dem Schiff wechseln mit den Hafenplätzen auch die Sitten, in Hamburg hätte ihr Butterbaum den Koffer vielleicht bewacht, hier ist höchstwahrscheinlich schon von beiden keine Spur mehr. »Da muß ich aber doch gleich hinaufschauen« sagte Karl und sah sich um wie er herauskommen könnte. »Bleiben Sie nur« sagte der Mann und stieß ihn mit einer Hand gegen die Brust geradezu rauh ins Bett zurück. Warum denn fragte Karl ärgerlich. Weil es keinen Sinn hat sagte der

Mann. In einem kleinen Weilchen gehe ich auch, dann gehn wir zusammen. Entweder ist der Koffer gestohlen, dann ist keine Hilfe und sie können ihm nachweinen bis an das Ende ihrer Tage oder der Mensch bewacht ihn noch immer, dann ist er ein Dummkopf und soll weiter wachen oder er ist bloß ein ehrlicher Mensch und hat den Koffer stehn gelassen dann werden wir ihn bis das Schiff ganz entleert ist, desto besser finden. Ebenso auch ihren Regenschirm. Kennen Sie sich auf dem Schiff aus? fragte Karl mißtrauisch und es schien ihm, als hätte der sonst überzeugende Gedanke, daß auf dem leeren Schiff seine Sachen am besten zu finden sein würden, einen verborgenen Haken. Ich bin doch Schiffsheizer sagte der Mann. Sie sind Schiffsheizer rief Karl freudig, als überstiege das alle Erwartungen, und sah den Elbogen aufgestützt den Mann näher an. »Gerade vor der Kammer, wo ich mit den Slowacken geschlafen habe, war in der Wand eine Lucke angebracht durch die man in den Maschinenraum sehen konnte.« »Ja dort habe ich gearbeitet« sagte der Heizer. »Ich habe mich immer so für Technik interessiert« sagte Karl, der in einem bestimmten Gedankengang blieb »und ich wäre sicher später Ingenieur geworden, wenn ich nicht nach Amerika hätte fahren müssen.« »Warum haben Sie denn fahren müssen?« »Ach was!« sagte Karl und warf die ganze Geschichte mit der Hand weg. Dabei sah er lächelnd den Heizer an, als bitte er ihn selbst für das nicht Eingestandene um seine Nachsicht. Es wird schon einen Grund gehabt haben sagte der Heizer und man wußte nicht recht, ob er damit die Erzählung dieses Grundes fordern oder abwehren wolle. »Jetzt könnte ich auch Heizer werden« sagte Karl »meinen Eltern ist es jetzt ganz gleichgiltig was ich werde.« »Meine Stelle wird frei« sagte der Heizer, steckte im Vollbewußtsein dessen die Hände in die Hosentaschen und warf die Beine, die in faltigen, lederartigen, eisengrauen Hosen steckten, aufs Bett hin, um sie zu strecken. Karl mußte mehr an die Wand rükken. »Sie verlassen das Schiff?« »Jawoll, wir marschieren heute ab.« »Warum denn? Gefällt es Ihnen nicht?« Ja, das sind so die Verhältnisse, es entscheidet nicht immer, ob es einem gefällt oder nicht. Übrigens haben Sie recht es gefällt mir auch nicht. Sie denken wahrscheinlich nicht mit Entschlossenheit daran Heizer zu werden, aber gerade dann kann man es am leichtesten werden. Ich also rate ihnen entschieden ab. Wenn Sie in Europa studieren wollten, warum wollen Sie es denn hier nicht. Die amerikanischen Universitäten sind ja unvergleichlich besser.« »Das ist ja möglich sagte Karl, aber ich habe ja fast kein Geld zum Studieren. Ich habe zwar von irgend jemandem gelesen, der bei Tag in einem Geschäft gearbeitet und in der Nacht studiert hat, bis er Doktor und ich glaube Bürgermeister wurde. Aber dazu gehört doch eine große Ausdauer, nicht? Ich fürchte, die fehlt mir. Außerdem war ich gar kein besonders guter Schüler, der Abschied von der Schule ist mir wirklich nicht schwer geworden. Und die Schulen hier sind vielleicht noch strenger. Englisch kann ich fast gar nicht. Überhaupt ist man hier gegen Fremde so eingenommen, glaube ich.« »Haben Sie das auch schon erfahren? Na, dann ist gut. Dann sind Sie mein Mann. Sehn sie, wir sind doch auf einem deutschen Schiff, es gehört der Hamburg Amerika Linie, warum sind wir nicht lauter Deutsche hier? Warum ist der Obermaschinist ein Rumäne? Er heißt Schubal. Das ist doch nicht zu glauben. Und dieser Lumpenhund schindet uns Deutsche auf einem deutschen Schiff. Glauben Sie nicht – Ihm gieng die Luft aus, er fackelte mit der Hand – daß ich klage um zu klagen. Ich weiß daß Sie keinen Einfluß haben und selbst ein armes Bürschchen sind. Aber es ist zu arg.« Und er schlug auf den Tisch mehrmals hart mit der Faust und ließ kein Auge von ihr, während er schlug. Ich habe doch schon auf so vielen Schiffen gedient –

und er nannte 20 Namen hinter einander als sei es ein Wort, Karl wurde ganz wirr – und habe mich ausgezeichnet, bin belobt worden, war ein Arbeiter nach dem Geschmack meiner Kapitäne, sogar auf dem gleichen Handelssegler war ich einige Jahre er erhob sich als sei das der Höhepunkt seines Lebens – und hier auf diesem Kasten, wo alles nach der Schnur eingerichtet ist, wo kein Witz erfordert wird – hier taug ich nichts, hier steh ich dem Schubal immer im Wege, bin ein Faulpelz verdiene herausgeworfen zu werden und bekomme meinen Lohn aus Gnade. Verstehn Sie das? Ich nicht.« »Das dürfen Sie sich nicht gefallen lassen« sagte Karl aufgeregt. Er hatte fast das Gefühl davon verloren, daß er auf dem unsichern Boden eines Schiffes an der Küste eines unbekannten Erdteils war, so heimisch war ihm hier auf dem Bett des Heizers zumute. »Waren Sie schon beim Kapitän? Haben Sie schon bei ihm Ihr Recht gesucht?« »Ach gehn Sie, gehn Sie lieber weg. Ich will Sie nicht hier haben. Sie hören nicht zu, was ich sage und geben mir Ratschläge. Wie soll ich denn zum Kapitän gehn.« Und müde setzte sich der Heizer wieder und legte das Gesicht in beide Hände. »Einen bessern Rat kann ich ihm nicht geben« sagte sich Karl. Und er fand überhaupt, daß er lieber seinen Koffer hätte holen sollen, statt hier Ratschläge zu geben die ja nur für dumm gehalten wurden. Als ihm der Vater den Koffer für immer übergeben hatte, hatte er im Scherz gefragt: Wie lange wirst du ihn haben? und jetzt war dieser teuere Koffer vielleicht schon im Ernst verloren. Der einzige Trost war noch, daß der Vater von seiner jetzigen Lage nicht das allergeringste erfahren konnte, selbst wenn er nachforschen sollte. Nur daß er bis Newyork gekommen war, konnte die Schiffsgesellschaft gerade noch sagen. Leid tat es aber Karl daß er die Sachen im Koffer noch kaum verwendet hatte, trotzdem er es beispielsweise längst nötig gehabt hätte, das Hemd zu wechseln. Da hatte er also am unrichtigen Ort gespart; jetzt wo er es gerade am Beginn seiner Laufbahn nötig haben würde, rein gekleidet aufzutreten, würde er im schmutzigen Hemd erscheinen müssen. Das waren schöne Aussichten. Sonst wäre der Verlust des Koffers nicht gar so arg gewesen, denn der Anzug, den er anhatte war so gar besser, als jener im Koffer, der eigentlich nur ein Notanzug war, den die Mutter noch knapp vor der Abreise hatte flicken müssen. Jetzt erinnerte er sich auch, daß im Koffer noch ein Stück Veroneser Salami war, die ihm die Mutter als Extragabe eingepackt hatte von der er jedoch nur den kleinsten Teil hatte aufessen können, da er während der Fahrt ganz ohne Appetit gewesen war und die Suppe, die im Zwischendeck zur Verteilung kam, ihm reichlich genügt hatte. Jetzt hätte er aber die Wurst gern bei der Hand gehabt, um sie dem Heizer zu verehren. Denn solche Leute sind leicht gewonnen wenn man ihnen irgendeine Kleinigkeit zusteckt, das wußte Karl noch von seinem Vater her, welcher durch Cigarrenverteilung alle die niedrigern Angestellten gewann, mit denen er geschäftlich zu tun hatte. Jetzt hatte Karl an Verschenkbarem noch sein Geld bei sich und das wollte er, wenn er schon vielleicht den Koffer verloren haben sollte, vorläufig nicht anrühren. Wieder kehrten seine Gedanken zum Koffer zurück und er konnte jetzt wirklich nicht einsehn, warum er den Koffer während der Fahrt so aufmerksam bewacht hatte, daß ihn die Wache fast den Schlaf gekostet hatte, wenn er jetzt diesen gleichen Koffer so leicht sich hatte wegnehmen lassen. Er erinnerte sich an die fünf Nächte, während derer er einen kleinen Slowacken, der zwei Schlafstellen links von ihm lag, unausgesetzt im Verdacht gehabt hatte, daß er es auf seinen Koffer abgesehen habe. Dieser Slowacke hatte nur darauf gelauert, daß Karl endlich von Schwäche befallen für einen Augenblick einnicke, damit er den Koffer mit einer langen Stange, mit der er immer während des Tages spielte oder übte, zu sich hinüberziehen könne. Bei Tage sah dieser Slowacke genug unschuldig aus, aber kaum war die Nacht gekommen, erhob er sich von Zeit zu Zeit von seinem Lager und sah traurig zu Karls Koffer herüber. Karl konnte dies ganz deutlich erkennen, denn immer hatte hie und da jemand mit der Unruhe des Auswanderers ein Lichtchen angezündet, trotzdem dies nach der Schiffsordnung verboten war und versuchte unverständliche Prospekte der Auswanderungsagenturen zu entziffern. War ein solches Licht in der Nähe, dann konnte Karl ein wenig eindämmern, war es aber in der Ferne oder war es dunkel, dann mußte er die Augen offenhalten. Diese Anstrengung hatte ihn recht erschöpft. Und nun war sie vielleicht ganz umsonst gewesen. Dieser Butterbaum, wenn er ihn einmal irgendwo treffen sollte.

In diesem Augenblick ertönten draußen in weiter Ferne in die bisherige vollkommene Ruhe hinein kleine kurze Schläge wie von Kinderfüßen, sie kamen näher mit verstärktem Klang und nun war es ein ruhiger Marsch von Männern. Sie giengen offenbar, wie es in dem schmalen Gang natürlich war, in einer Reihe, man hörte Klirren wie von Waffen. Karl der schon nahe daran gewesen, sich im Bett zu einem von allen Sorgen um Koffer und Slowacken befreiten Schlafe auszustrecken, schreckte auf und stieß den Heizer an um ihn endlich aufmerksam zu machen, denn der Zug schien mit seiner Spitze die Tür gerade erreicht zu haben. »Das ist die Schiffskapelle sagte der Heizer. Die haben oben gespielt und gehn einpacken. Jetzt ist alles fertig und wir können gehn. Kommen Sie.« Er faßte Karl bei der Hand, nahm noch im letzten Augenblick ein Muttergottesbild von der Wand über dem Bett, stopfte es in seine Brusttasche, ergriff seinen Koffer und verließ mit Karl eilig die Kabine.

Jetzt gehe ich ins Bureau und werde den Herren meine Meinung sagen. Es ist niemand mehr da, man muß keine

Rücksichten nehmen wiederholte der Heizer verschiedenartig und wollte im Gehn mit Seitwärtsstoßen des Fußes eine den Weg kreuzende Ratte niedertreten, stieß sie aber bloß schneller in das Loch hinein, das sie noch rechtzeitig erreicht hatte. Er war überhaupt langsam in seinen Bewegungen, denn wenn er auch lange Beine hatte, so waren sie doch zu schwer.

Sie kamen durch eine Abteilung der Küche, wo einige Mädchen in schmutzigen Schürzen – sie begossen sie absichtlich – Geschirr in großen Bottichen reinigten. Der Heizer rief eine gewisse Line zu sich legte den Arm um ihre Hüfte und führte sie, die sich immerzu kokett gegen seinen Arm drückte, ein Stückchen mit. »Es gibt jetzt Auszahlung, willst Du mit?« fragte er. »Warum soll ich mich bemühn bring mir das Geld lieber mit.« antwortete sie, schlüpfte unter dem Arm durch und lief davon. »Wo hast Du denn den schönen Knaben aufgegabelt« rief sie noch, wollte aber keine Antwort mehr. Man hörte das Lachen aller Mädchen, die ihre Arbeit unterbrochen hatten.

Sie giengen aber weiter und kamen an eine Türe, die oben einen kleinen Vorgiebel hatte, der von kleinen vergoldeten Karyatiden getragen war. Für eine Schiffseinrichtung sah das recht verschwenderisch aus. Karl war, wie er merkte niemals in diese Gegend gekommen, die wahrscheinlich während der Fahrt den Passagieren der ersten und zweiten Klasse vorbehalten war, während jetzt vor der großen Schiffsreinigung die Trennungstüren ausgehoben waren. Sie waren auch tatsächlich einigen Männern schon begegnet, die Besen an der Schulter trugen und den Heizer gegrüßt hatten. Karl staunte über den großen Betrieb, in seinem Zwischendeck hatte er davon freilich wenig erfahren. Entlang der Gänge zogen sich auch Drähte elektrischer Leitungen und eine kleine Glocke hörte man immerfort.

Der Heizer klopfte respektvoll an der Türe an und forderte, als man herein rief, Karl mit einer Handbewegung auf, ohne Furcht einzutreten. Er trat auch ein, aber blieb an der Türe stehn. Vor den drei Fenstern des Zimmers sah er die Wellen des Meeres und bei Betrachtung ihrer fröhlichen Bewegung schlug ihm das Herz, als hätte er nicht fünf lange Tage das Meer ununterbrochen gesehn. Große Schiffe kreuzten gegenseitig ihre Wege und gaben dem Wellenschlag nur soweit nach als es ihre Schwere erlaubte. Wenn man die Augen klein machte, schienen diese Schiffe vor lauter Schwere zu schwanken. Auf ihren Masten trugen sie schmale aber lange Flaggen, die zwar durch die Fahrt gestrafft wurden, trotzdem aber noch hin und her zappelten. Wahrscheinlich von Kriegschiffen her erklangen Salutschüsse, die Kanonenrohre eines solchen nicht allzuweit vorüberfahrenden Schiffes strahlend mit dem Reflex ihres Stahlmantels waren wie gehätschelt von der sichern, glatten und doch nicht wagrechten Fahrt. Die kleinen Schiffchen und Boote konnte man wenigstens von der Tür aus nur in der Ferne beobachten, wie sie in Mengen in die Öffnungen zwischen den großen Schiffen einliefen. Hinter alledem aber stand Newyork und sah Karl mit den hunderttausend Fenstern seiner Wolkenkratzer an. Ja in diesem Zimmer wußte man, wo man war.

An einem runden Tisch saßen 3 Herren, der eine ein Schiffsofficier in blauer Schiffuniform, die zwei andern, Beamte der Hafenbehörde, in schwarzen amerikanischen Uniformen. Auf dem Tisch lagen hochaufgeschichtet verschiedene Dokomente, welche der Officier zuerst mit der Feder in der Hand überflog, um sie dann den beiden andern zu reichen, die bald lasen, bald excerpierten, bald in ihre Aktentaschen einlegten, wenn nicht gerade der eine, der fast ununterbrochen ein kleines Geräusch mit den Zähnen vollführte, seinem Kollegen etwas in ein Protokoll diktierte.

Am Fenster saß an einem Schreibtisch, den Rücken der Türe zugewendet ein kleinerer Herr, der mit großen Folianten hantierte, die auf einem starken Bücherbrett in Kopfhöhe vor ihm nebeneinandergereiht waren. Neben ihm stand eine offene wenigstens auf den ersten Blick leere Kassa.

Das zweite Fenster war leer und gab den besten Ausblick. In der Nähe des dritten aber standen zwei Herren in halblautem Gespräch. Der eine lehnte neben dem Fenster, trug auch die Schiffsuniform und spielte mit dem Griff des Degens. Derjenige, mit dem er sprach, war dem Fenster zugewendet und enthüllte hie und da durch eine Bewegung einen Teil der Ordensreihe auf der Brust des andern. Er war in Civil und hatte ein dünnes Bambusstöckchen, das, da er beide Hände an den Hüften festhielt, auch wie ein Degen abstand.

Karl hatte nicht viel Zeit alles anzusehn, denn bald trat ein Diener auf sie zu und fragte den Heizer mit einem Blick, als gehöre er nicht hierher, was er denn wolle. Der Heizer antwortete so leise als er gefragt wurde, er wolle mit dem Herrn Oberkassier reden. Der Diener lehnte für seinen Teil mit einer Handbewegung diese Bitte ab, gieng aber dennoch auf den Fußspitzen dem runden Tisch im großen Bogen ausweichend zu dem Herrn mit den Folianten. Dieser Herr, das sah man deutlich, erstarrte geradezu unter den Worten des Dieners, sah sich aber endlich nach dem Manne um, der ihn zu sprechen wünschte, fuchtelte dann streng abwehrend gegen den Heizer und der Sicherheit halber auch gegen den Diener hin. Der Diener kehrte daraufhin zum Heizer zurück und sagte in einem Tone, als vertraue er ihm etwas an: »Scheren Sie sich sofort aus dem Zimmer!«

Der Heizer sah nach dieser Antwort zu Karl hinunter, als sei dieser sein Herz dem er stumm seinen Jammer klage. Ohne weitere Besinnung machte sich Karl los, lief quer durchs Zimmer, daß er sogar leicht an den Sessel des Offiziers streifte, der Diener lief gebeugt mit zum Umfangen bereiten Armen, als jage er ein Ungeziefer, aber Karl war der erste beim Tisch des Oberkassiers, wo er sich festhielt für den Fall, daß der Diener versuchen sollte ihn fortzuziehn.

Natürlich wurde gleich das ganze Zimmer lebendig. Der Schiffsoffizier am Tisch war aufgesprungen, die Herren von der Hafenbehörde sahen ruhig aber aufmerksam zu, die beiden Herren am Fenster waren nebeneinander getreten, der Diener, der glaubte, er sei dort, wo schon die hohen Herren Interesse zeigten, nicht mehr am Platze, trat zurück. Der Heizer an der Türe wartete angespannt auf den Augenblick, bis seine Hilfe nötig würde. Der Oberkassier endlich machte in seinem Lehnsessel eine große Rechtswendung.

Karl kramte aus seiner Geheimtasche, die er den Blicken dieser Leute zu zeigen keine Bedenken hatte, seinen Reisepaß hervor, den er statt weiterer Vorstellung geöffnet auf den Tisch legte. Der Oberkassier schien diesen Paß für nebensächlich zu halten, denn er schnippte ihn mit zwei Fingern beiseite, worauf Karl, als sei diese Formalität zur Zufriedenheit erledigt, den Paß wieder einsteckte. »Ich erlaube mir zu sagen, begann er dann, daß meiner Meinung nach dem Herrn Heizer Unrecht geschehen ist. Es ist hier ein gewisser Schubal, der ihm aufsitzt. Er selbst hat schon auf vielen Schiffen, die er ihnen alle nennen kann, zur vollständigen Zufriedenheit gedient, ist fleißig, meint es mit seiner Arbeit gut und es ist wirklich nicht einzusehn, warum er gerade auf diesem Schiff, wo doch der Dienst nicht so übermäßig schwer ist, wie z. B. auf Handelsseglern, schlecht entsprechen sollte. Es kann daher nur Verläumdung sein, die ihn in seinem Vorwärtskommen hindert und ihn um die Anerkennung bringt, die ihm sonst ganz bestimmt nicht fehlen würde. Ich habe nur das Allgemeine über diese Sache gesagt, seine besondern Beschwerden wird er ihnen selbst vorbringen.« Karl hatte sich mit dieser Sache an alle Herren gewendet weil ja tatsächlich auch alle zuhörten und es viel wahrscheinlicher schien, daß sich unter allen zusammen ein Gerechter vorfand, als daß dieser Gerechte gerade der Oberkassier sein sollte. Aus Schlauheit hatte außerdem Karl verschwiegen, daß er den Heizer erst so kurze Zeit kannte. Im übrigen hätte er noch viel besser gesprochen, wenn er nicht durch das rote Gesicht des Herrn mit dem Bambusstöckchen beirrt worden wäre, den er von seinem jetzigen Standort überhaupt zum erstenmal erblickte.

»Es ist alles Wort für Wort richtig« sagte der Heizer, ehe ihn noch jemand gefragt, ja ehe man noch überhaupt auf ihn hingesehen hatte. Diese Übereiltheit des Heizers wäre ein großer Fehler gewesen, wenn nicht der Herr mit den Orden, der wie es jetzt Karl aufleuchtete jedenfalls der Kapitän war, offenbar mit sich bereits übereingekommen wäre, den Heizer anzuhören. Er streckte nämlich die Hand aus und rief zum Heizer: Kommen Sie her! mit einer Stimme, fest, um mit einem Hammer darauf zu schlagen. Jetzt hieng alles vom Benehmen des Heizers ab, denn was die Gerechtigkeit seiner Sache anbelangte, an der zweifelte Karl nicht.

Glücklicherweise zeigte sich bei dieser Gelegenheit, daß der Heizer schon viel in der Welt herumgekommen war. Musterhaft ruhig nahm er aus seinem Kofferchen mit dem ersten Griff ein Bündelchen Papiere sowie ein Notizbuch, gieng damit, als verstünde sich das von selbst unter vollständiger Vernachlässigung des Oberkassiers zum Kapitän und breitete auf dem Fensterbrett seine Beweismittel aus. Dem Oberkassier blieb nichts übrig, als sich selbst hinzubemühn. »Der Mann ist ein bekannter Querulant« sagte er zur Erklärung »er ist mehr in der Kassa als im Maschinenraum. Er hat Schubal diesen ruhigen Menschen ganz zur Verzweiflung gebracht.« »Hören Sie einmal!« wandte er sich an den Heizer

»Sie treiben Ihre Zudringlichkeit doch schon wirklich zu weit. Wie oft hat man sie schon aus den Auszahlungsräumen herausgeworfen, wie sie es mit ihren ganz, vollständig und ausnahmslos unberechtigten Forderungen verdienen! Wie oft sind Sie von dort hierher in die Hauptkassa gelaufen gekommen! Wie oft hat man Ihnen im Guten gesagt, daß Schubal ihr unmittelbarer Vorgesetzter ist, mit dem allein Sie sich als sein Untergebener abzufinden haben! Und jetzt kommen Sie gar noch her, wenn der Herr Kapitän da ist, schämen sich nicht nur, sogar ihn zu belästigen, sondern entblöden sich nicht, als eingelernten Stimmführer ihrer abgeschmackten Beschuldigungen diesen Kleinen mitzubringen, den ich überhaupt zum erstenmal auf dem Schiffe sehe.«

Karl hielt sich mit Gewalt zurück, vorzuspringen. Aber da war auch schon der Kapitän da, welcher sagte »Hören wir den Mann doch einmal an. Der Schubal wird mir so wie so mit der Zeit viel zu selbstständig, womit ich aber nichts zu Ihren Gunsten gesagt haben will.« Das letztere galt dem Heizer, es war nur natürlich, daß er sich nicht sofort für ihn einsetzen konnte, aber alles schien auf dem richtigen Weg. Der Heizer begann seine Erklärungen und überwand sich gleich am Anfang, indem er den Schubal mit Herr titulierte. Wie freute sich Karl am verlassenen Schreibtisch des Oberkassiers, wo er eine Briefwage immer wieder niederdrückte vor lauter Vergnügen. Herr Schubal ist ungerecht. Herr Schubal bevorzugt die Ausländer. Herr Schubal verwies den Heizer aus dem Maschinenraum und ließ ihn Klosete reinigen, was doch gewiß nicht des Heizers Sache war. Einmal wurde sogar die Tüchtigkeit des Herrn Schubal angezweifelt, die eher scheinbar, als wirklich vorhanden sein sollte. Bei dieser Stelle starrte Karl mit aller Kraft den Kapitän an, zutunlich als sei er sein Kollege, nur damit er sich durch die etwas ungeschickte Ausdrucksweise des Heizers nicht zu seinen Ungunsten beeinflussen lasse. Immerhin erfuhr man aus den vielen Reden nichts eigentliches und wenn auch der Kapitän noch immer vor sich hinsah, in den Augen die Entschlossenheit den Heizer diesmal bis zu Ende anzuhören, so wurden doch die andern Herren ungeduldig und die Stimme des Heizers regierte bald nicht mehr unumschränkt in dem Raum, was manches befürchten ließ. Als erster setzte der Herr in Civil sein Bambusstöckchen in Tätigkeit und klopfte, wenn auch nur leise auf das Parkett. Die andern Herren sahen natürlich hie und da hin, die Herren von der Hafenbehörde, die offenbar pressiert waren, griffen wieder zu den Akten und begannen, wenn auch noch etwas geistesabwesend sie durchzusehn, der Schiffsofficier rückte seinem Tische wieder näher und der Oberkassier, der gewonnenes Spiel zu haben glaubte, seufzte aus Ironie tief auf. Von der allgemein eintretenden Zerstreuung schien nur der Diener bewahrt, der von den Leiden des unter die Großen gestellten armen Mannes einen Teil mitfühlte und Karl ernst zunickte, als wolle er damit etwas erklären.

Inzwischen gieng vor den Fenstern das Hafenleben weiter, ein flaches Lastschiff mit einem Berg von Fässern, die wunderbar verstaut sein mußten, daß sie nicht ins Rollen kamen, zog vorüber und erzeugte in dem Zimmer fast Dunkelheit, kleine Motorboote, die Karl jetzt, wenn er Zeit gehabt hätte, genau hätte ansehn können rauschten nach den Zuckungen der Hände eines am Steuer aufrecht stehenden Mannes, schnurgerade dahin, eigentümliche Schwimmkörper tauchten hie und da selbständig aus dem ruhelosen Wasser, wurden gleich wieder überschwemmt und versanken vor dem erstaunten Blick, Boote der Ozeandampfer wurden von heiß arbeitenden Matrosen vorwärtsgerudert und waren voll von Passagieren, die darin, so wie man sie hineingezwängt hatte still und erwartungsvoll saßen, wenn es auch manche nicht unterlassen konnten die Köpfe nach den wechselnden Scenerien zu drehn. Eine Bewegung ohne Ende, eine Unruhe übertragen von dem unruhigen Element auf die hilflosen Menschen und ihre Werke.

Aber alles mahnte zur Eile, zur Deutlichkeit, zu ganz genauer Darstellung, aber was tat der Heizer? Er redete sich allerdings in Schweiß, die Papiere auf dem Fenster konnte er längst mit seinen zitternden Händen nicht mehr halten, aus allen Himmelrichtungen strömten ihm Klagen über Schubal zu, von denen seiner Meinung nach jede einzelne genügt hätte diesen Schubal vollständig zu begraben, aber was er dem Kapitän vorzeigen konnte, war nur ein trauriges Durcheinanderstrudeln aller insgesamt. Längst schon pfiff der Herr mit dem Bambusstöckchen schwach zur Decke hinauf, die Herren von der Hafenbehörde hielten schon den Officier an ihrem Tisch und machten keine Miene ihn je wieder loszulassen, der Oberkassier wurde sichtlich nur durch die Ruhe des Kapitäns vor dem Dreinfahren zurückgehalten, wonach es ihn juckte. Der Diener erwartete in Habtachtstellung jeden Augenblick einen auf den Heizer bezüglichen Befehl seines Kapitäns.

Da konnte Karl nicht mehr untätig bleiben. Er gieng also langsam zu der Gruppe hin und überlegte im Gehn nur desto schneller, wie er die Sache möglichst geschickt angreifen könnte. Es war wirklich höchste Zeit, noch ein kleines Weilchen nur und sie konnten ganz gut beide aus dem Bureau fliegen. Der Kapitän mochte ja ein guter Mann sein und überdies gerade jetzt, wie es Karl schien, einen besondern Grund haben, sich als gerechter Vorgesetzter zu zeigen, aber schließlich war er kein Instrument, das man in Grund und Boden spielen konnte – und gerade so behandelte ihn der Heizer, allerdings aus seinem grenzenlos empörten Inneren heraus.

Karl sagte also zum Heizer »Sie müssen das einfacher erzählen, klarer, der Herr Kapitän kann das nicht würdigen so wie Sie es ihm erzählen. Kennt er denn alle Maschinisten und Laufburschen bei Namen, oder gar beim Taufnamen, daß er, wenn sie nur einen solchen Namen aussprechen gleich wissen kann, um wen es sich handelt. Ordnen sie doch Ihre Beschwerden, sagen sie die Wichtigste zuerst und absteigend die andern vielleicht wird es dann überhaupt nicht mehr nötig sein, die meisten auch nur zu erwähnen. Mir haben Sie es doch immer so klar dargestellt.« Wenn man in Amerika Koffer stehlen kann, kann man auch hie und da lügen, dachte er zur Entschuldigung.

Wenn es aber nur geholfen hätte! Ob es nicht auch schon zu spät war? Der Heizer unterbrach sich zwar sofort, als er die bekannte Stimme hörte, aber mit seinen Augen, die ganz von Tränen, der beleidigten Mannesehre, der schrecklichen Erinnerungen, der äußersten gegenwärtigen Not verdeckt waren, konnte er Karl schon nicht einmal gut mehr erkennen. Wie sollte er auch jetzt, Karl sah das schweigend vor dem jetzt Schweigenden wohl ein, wie sollte er auch jetzt plötzlich seine Redeweise ändern, da es ihm doch schien, als hätte er alles was zu sagen war ohne die geringste Anerkennung schon vorgebracht und als habe er andererseits noch gar nichts gesagt und könne doch den Herren jetzt nicht zumuten, noch alles anzuhören. Und in einem solchen Zeitpunkt kommt noch Karl sein einziger Anhänger daher, will ihm gute Lehren geben, zeigt ihm aber statt dessen, daß alles alles verloren ist.

Wäre ich früher gekommen, statt aus dem Fenster zu schauen sagte sich Karl, senkte vor dem Heizer das Gesicht und schlug die Hände an die Hosennaht zum Zeichen des Endes jeder Hoffnung.

Aber der Heizer mißverstand das, witterte wohl in Karl

irgendwelche geheime Vorwürfe gegen sich und in der guten Absicht sie ihm auszureden fieng er zur Krönung seiner Taten mit Karl jetzt zu streiten an. Jetzt, wo doch die Herren am runden Tisch längst empört über den nutzlosen Lärm waren, der ihre wichtigen Arbeiten störte, wo der Hauptkassier allmählich die Geduld des Kapitäns unverständlich fand und zum sofortigen Ausbruch neigte, wo der Diener ganz wieder in der Sphäre seiner Herrn den Heizer mit wildem Blicke maß und wo endlich der Herr mit dem Bambusstöckchen, zu welchem sogar der Kapitän hie und da freundschaftlich hinübersah schon gänzlich abgestumpft gegen den Heizer ja von ihm angewidert, ein kleines Notizbuch hervorzog und offenbar mit ganz andern Angelegenheiten beschäftigt die Augen zwischen dem Notizbuch und Karl hin- und her wandern ließ.

Ich weiß ja, ich weiß ja sagte Karl der Mühe hatte den jetzt gegen ihn gekehrten Schwall des Heizers abzuwehren trotzdem aber quer durch allen Streit noch ein Freundeslächeln für ihn übrig hatte. Sie haben recht, recht, ich habe ja nie daran gezweifelt. Er hätte ihm gern die herumfahrenden Hände aus Furcht vor Schlägen gehalten, noch lieber allerdings ihn in einen Winkel gedrängt um ihm ein paar leise beruhigende Worte zuzuflüstern, die niemand sonst hätte hören müssen. Aber der Heizer war außer Rand und Band. Karl begann jetzt schon sogar aus dem Gedanken eine Art Trost zu schöpfen, daß der Heizer im Notfall mit der Kraft seiner Verzweiflung alle anwesenden sieben Männer bezwingen könne. Allerdings lag auf dem Schreibtisch wie ein Blick dorthin lehrte ein Aufsatz mit viel zu vielen Druckknöpfen der elektrischen Leitung und eine Hand, einfach auf sie niedergedrückt, konnte das ganze Schiff mit allen seinen von feindlichen Menschen gefüllten Gängen rebellisch machen.

Da trat der doch so uninteressierte Herr mit dem Bambusstöckchen auf Karl zu und fragte nicht überlaut, aber deutlich über allem Geschrei des Heizers: Wie heißen Sie denn eigentlich? In diesem Augenblick, als hätte jemand hinter der Tür auf diese Äußerung des Herrn gewartet klopfte es. Der Diener sah zum Kapitän hinüber, dieser nickte. Daher gieng der Diener zur Tür und öffnete sie. Draußen stand in einem alten Kaiserrock ein Mann von mittlern Proportionen, seinem Aussehn nach nicht eigentlich zur Arbeit an den Maschinen geeignet und war doch – Schubal. Wenn es Karl nicht an aller Augen erkannt hätte, die eine gewisse Befriedigung ausdrückten, von der nicht einmal der Kapitän frei war, er hätte es zu seinem Schrecken am Heizer sehen müssen, der die Fäuste an den gestrafften Armen so ballte, als sei diese Ballung das Wichtigste an ihm, dem er alles was er an Leben habe zu opfern bereit sei. Da steckte jetzt alle seine Kraft, auch die, welche ihn überhaupt aufrecht erhielt.

Und da war also der Feind frei und frisch im Festanzug, unter dem Arm ein Geschäftsbuch, wahrscheinlich die Lohnlisten und Arbeitsausweise des Heizers und sah mit dem ungescheuten Zugeständnis, daß er die Stimmung jedes einzelnen vor allem feststellen wolle in aller Augen der Reihe nach. Die sieben waren auch schon alle seine Freunde, denn wenn auch der Kapitän früher gewisse Einwände gegen ihn gehabt oder vielleicht auch nur vorgeschützt hatte, nach dem Leid, das ihm der Heizer angetan hatte, schien ihm wahrscheinlich an Schubal auch das Geringste nicht mehr auszusetzen. Gegen einen Mann wie den Heizer konnte man nicht streng genug verfahren und wenn

⟨*Fortsetzung des Textes in ›Tagebücher, Band 1: 1909–1912‹, Seite 132.*⟩

Siebentes Heft

11. II 13 Anläßlich der Korrektur des »Urteils« schreibe ich alle Beziehungen auf, die mir in der Geschichte klar geworden sind, soweit ich sie gegenwärtig habe. Es ist dies notwendig, denn die Geschichte ist wie eine regelrechte Geburt mit Schmutz und Schleim bedeckt aus mir herausgekommen und nur ich habe die Hand, die bis zum Körper dringen kann und Lust dazu hat:

Der Freund ist die Verbindung zwischen Vater und Sohn, er ist ihre größte Gemeinsamkeit. Allein bei seinem Fenster sitzend wühlt Georg in diesem Gemeinsamen mit Wollust, glaubt den Vater in sich zu haben und hält alles bis auf eine flüchtige traurige Nachdenklichkeit für friedlich. Die Entwicklung der Geschichte zeigt nun, wie aus dem Gemeinsamen, dem Freund, der Vater hervorsteigt und sich als Gegensatz Georg gegenüber aufstellt, verstärkt durch andere kleinere Gemeinsamkeiten nämlich durch die Liebe, Anhänglichkeit der Mutter durch die treue Erinnerung an sie und durch die Kundschaft, die ja der Vater doch ursprünglich für das Geschäft erworben hat. Georg hat nichts, die Braut, die in der Geschichte nur durch die Beziehung zum Freund, also zum Gemeinsamen, lebt, und die, da eben noch nicht Hochzeit war, in den Blutkreis, der sich um Vater und Sohn zieht, nicht eintreten kann, wird vom Vater leicht vertrieben. Das Gemeinsame ist alles um den Vater aufgetürmt, Georg fühlt es nur als Fremdes, Selbständiggewordenes, von ihm niemals genug Beschütztes, russischen Revolutionen Ausgesetztes, und nur weil er selbst nichts mehr hat, als den Blick auf den Vater, wirkt das Urteil, das ihm den Vater gänzlich verschließt so stark auf ihn.

Georg hat soviel Buchstaben wie Franz. In Bendemann ist »mann« nur eine für alle noch unbekannten Möglichkeiten der Geschichte vorgenommene Verstärkung von »Bende«. Bende aber hat ebensoviele Buchstaben wie Kafka und der Vokal e wiederholt sich an den gleichen Stellen wie der Vokal a in Kafka

Frieda hat ebensoviel Buchstaben wie Felice und den gleichen Anfangsbuchstaben, Brandenfeld hat den gleichen Anfangsbuchstaben wie Bauer und durch das Wort »Feld« auch in der Bedeutung eine gewisse Beziehung. Vielleicht ist sogar der Gedanke an Berlin nicht ohne Einfluß gewesen und die Erinnerung an die Mark Brandenburg hat vielleicht eingewirkt.

12. II ⟨*1913*⟩ Ich habe bei der Beschreibung des Freundes in der Fremde viel an Steuer gedacht. Als ich nun zufällig etwa ein Vierteljahr nach dieser Geschichte mit ihm zusammenkam, erzählte er mir, daß er sich vor etwa einem Vierteljahr verlobt habe.

Nachdem ich die Geschichte gestern bei Weltsch vorgelesen hatte, gieng der alte Weltsch hinaus und lobte, als er nach einem Weilchen zurückkam, besonders die bildliche Darstellung in der Geschichte. Mit ausgestreckter Hand sagte er: ich sehe diesen Vater vor mir und dabei sah er ausschließlich auf den leeren Sessel, in dem er während der Vorlesung gesessen war.

Die Schwester sagte: »Es ist unsere Wohnung.« Ich staunte darüber, wie sie die Örtlichkeit mißverstand und sagte: »Da müßte ja der Vater auf dem Kloset wohnen.«

---

28. II ⟨*1913*⟩ Ernst Liman kam auf einer Geschäftsreise am Morgen eines regnerischen Herbsttages in Konstantinopel an und fuhr nach seiner Gewohnheit – er machte diese Reise schon zum zehnten Mal – ohne sich um irgendetwas sonst zu kümmern durch die im übrigen leeren Gassen zu dem Hotel, in dem er zu seiner Zufriedenheit stets zu wohnen pflegte. Es war fast kühl, der Sprühregen flog in den Wagen herein und ärgerlich über das schlechte Wetter, das ihn während der ganzen diesjährigen Geschäftsreise verfolgte, zog er das Wagenfenster in die Höhe und lehnte sich in eine Ecke, um die etwa ¼ stündige Wagenfahrt, die ihm bevorstand, zu verschlafen. Da ihn aber die Fahrt gerade durch das Geschäftsviertel führte kam er zu keiner Ruhe und die Ausrufe der Straßenverkäufer, das Rollen der Lastfuhren, wie auch anderer ohne nähere Untersuchung sinnloser Lärm z. B. das Händeklatschen einer Volksmenge störte seinen sonst festen Schlaf.

Am Ziel seiner Fahrt erwartete ihn eine unangenehme Überraschung. Bei dem letzten großen Brand in Stambul, von dem Liman auf der Reise wohl gelesen hatte, war das Hotel Kingston, in dem er eben zu wohnen pflegte, fast vollständig niedergebrannt, der Kutscher aber, der dies natürlich gewußt hatte, hatte mit vollständiger Gleichgültigkeit gegen seinen Passagier dessen Auftrag dennoch ausgeführt und ihn stillschweigend zu der Brandstätte des Hotels gebracht. Nun stieg er ruhig vom Bock und hätte auch noch die Koffer Limans abgeladen, wenn ihn nicht dieser bei der Schulter gepackt und geschüttelt hätte, worauf dann der Kutscher allerdings von den Koffern abließ, aber so langsam und verschlafen als hätte nicht Liman ihn davon abgebracht, sondern sein eigener geänderter Entschluß.

Das Erdgeschoß des Hotels war noch zum Teil erhalten und durch Lattenverschläge oben und auf allen Seiten leidlich bewohnbar gemacht worden. Eine türkische und eine französische Aufschrift zeigte an, daß das Hotel in kurzer Zeit schöner und moderner als früher wieder aufgebaut werden sollte. Doch war das einzige Anzeichen dessen die Arbeit dreier Taglöhner, welche mit Schaufeln und Haken abseits Schutt aufhäuften und einen kleinen Handkarren damit beluden.

Wie sich zeigte, wohnte in diesen Trümmern ein Teil des durch den Brand arbeitslos gewordenen Hotelpersonales. Ein Herr im schwarzen Gehrock und hochroter Kravatte kam auch sofort, als Limans Wagen angehalten hatte, herausgelaufen, erzählte dem verdrießlich zuhörenden Liman die Geschichte des Brandes, wickelte dabei die Enden seines langen dünnen Bartes um seine Finger und ließ davon nur ab, um Liman zu zeigen, wo der Brand entstanden war, wie er sich verbreitet hatte und wie endlich alles zusammengebrochen war. Liman der während dieser ganzen Geschichte kaum die Blicke vom Boden abgewendet und die Klinke der Wagentür nicht losgelassen hatte, wollte gerade dem Kutscher den Namen eines andern Hotels zurufen, in das er ihn fahren sollte, als der Mann im Gehrock ihn mit erhobenen Armen bat, in kein anderes Hotel zu gehn, sondern diesem Hotel, in dem er doch immer zufrieden gewesen war, treu zu bleiben. Trotzdem dies gewiß nur eine leere Redensart war und niemand sich an Liman erinnern konnte, wie auch Liman kaum einen der männlichen und weiblichen Angestellten, die er in der Tür und in den Fenstern erblickte, wiedererkannte, so fragte er doch, als ein Mensch, dem seine Gewohnheiten lieb sind, auf welche Weise er denn augenblicklich dem abgebrannten Hotel treu bleiben solle. Nun erfuhr er – und mußte unwillkürlich über die Zumutung lächeln – daß für frühere Gäste dieses Hotels, aber nur für solche, schöne Zimmer in Privatwohnungen vorbereitet seien, Liman müsse nur befehlen und er werde sofort hingeführt werden, es sei ganz in der Nähe er werde keinen Zeitverlust haben und der Preis sei aus Gefälligkeit und da es sich ja doch um einen Ersatz handle ganz besonders niedrig, wenn auch das Essen nach Wiener Recepten womöglich noch besser, und die Bedienung noch sorgfältiger sei als in dem frühern in mancher Beziehung doch unzureichendem Hotel Kingston.

»Danke« sagte Liman und stieg dabei in den Wagen. »Ich bleibe in Konstantinopel nur 5 Tage, für diese Zeit werde ich mich doch nicht in einer Privatwohnung einrichten, nein ich fahre in ein Hotel. Nächstes Jahr aber, wenn ich wiederkomme und ihr Hotel wieder aufgebaut ist, werde ich gewiß nur bei ihnen absteigen. Erlauben Sie!« Und Liman wollte die Wagentüre zuziehn, deren Klinke nun der Vertreter des Hotels ergriffen hatte. »Herr!« sagte dieser bittend und sah zu Liman auf.

»Loslassen!« rief Liman, rüttelte an der Tür und gab dem Kutscher den Befehl: »Ins Hotel Royal.« Aber sei es daß der Kutscher ihn nicht verstand, sei es daß er auf das Schließen der Türe wartete, jedenfalls saß er auf seinem Bock wie eine Statue. Der Vertreter des Hotels aber, ließ die Tür durchaus nicht los, ja er winkte sogar seinen Kollegen eifrig zu, sich doch zu rühren und ihm zur Hilfe zu kommen. Besonders von irgendeinem Mädchen erhoffte er viel und rief immer wieder »Fini! also Fini! Wo ist denn Fini?« Die Leute an den Fenstern und in der Türe hatten sich in das Innere des Hauses gewendet, sie riefen durcheinander, man sah sie an den Fenstern vorüberlaufen alle suchten Fini

Liman hätte wohl den Mann, der ihn am Wegfahren hinderte und dem offenbar nur der Hunger den Mut zu einem solchen Benehmen gab, mit einem Stoß von der Tür entfernen können, – das sah der Mann auch ein und wagte deshalb gar nicht Liman anzusehn – aber Liman hatte auf seinen Reisen schon zu viele schlechte Erfahrungen gemacht, um nicht zu wissen, wie wichtig es ist, in der Fremde und sei man noch so sehr im Recht jedes Aufsehen zu vermeiden, er stieg deshalb ruhig nochmals aus dem Wagen, ließ vorläufig den Mann, der krampfhaft die Türe hielt, unbeachtet, gieng zum Kutscher, wiederholte ihm seinen Auftrag, gab ihm noch ausdrücklich den Befehl rasch von hier wegzufahren, trat dann zu dem Mann an der Wagentüre, faßte seine Hand scheinbar mit gewöhnlichem Griff, drückte sie aber im Geheimen so stark im Gelenk, daß der Mann mit dem Schrei »Fini« der gleichzeitig Befehl und Ausbruch seines Schmerzes war fast aufsprang und die Finger von der Klinke löste.

»Sie kommt schon! Sie kommt schon!« rief es da von allen Fenstern und ein lachendes Mädchen die Hände noch an der knapp fertig gewordenen Frisur, lief mit halb geneigtem Kopf aus dem Hause auf den Wagen zu. »Rasch! In den Wagen! Es gießt ja« rief sie, indem sie Liman an den Schultern faßte und ihr Gesicht ganz nahe an seines hielt. »Ich bin Fini« sagte sie dann leise und ließ die Hände streichelnd seine Schultern entlang fahren.

»Man meint es ja nicht gerade schlecht mit mir« sagte sich Liman und sah lächelnd das Mädchen an »schade daß ich kein Junge mehr bin und mich auf unsichere Abenteuer nicht einlasse.« »Es muß ein Irrtum sein, Fräulein« sagte er und wandte sich seinem Wagen zu »ich habe sie weder rufen lassen, noch beabsichtige ich mit ihnen wegzufahren.« Vom Wagen aus fügte er noch hinzu: Bemühen Sie sich nicht weiter.

Aber Fini hatte schon einen Fuß auf das Trittbrett gesetzt und sagte die Arme über ihrer Brust gekreuzt: »Warum wollen Sie sich denn von mir nicht eine Wohnung empfehlen lassen?« Müde der Belästigungen, die er hier schon ausgestanden hatte, sagte Liman sich zu ihr herausbeugend: »Halten Sie mich bitte nicht länger mit unnützen Fragen auf! Ich fahre ins Hotel und damit genug. Geben Sie Ihren Fuß vom Trittbrett herunter, sonst kommen Sie in Gefahr. Vorwärts Kutscher!« »Halt« rief aber das Mädchen und wollte sich nun ernstlich in den Wagen schwingen. Liman stand kopfschüttelnd auf und verstellte mit seiner gedrungenen Gestalt die ganze Tür. Das Mädchen suchte ihn fortzustoßen und gebrauchte hiezu auch den Kopf und die Knie, der Wagen fieng auf seinen elenden Federn zu schaukeln an, Liman hatte keinen rechten Halt: Warum wollen Sie mich denn nicht mitnehmen? Warum wollen Sie mich denn nicht mitnehmen? wiederholte das Mädchen immerfort. Gewiß wäre es Liman gelungen, das allerdings kräftige Mädchen wegzudrängen, ohne ihr besondere Gewalt anzutun, wenn nicht der Mann im Gehrock, der sich bisher, als sei er von Fini abgelöst ruhig verhalten hatte, nun als er Fini wanken sah, mit einem Sprung hinzugeeilt wäre, Fini hinten gehalten und gegenüber Limans immerhin schonender Abwehr mit dem Einsetzen aller Kraft das Mädchen in den Wagen zu heben versucht hätte. Im Gefühl dieses Rückhaltes drang sie auch tatsächlich in den Wagen, zog die Tür zu, die überdies von außen auch zugestoßen wurde, sagte wie für sich »Nun also« und ordnete zuerst flüchtig ihre Bluse und dann gründlicher die Frisur. »Das ist unerhört« sagte Liman, der auf seinen Sitz zurückgefallen war, zu dem ihm gegenübersitzenden Mädchen.

16. II 14

Nutzloser Tag. Die einzige Freude, die ich hatte, war die durch die gestrige Nacht begründete Hoffnung auf bessern Schlaf.

Ich gieng wie gewöhnlich abends nach Geschäftsschluß nachhause, da wurde mir, als hätte man mir aufgepaßt, aus allen drei Fenstern der Genzmerischen Wohnung lebhaft zugewinkt, ich möchte hinaufkommen.

22 II 14

Vielleicht bin ich doch noch trotz des unausgeschlafenen (gestern Malerin Dittrich, weißhaarig, schwarzäugig) links oben vor Unruhe fast schmerzenden Kopfes einer ruhigen Anlage eines größern Ganzen fähig, in dem ich alles vergessen könnte und nur meines Guten mir bewußt würde.

Direktor an seinem Tisch. Diener bringt eine Karte.
D. Schon wieder Nitte, das ist eine Klette, der Mensch ist eine Klette.

---

23. II 14. Ich fahre. Brief von Musil. Freut mich und macht mich traurig, denn ich habe nichts.

8 III 14 Wenn F. den gleichen Widerwillen vor mir hat, wie ich, dann ist eine Heirat unmöglich. Ein Prinz kann Dornröschen und noch ärgeres heiraten, aber Dornröschen kann kein Prinz sein.

Ein junger Mann reitet auf einem schönen Pferd aus dem Tor einer Villa.

Die Großmutter hatte als sie starb zufällig nur die Krankenschwester bei sich. Diese erzählte, daß sich die Großmutter knapp vor dem Tode ein wenig von dem Polster erhoben habe, so daß es den Anschein hatte, als suche sie jemanden, und daß sie sich dann ruhig zurückgelegt habe und gestorben sei.

Ich bin unzweifelhaft in einer mich ganz umgebenden Hemmung, mit der ich aber noch ganz gewiß nicht verwachsen bin, deren zeitweise Lockerung ich merke und die gesprengt werden könnte. Es gibt zwei Mittel, heiraten oder Berlin, das zweite ist sicherer, das erste unmittelbar verlockender.

Ich untertauchte und fand mich bald zurecht. Eine kleine Schar schwebte in ansteigender Kette vorüber und verlor sich im Grün. Glocken vom Treiben des Wassers hin- und hergetragen – falsch

9. III 14

Rense gieng paar Schritte durch den halbdunklen Gang, öffnete die kleine Tapetentür des Eßzimmers und sagte zu der überlauten Gesellschaft, fast ohne hinzusehn: Bitte seid ein wenig ruhig. Ich habe einen Gast. Ich bitte um etwas Rücksicht. Als er wieder in sein Zimmer zurückgieng und den unveränderten Lärm hörte, stockte er einen Augenblick, wollte nochmals zurückgehn, besann sich aber anders und kehrte in sein Zimmer zurück.

Dort stand ein etwa 18jähriger Junge beim Fenster und sah auf den Hof hinab. Es ist schon ruhiger sagte er als Rense eintrat und hob seine lange Nase und seine tiefliegenden Augen zu ihm auf. Es ist gar nicht ruhiger sagte Rense und nahm einen Schluck aus der Bierflasche die auf dem Tische stand, Ruhe kann man hier überhaupt nicht haben. Daran wirst Du Dich gewöhnen müssen, Junge

---

Ich bin zu müde, ich muß mich durch Schlaf zu erholen suchen, sonst bin ich in jeder Hinsicht verloren. Was für Mühen sich zu erhalten! Kein Denkmal braucht solchen Aufwand von Kräften, um aufgerichtet zu werden.

Die Argumentation im allgemeinen: Ich bin an F. verloren.

Rense, ein Student, saß in seinem kleinen Hofzimmer und studierte. Die Magd kam und meldete, ein junger Mann wolle mit Rense sprechen. Wie heißt er denn? fragte Rense. Die Magd wußte es nicht.

Ich werde hier F. nicht vergessen, daher nicht heiraten
Ist das ganz bestimmt?
Ja, das kann ich beurteilen, ich bin fast 31 Jahre alt, kenne F. fast zwei Jahre, muß also schon einen Überblick haben. Außerdem aber ist hier meine Lebensweise eine derartige, daß ich nicht vergessen kann, selbst wenn F. keine solche Bedeutung für mich hätte. Die Einförmigkeit, Gleichmäßigkeit, Bequemlichkeit und Unselbstständigkeit meiner Lebensweise halten mich dort, wo ich einmal bin, unweiger-

lich fest. Außerdem habe ich einen mehr als gewöhnlichen Hang zu einem bequemen und unselbständigen Leben, alles Schädigende wird also noch durch mich verstärkt. Endlich altere ich doch auch, Umwandlungen werden immer schwerer. In alledem aber sehe ich ein großes Unglück für mich, das dauernd und aussichtslos wäre; ich würde mich auf der Gehaltsleiter und in den Jahren fortschleppen und immer trauriger und einsamer werden, solange ich es eben überhaupt aushielte

Du hast doch aber ein solches Leben Dir gewünscht?

Das Beamtenleben könnte für mich gut sein, wenn ich verheiratet wäre. Es gäbe mir in jeder Hinsicht gegenüber der Gesellschaft, gegenüber der Frau, gegenüber dem Schreiben einen guten Rückhalt, ohne allzuviel Opfer zu verlangen und ohne auf der andern Seite in Bequemlichkeit und Unselbständigkeit auszuarten, denn als verheirateter Mann hätte ich das nicht zu fürchten. Als Junggeselle aber kann ich ein solches Leben nicht zu Ende führen.

Du hättest aber doch heiraten können?

Ich konnte damals nicht heiraten, alles in mir hat dagegen revoltiert, so sehr ich F. immer liebte. Es war hauptsächlich die Rücksicht auf meine schriftstellerische Arbeit, die mich abhielt, denn ich glaubte diese Arbeit durch die Ehe gefährdet. Ich mag Recht gehabt haben; durch das Junggesellentum aber innerhalb meines jetzigen Lebens ist sie vernichtet. Ich habe ein Jahr lang nichts geschrieben, ich kann auch weiterhin nichts schreiben, ich habe und behalte im Kopf nichts als den einen Gedanken und der zerfrißt mich. Das alles habe ich damals nicht überprüfen können. Übrigens gehe ich bei meiner durch diese Lebensweise zumindest genährten Unselbständigkeit an alles zögernd heran und bringe nichts mit dem ersten Schlag fertig. So war es auch hier.

Warum gibst Du alle Hoffnung auf, F. doch zu bekommen?

Ich habe jede Selbstdemütigung schon versucht. Im Tiergarten sagte ich einmal: »Sag »ja«, auch wenn Du Dein Gefühl für mich als nicht genügend für eine Ehe ansiehst, meine Liebe zu Dir ist groß genug, um auch das Fehlende zu ersetzen und überhaupt stark genug, um alles auf sich zu nehmen.« F. schien durch meine Eigenheiten beunruhigt, vor denen ich ihr im Laufe eines großen Briefwechsels Angst eingejagt hatte. Ich sagte: »ich habe Dich lieb genug, um alles abzulegen, was Dich stören könnte. Ich werde ein anderer Mensch werden.« Ich hatte, wie ich jetzt, da alles klar werden muß, eingestehen kann, selbst zur Zeit unseres herzlichsten Verhältnisses oft Ahnungen und durch Kleinigkeiten begründete Befürchtungen, daß F. mich nicht sehr lieb hat, nicht mit aller Liebeskraft deren sie fähig ist. Das ist nun, nicht ohne meine Mithilfe allerdings, auch F. zu Bewußtsein gekommen. Ich fürchte fast, F. hat sogar nach meinen letzten zwei Besuchen einen gewissen Ekel vor mir, trotzdem wir äußerlich freundlich zu einander sind, einander Du sagen, Arm in Arm gehn. Als letzte Erinnerung an sie habe ich die ganz feindselige Grimasse, die sie machte, als ich mich im Flur ihres Hauses nicht mit dem Kuß auf ihren Handschuh begnügte, sondern ihn aufriß und ihre Hand küßte. Nun hat sie im übrigen, trotzdem sie die pünktliche Einhaltung des fernern Briefwechsels versprochen hatte, auf zwei Briefe mir nicht geantwortet, nur durch Telegramme Briefe versprochen, aber das Versprechen nicht gehalten, ja sie hat sogar nicht einmal meiner Mutter geantwortet. Das Aussichtlose dessen ist also wohl unzweifelhaft.
Das sollte man eigentlich niemals sagen dürfen. Schien von F. aus gesehn Dein früheres Verhalten nicht auch aussichtslos zu sein.

Es war etwas anderes. Ich gestand immer, selbst beim scheinbar letzten Abschied im Sommer, meine Liebe zu ihr offen ein; ich schwieg niemals mit dieser Grausamkeit; ich hatte Gründe für mein Verhalten, die sich, wenn nicht billigen, so doch besprechen ließen. F. hat bloß den Grund der gänzlich unzureichenden Liebe. Trotzdem ist es richtig, daß ich warten könnte. Mit einer doppelten Hoffnungslosigkeit warten kann ich aber nicht: einmal F. mir immer weiter entschwinden sehn und außerdem selbst in immer größere Unfähigkeit geraten, mich irgendwie zu retten. Es wäre das größte Wagnis, das ich mit mir versuchen könnte, trotzdem oder weil es allen übermächtigen schlechten Kräften in mir am meisten entsprechen würde. »Man kann niemals wissen, was geschehn wird« ist kein Argument gegenüber der Unerträglichkeit eines gegenwärtigen Zustandes.

Was willst Du also tun?

Von Prag weggehn. Gegenüber diesem stärksten menschlichen Schaden, der mich je getroffen hat, mit dem stärksten Reaktionsmittel, über das ich verfüge, vorgehn.

Den Posten verlassen?

Der Posten ist ja nach dem Obigen ein Teil der Unerträglichkeit. Ich verliere nur eine Unerträglichkeit. Die Sicherheit, das auf Lebensdauer Berechnete, der reichliche Gehalt, die nicht vollständige Anspannung der Kräfte – das sind doch lauter Dinge, mit denen ich als Junggeselle nichts anfangen kann, die sich zu Qualen verwandeln.

Was willst Du also tun?

Ich könnte alle derartigen Fragen mit einemmal beantworten, indem ich sage: ich habe nichts zu riskieren, jeder Tag und jeder geringste Erfolg ist ein Geschenk, alles was ich tue wird gut sein. Aber ich kann auch genauer antworten. Als österreichischer Jurist, der ich ja im Ernst gar nicht bin, habe ich keine für mich brauchbaren Aussichten; das beste, was ich für mich in dieser Richtung erreichen könnte, besitze ich ja in meiner Stelle und kann es doch nicht brauchen. Übrigens kämen für diesen an sich ganz unmöglichen Fall, daß ich aus meiner juristischen Vorbildung etwas für mich herausschlagen wollte, nur 2 Städte in Betracht: Prag aus dem ich weg muß, und Wien, das ich hasse und in dem ich unglücklich werden müßte, denn ich würde schon mit der tiefsten Überzeugung von der Notwendigkeit dessen hinfahren. Ich muß also außerhalb Österreichs und zwar, da ich kein Sprachentalent habe und körperliche sowie kaufmännische Arbeit nur schlecht leisten könnte, wenigstens zunächst nach Deutschland und dort nach Berlin, wo die meisten Möglichkeiten sind, sich zu erhalten. Dort kann ich auch im Journalismus meine schriftstellerischen Fähigkeiten am besten und unmittelbarsten ausnützen und einen mir halbwegs entsprechenden Gelderwerb finden. Ob ich etwa gar noch darüber hinaus fähig zu inspirierter Arbeit sein werde, darüber kann ich mich jetzt auch nicht mit der geringsten Sicherheit aussprechen. Das aber glaube ich bestimmt zu wissen, daß ich aus dieser selbstständigen und freien Lage, in der ich in Berlin sein werde, (sei sie im übrigen auch noch so elend) das einzige Glücksgefühl ziehen werde, dessen ich jetzt noch fähig bin.

Du bist aber verwöhnt

Nein, ich brauche ein Zimmer und vegetarische Pension, sonst fast nichts.

Fährst Du nicht F.'s wegen hin

Nein, ich wähle Berlin nur aus den obigen Gründen, allerdings liebe ich es auch und vielleicht liebe ich es wegen F. und wegen des Vorstellungskreises um F.; das kann ich nicht kontrollieren. Es ist auch wahrscheinlich, daß ich in Berlin mit F. zusammenkommen werde. Wird mir dieses Zusammensein dazu verhelfen, F. aus meinem Blut hinauszubekommen: desto besser, es ist dann ein weiterer Vorteil von Berlin.

Bist Du gesund?

Nein, Herz, Schlaf, Verdauung

Ein kleines Mietzimmer. Morgendämmerung. Unordnung. Der Student liegt im Bett, schläft der Wand zugekehrt. Es klopft. Es bleibt still. Es klopft stärker. Der Student setzt sich erschreckt aufrecht, schaut zur Tür

Herein

Dienstmädchen (schwaches Mädchen): Guten Morgen

St. Was wollen Sie? Es ist ja Nacht.

D. Entschuldigen Sie. Ein Herr fragt nach Ihnen

S. Nach mir? (stockt) Unsinn! Wo ist er?

D. Er wartet in der Küche

S. Wie sieht er aus

D. (lächelt) Nun, es ist noch ein Junge, sehr schön ist er nicht, ich glaube es ist ein Jud

S. Und das will in der Nacht zu mir? Übrigens, hören Sie brauche ich nicht Ihr Urteil über meine Gäste. Und der soll hereinkommen. Aber rasch!

Der Student stopft die kleine Pfeife, die auf dem Sessel neben seinem Bett gelegen ist und raucht.

Kleipe (steht an der Tür und schaut zum Student, der, die Augen zur Zimmerdecke gerichtet, ruhig vor sich hindampft.)

(klein, gerade, große, lange, etwas schief gedrehte, spitze Nase, dunkle Gesichtsfarbe, tiefliegende Augen, lange Arme)

St. Wie lange noch? Kommen Sie her zum Bett und sagen Sie was Sie wollen. Wer sind Sie? Was wollen Sie? Rasch! Rasch!

Kl. (geht sehr langsam zum Bett und sucht auf dem Weg durch Handbewegungen etwas zu erklären. Beim Reden hilft er sich durch Strecken des Halses und durch Hoch- und Tief-

ziehn der Augenbrauen) Ich bin nämlich auch aus Wulfenshausen
S. So; das ist schön, das ist sehr schön. Warum sind Sie denn nicht dort geblieben?
Kl. Überlegen Sie! Es ist unser beider Vaterstadt, schön, aber doch ein elendes Nest

---

Es war ein Sonntag nachmittag, sie lagen verschlungen im Bett. Es war im Winter, das Zimmer war ungeheizt, sie lagen unter einem schweren Federbett.

---

15. III 14 Hinter Dostojewskis Sarg wollten die Studenten seine Ketten tragen. Er starb im Arbeiterviertel im 4ten Stock eines Miethauses.

Gegen 5 Uhr früh, einmal im Winter, wurde dem Studenten durch das halbbekleidete Dienstmädchen ein Gast gemeldet. »Was denn? Wie denn?« fragte der Student noch schlaftrunken, da trat schon mit einer von dem Dienstmädchen geliehenen brennenden Kerze ein junger Mann ein,

---

Nichts als ein Erwarten, ewige Hilflosigkeit

---

17. III 14
Im Zimmer bei den Eltern gesessen, 2 Stunden lang in Zeitschriften geblättert, ab und zu nur vor mich hingesehn, im Ganzen nur gewartet bis es 10 Uhr wird und ich mich ins Bett legen kann.

27. III 14 Im ganzen nicht viel verschieden verbracht.

Haß beeilte sich auf das Schiff zu kommen, lief über die Landungsbrücke, kletterte auf ein Verdeck hinauf, setzte sich in einen Winkel, drückte die Hände gegen das Gesicht und kümmerte sich von jetzt an um niemanden mehr. Die Schiffsglocke läutete, Leute liefen vorüber, weit, als wäre es am andern Ende des Schiffes sang einer aus voller Brust

Man wollte schon den Landungssteg zurückziehn, da kam ein kleiner schwarzer Wagen angefahren, der Kutscher schrie von weitem, das sich bäumende Pferd mußte mit aller Kraft gehalten werden, ein junger Mann sprang aus dem Wagen, küßte einen alten weißbärtigen Herrn, der sich unter dem Wagendach vorbeugte und lief mit einem kleinen Handkoffer aufs Schiff, das sofort vom Lande abgestoßen wurde.

Es war etwa drei Uhr nachts, aber im Sommer, und schon halb hell. Da erhoben sich im Stall des Herrn von Grusenhof seine fünf Pferde Famos, Grasaffe, Tournemento, Rosina und Brabant. Wegen der schwülen Nacht war die Stalltür nur zugelehnt, die zwei Pferdewärter schliefen im Stroh auf dem Rücken über ihrem offenem Mund schwebten die Fliegen auf und ab, es gab kein Hindernis. Grasaffe stellte sich so auf daß er die beiden Männer unter sich hatte und war, während er ihre Gesichter beobachtete, bereit, beim geringsten Zeichen des Erwachens mit den Hufen zuzustoßen. Die vier andern verließen inzwischen mit zwei leichten Sprüngen einer hinter dem andern den Stall, Grasaffe folgte ihnen.

30 III 14 Anna sah durch die Glastür daß im Zimmer des Mieters dunkel war, sie kam herein und drehte das elektrische Licht auf, um für die Nacht aufzubetten. Aber der Student saß halb liegend auf dem Kanapee und lächelte sie an. Sie entschuldigte sich und wollte hinaus. Aber der Student bat sie, sie möge bleiben und keine Rücksicht auf ihn nehmen. Sie blieb auch und tat ihre Arbeit unter einigen Seitenblicken zum Studenten hin.

5. IV 14

Wenn es möglich wäre, nach Berlin zu gehn, selbstständig zu werden, von Tag zu Tag zu leben, auch zu hungern, aber seine ganze Kraft ausströmen lassen statt hier zu sparen oder besser sich abzuwenden in das Nichts! Wenn F. es wollte, mir beistehn würde!

7 IV 14

8 IV 14 Gestern unfähig auch nur ein Wort zu schreiben. Heute nicht besser. Wer erlöst mich? Und in mir das Gedränge, in der Tiefe, kaum zu sehn. Ich bin wie ein lebendiges Gitterwerk, ein Gitter, das feststeht und fallen will.

Heute im Kaffeehaus mit Werfel. Wie er von der Ferne beim Kaffeehaustisch aussieht. Geduckt, selbst im Holzsessel halb liegend, das im Profil schöne Gesicht an sich gedrückt, vor Fülle (nicht eigentlicher Dicke) fast schnaufend, ganz und gar unabhängig von der Umgebung, unartig und fehlerlos. Die hängende Brille erleichtert durch ihre Gegensätzlichkeit das Verfolgen der zarten Umrißlinien des Gesichtes

6. V 14 Die Eltern scheinen eine schöne Wohnung für F. und mich gefunden zu haben, ich bin nutzlos einen schönen Nachmittag lang herumgestrichen. Ob sie mich auch noch ins Grab legen werden nach einem durch ihre Sorgfalt glücklichen Leben.

Ein Adeliger, namens Herr von Griesenau, hatte einen Kutscher Josef, den kein anderer Dienstgeber hätte ertragen können. Er wohnte in einem ebenerdigen Zimmer neben der Portierloge, da er infolge seiner Dicke und Kurzatmigkeit unfähig war, Treppen zu steigen. Seine einzige Beschäftigung war das Kutschieren, aber auch dazu wurde er nur bei besondern Gelegenheiten etwa einem Gast zu Ehren verwendet, sonst aber lag er ganze Tage ganze Wochen, auf einem Ruhebett in der Nähe des Fensters und sah mit seinen kleinen, tief ins Fett eingesenkten, auffallend schnell zwinkernden Augen aus dem Fenster auf die Bäume, welche

---

Der Kutscher Josef lag auf seinem Ruhebett, richtete sich nur auf um von einem Tischchen einen Schnitten Butterbrot mit Häring zu nehmen, lehnte sich dann wieder zurück und starrte kauend umher. Durch seine großen runden Nasenlöcher zog er die Luft mit Mühe ein, manchmal mußte er, um genug Luft zu gewinnen, im Kauen einhalten und den Mund öffnen, sein großer Bauch zitterte ununterbrochen unter den vielen Falten des dünnen dunkelblauen Kleides.

Das Fenster war geöffnet, man sah eine Akazie und einen leeren Platz. Es war ein niedriges Parterrefenster, Josef sah von seinem Ruhebett aus alles und jeder konnte ihn von außen sehn. Das war peinlich, aber er mußte so niedrig wohnen, da er wenigstens seit einem halben Jahr seitdem sein Fett stark zugenommen hatte, Treppen gar nicht mehr steigen konnte. Als er dieses Zimmer neben der Portierloge bekommen hatte, hatte er seinem Dienstgeber, dem Herrn von Griesenau, unter Tränen die Hände geküßt und gedrückt, jetzt aber kannte er die Nachteile dieses Zimmers – das ewige Beobachtetwerden, die Nachbarschaft des unangenehmen Portiers, die Unruhe der Einfahrt und des Platzes, die weite Entfernung von der übrigen Dienerschaft und die dadurch eintretende Entfremdung und Vernachlässigung – alle diese Nachteile kannte er jetzt von Grund aus und beabsichtigte auch tatsächlich beim Herrn wegen der Übersiedlung in sein früheres Zimmer bittstellig zu werden. Wozu standen denn insbesondere seitdem der Herr sich verlobt hatte, soviele neu aufgenommene Burschen nutzlos herum, mochten sie doch ihn, den verdienten und einzigartigen Mann, einfach die Treppen hinauf und hinuntertragen.

Es wurde eine Verlobung gefeiert. Das Festessen war beendet, die Gesellschaft stand vom Tische auf, alle Fenster wurden geöffnet, es war ein schöner warmer Abend im Juni. Die Braut stand in einem Kreise von Freundinnen und guten Bekannten, die übrigen waren in kleinen Gruppen beisammen, hie und da wurde viel gelacht. Der Bräutigam lehnte allein am Eingang zum Balkon und sah hinaus.

Nach einiger Zeit bemerkte ihn die Mutter der Braut, gieng zu ihm hin und sagte: »Du stehst hier so allein? Gehst nicht zu Olga? Habt Ihr Streit gehabt?« »Nein« antwortete der Bräutigam »wir haben keinen Streit gehabt.« »Nun also« sagte die Frau »dann geh zu Deiner Braut! Dein Benehmen fällt ja schon auf«

Das Grauenhafte des bloß Schematischen

Die Zimmervermieterin eine schwache schwarz gekleidete Witwe in gerade abfallendem Rock stand im mittleren Zimmer ihrer leeren Wohnung. Noch war es ganz still, die Glocke rührte sich nicht. Auf der Gasse war es auch still, die Frau hatte mit Absicht eine so stille Gasse gewählt, denn sie wollte gute Zimmerherren und solche, die Ruhe verlangen sind die besten.

27. V 14 Mutter und Schwester in Berlin. Ich werde mit dem Vater abend allein sein. Ich glaube er fürchtet sich heraufzukommen. Soll ich mit ihm Karten spielen? (Ich finde die K häßlich, sie widern mich fast an und ich schreibe sie doch, sie müssen für mich sehr charakteristisch sein) Wie sich der Vater verhielt, als ich F. berührte.

Zum erstenmal erschien das weiße Pferd an einem Herbstnachmittag in einer großen aber nicht sehr belebten Straße der Stadt A. Es trat aus dem Flur eines Hauses, in dessen Hof ein Speditionsgeschäft ausgedehnte Lagerräume hatte, so daß öfters Gespanne, hie und da auch ein einzelnes Pferd aus dem Hausflur geführt werden mußten und infolgedessen das weiße Pferd nicht besonders auffiel. Es gehörte aber nicht zum Pferdestand des Speditionsgeschäftes. Ein Arbeiter, der vor dem Tor die Stricke an einem Warenballen fester zog, bemerkte das Pferd sah von seiner Arbeit auf und dann in den Hof, ob nicht der Kutscher bald nachkäme. Es kam niemand, wohl aber bäumte sich das Pferd, kaum hatte es das Trottoir betreten, kräftig auf, schlug paar Funken aus dem Pflaster, war einen Augenblick sehr nahe am Hinfallen, nahm sich aber gleich zusammen und trabte dann nicht schnell nicht langsam die um diese Dämmerstunde fast völlig leere Straße hinauf. Der Arbeiter verfluchte die seiner Meinung nach nachlässigen Kutscher, schrie einige Namen in den Hof, es kamen auch Leute heraus, blieben aber, da sie das Pferd gleich als ein fremdes erkannten, bloß ein wenig erstaunt neben einander im Tore stehn. Erst nach einem Weilchen besannen sich paar, liefen eine Strecke Wegs dem Pferde nach, da sie es aber nicht einmal mehr zu Gesicht bekamen, kehrten sie bald zurück.

Das Pferd hatte inzwischen schon die äußersten Vorstadtstraßen erreicht, ohne aufgehalten worden zu sein. Es fügte sich dem Straßenleben besser ein, als sonst alleinlaufende Pferde. Sein langsamer Schritt konnte niemanden erschrekken, es verließ niemals die Fahrbahn niemals auch die vorgeschriebene Straßenseite, war es nötig wegen eines aus einer Querstraße kommenden Fuhrwerkes einzuhalten, so hielt es ein, hätte es der vorsichtigste Kutscher am Halfter geführt, es hätte sich nicht fehlerfreier verhalten können. Trotzdem war es natürlich ein auffallender Anblick, hie und da blieb jemand stehn und sah ihm lächelnd nach, von einem vorbeifahrenden Bierwagen herab hieb ein Kutscher zum Spaß mit der Peitsche auf das Pferd ein, es erschreckte zwar, hufte mit den Vorderbeinen auf, beschleunigte aber seinen Schritt nicht.

Gerade diesen Vorfall aber hatte ein Polizeimann beobachtet, gieng auf das Pferd zu, das noch im letzten Augenblick eine andere Richtung zu nehmen gesucht hatte, faßte es am Zügel (es war trotz seines nicht sehr starken Baues als Lastpferd aufgezäumt) und sagte übrigens sehr freundlich: Halt! Wohin laufst du denn? Eine Zeitlang hielt er es hier mitten auf der Fahrbahn fest, denn er dachte der Besitzer werde seinem entlaufenen Tier bald nachkommen.

Es hat Sinn, ist aber matt, das Blut fließt dünn, zu weit vom Herzen. Ich habe noch hübsche Szenen im Kopfe und höre doch auf. Gestern erschien mir das weiße Pferd zum erstenmal vor dem Einschlafen, ich habe den Eindruck, als wäre es zuerst aus meinem der Wand zugedrehten Kopf getreten, wäre über mich hinweg und vom Bett hinunter gesprungen und hätte sich dann verloren. Das letztere wird durch den obigen Anfang leider nicht widerlegt.

Wenn ich mich nicht sehr täusche, komme ich doch näher. Es ist als wäre irgendwo in einer Waldlichtung der geistige Kampf. Ich dringe in den Wald ein, finde nichts und eile aus Schwäche bald wieder hinaus; oft wenn ich den Wald verlasse, höre ich oder glaube ich das Klirren der Waffen jenes Kampfes zu hören. Vielleicht suchen mich die Blicke der Kämpfer durch das Walddunkel, aber ich weiß nur so wenig und Täuschendes von ihnen.

Starker Regenguß. Stelle dich dem Regen entgegen, laß die eisernen Strahlen dich durchdringen, gleite in dem Wasser das Dich fortschwemmen will, aber bleibe doch, erwarte so aufrecht die plötzlich und endlos einströmende Sonne.

Die Vermieterin warf die Röcke und eilte durch die Zimmer. Eine große kalte Dame. Ihr vortretender Unterkiefer schreckte die Zimmerherrn ab. Sie liefen die Treppe hinab und wenn sie ihnen aus dem Fenster nachsah, verdeckten sie im Laufe ihre Gesichter. Einmal kam ein kleiner Zimmerherr, ein fester untersetzter junger Mann, der die Hände ständig in den Taschen seines Rockes hielt. Vielleicht war es seine Gewohnheit, es war aber auch möglich, daß er das Zittern der Hände verbergen wollte.

Junger Mann sagte die Frau und ihr Unterkiefer rückte vor Sie wollen hier wohnen?

Ja sagte der junge Mann und zuckte mit dem Kopf von unten hinauf.

Sie werden es hier guthaben sagte die Frau, führte ihn zu einem Sessel und setzte ihn hinauf. Hiebei bemerkte sie, daß er einen Fleck in der Hose hatte, weshalb sie neben ihm niederkniete und diesen Fleck mit den Nägeln zu reiben begann.

»Sie sind ein Schmutzian« sagte sie

Es ist ein alter Fleck

Dann sind sie eben ein alter Schmutzian.

»Weg mit der Hand« sagte er plötzlich und schob sie wirklich weg. »Was sie doch für schreckliche Hände haben« sagte er dann faßte ihre Hand und drehte sie. »Oben ganz schwarz, unten weißlich, aber noch ausreichend schwarz und – er fuhr in ihren weiten Ärmel – auf dem Arm sind sie sogar ein wenig behaart.«

»Sie kitzeln mich« sagte sie

»Weil sie mir gefallen. Ich verstehe nicht, wie man sagen kann, daß sie häßlich sind. Man sagt es nämlich. Aber nun sehe ich, daß das ja gar nicht stimmt.«

Und er stand auf und gieng im Zimmer auf und ab. Sie kniete noch immer und besah ihre Hand.

Das machte ihn aus irgendeinem Grunde wild, er sprang hinzu und nahm wieder ihre Hand.

»So ein Frauenzimmer« sagte er dann und schlug ihre längliche magere Wange. »Es würde geradezu zu meinem Behagen beitragen hier zu wohnen. Aber billig müßte es sein. Und keinen andern Mieter dürften sie aufnehmen. Und treu müßten sie mir sein. Ich bin ja viel jünger als sie, da kann ich doch Treue verlangen. Und gut kochen müßten sie. Ich bin an gutes Essen gewöhnt und werde es mir niemals abgewöhnen.«

Tanzt ihr Schweine weiter; was habe ich damit zu tun?

Aber wirklicher ist es, als alles was ich im letzten Jahr geschrieben habe. Vielleicht kommt es doch darauf an das Gelenk zu lockern. Ich werde noch einmal schreiben können.

Jeden Abend seit einer Woche kommt mein Zimmernachbar, um mit mir zu ringen. Ich kannte ihn nicht, habe auch bis jetzt noch nichts mit ihm gesprochen. Wir tauschen nur einige Ausrufe aus, die man nicht »sprechen« nennen kann. Mit »also« wird der Kampf eingeleitet, »Schuft« stöhnt manchmal einer unter dem Griff des andern, »jetzt« begleitet einen überraschenden Stoß, »Aufhören!« bedeutet Schluß aber man kämpft noch immer ein Weilchen weiter. Meistens springt er sogar noch von der Tür einmal ins Zimmer zurück und gibt mir einen Stoß, daß ich hinfalle. Aus seinem Zimmer ruft er mir dann durch die Wand Gute Nacht zu. Ich müßte, falls ich diese Bekanntschaft endgiltig aufgeben wollte, mein Zimmer kündigen, denn das Versperren der Türe hilft nichts. Einmal hatte ich die Türe versperrt, weil ich lesen wollte, aber mein Nachbar schlug die Tür mit der Hacke entzwei und da er, was er einmal gefaßt hat, nur schwer aufgeben kann, war ich sogar von der Hacke gefährdet. Ich verstehe mich anzupassen. Da er immer zu bestimmter Stunde kommt, nehme ich eine leichte Arbeit vor, die ich wenn nötig sofort unterbrechen kann. Das muß ich so einrichten, denn kaum erscheint er in der Tür muß ich alles liegen lassen denn er will ja nur kämpfen sonst nichts. Fühle ich mich kräftig, so reize ich ihn ein wenig, indem ich ihm zu erst auszuweichen suche. Ich krieche unter dem Tisch durch ich werfe ihm Stühle vor die Füße, ich zwinkere ihm aus der Ferne zu, trotzdem es natürlich geschmacklos ist mit einem fremden Menschen solche ganz einseitig bleibenden Späße zu machen. Aber meistens schließen sich unsere Körper gleich zum Kampf zusammen. Offenbar ist er ein Student, lernt den ganzen Tag und will am Abend vor dem Schlafengehn noch rasch Bewegung machen. Nun, an mir hat er einen guten Gegner, ich bin vielleicht, wenn man vom Glückswechsel absieht, der stärkere und geschicktere von uns beiden. Er aber ist der ausdauerndere.

---

28 / V 14 Übermorgen fahre ich nach Berlin. Trotz Schlaflosigkeit, Kopfschmerzen und Sorgen vielleicht in einem bessern Zustand als jemals.

Einmal brachte er ein Mädchen mit. Während ich grüße und auf ihn nicht achte, springt er auf mich und reißt mich in die Höhe. »Ich protestiere« rief ich und hob die Hand. »Schweig« flüsterte er mir ins Ohr. Ich merkte, daß er um jeden Preis selbst mit schändlichen Griffen vor dem Mädchen siegen wollte, um sich in Glanz zu setzen. »Er hat mir gesagt: ›Schweig‹« rief ich deshalb, den Kopf zum Mädchen hingedreht. »Oh gemeiner Mensch« stöhnte der Mann leise, er verbrauchte an mir alle seine Kraft. Immerhin schleppte er mich noch zum Kanapee, legte mich hin, kniete auf meinem Rücken nieder, wartete die Wiederkehr der Sprache ab und sagte: »Da liegt er also.« »Er soll es noch einmal versuchen« wollte ich sagen, aber schon nach dem ersten Wort drückte er mir das Gesicht so stark in die Polsterung, daß ich schweigen mußte. »Nun ja« sagte das Mädchen, das sich an meinen Tisch gesetzt hatte und einen dort liegenden angefangenen Brief überlas. »Werden wir nicht schon gehn? Er hat gerade einen Brief angefangen.« »Er wird ihn auch nicht fortsetzen, wenn wir fortgehn. Komm mal her. Greif z. B. hier an den Schenkel, er zittert ja wie ein krankes Tier.« »Ich sage laß ihn und komm.« Sehr widerwillig kroch der Mann von mir hinunter. Ich hätte ihn jetzt durchprügeln können, denn ich war jetzt ausgeruht, er aber hatte alle Muskeln angespannt, um mich niederzuhalten. Er hatte gezittert und hatte geglaubt ich zittere. Er zitterte sogar noch immer. Ich ließ ihn aber in Ruhe, weil das Mädchen zugegen war. »Sie werden sich wahrscheinlich Ihr Urteil über diesen Kampf schon selbst gebildet haben« sagte ich zu dem Mädchen, gieng mit einer Verbeugung an ihm vorüber und setzte mich zum Tisch um den Brief fortzusetzen. »Wer zittert also?« fragte ich, ehe ich zu schreiben anfieng und hielt den Federhalter zum Beweis, daß ich es nicht war, steif in die Luft. Schon im Schreiben rief ich ihnen als sie in der Tür waren, ein kurzes Adieu zu, schlug aber ein wenig mit dem Fuß aus, um wenigstens für mich die Verabschiedung anzudeuten, die wahrscheinlich beide verdient hätten.

---

29 V 14 Morgen nach Berlin. Ist es ein nervöser oder ein wirklicher verläßlicher Zusammenhalt den ich fühle. Wie wäre das? Ist es richtig, daß man einmal die Erkenntnis des Schreibens erhält, nichts verfehlt werden kann, nichts versinkt, aber auch nur selten etwas übermäßig hoch emporschlägt. Wäre es das Herandämmern der Ehe mit F.? Sonder-

barer mir allerdings in der Erinnerung nicht ganz fremder Zustand.

Lange mit Pick vor dem Tor gestanden. Nur daran gedacht, wie ich bald loskommen könnte, denn mein Erdbeernachtmahl war oben für mich vorbereitet. Alles was ich jetzt über ihn schreiben werde, ist eine Gemeinheit, denn ich lasse ihn nichts davon sehn oder bin zufrieden, daß er es nicht sieht. Aber ich bin sogar mitschuldig an seinem Wesen, solange ich mit ihm gehe und so gilt das was ich von ihm sage auch von mir, selbst wenn man die Künstelei abzieht, die in einer solchen Bemerkung liegt:

Ich mache Pläne. Ich sehe starr vor mich hin, um nicht die Augen von den imaginären Gucklöchern des imaginären Kaleidoskops zu entfernen in das ich schaue. Ich mische gute und eigennützige Absichten durcheinander, die guten werden in der Farbe verwaschen, die dafür auf die bloß eigennützigen übergeht. Ich lade Himmel und Erde ein, sich an meinen Plänen zu beteiligen, aber ich vergesse nicht an die kleinen Leute, die aus jeder Seitengasse hervorzuziehen sind und die vorläufig meinen Plänen besser nützen können. Es ist ja erst der Anfang immer wieder erst der Anfang. Noch stehe ich hier in meinem Jammer, aber schon kommt hinter mir der ungeheuere Wagen meiner Pläne angefahren, die erste kleine Platform schiebt sich unter meine Füße, nackte Mädchen, wie auf Carnevalswagen besserer Länder führen mich rücklings die Stufen empor, ich schwebe weil die Mädchen schweben und hebe meine Hand, die Ruhe befiehlt. Rosenbüsche stehn zu meiner Seite, Weihrauchflammen brennen, Lorbeerkränze werden herabgelassen, man streut Blumen vor und über mich, zwei Trompeter wie aus Steinquadern aufgebaut blasen Fanfaren kleines Volk läuft in Massen heran, geordnet hinter Führern, die leeren blanken gerade geschnittenen freien Plätze werden dunkel, bewegt und überfüllt, ich fühle die Grenze menschlicher Bemühungen und mache auf meiner Höhe aus eigenem Antrieb und plötzlich mich überkommendem Geschick das Kunststück eines vor vielen Jahren von mir bewunderten Schlangenmenschen, indem ich mich langsam zurückbeuge – eben versucht der Himmel aufzubrechen, um einer mir geltenden Erscheinung Raum zu geben, aber er stockt – den Kopf und Oberkörper zwischen meinen Beinen durchziehe und allmählich wieder als gerader Mensch auferstehe. War es die letzte Steigerung, die Menschen gegeben ist. Es scheint so, denn schon sehe ich aus allen Toren des tief und groß unter mir liegenden Landes die kleinen gehörnten Teufel sich herausdrängen, alles überlaufen, unter ihrem Schritt zerbricht alles in der Mitte, ihr Schwänzchen wischt alles aus, schon putzen 50 Teufelschwänze mein Gesicht, der Boden wird weich, ich versinke mit einem Fuß, dann mit dem andern, die Schreie der Mädchen verfolgen mich in meine Tiefe, in die ich lotrecht versinke, durch einen Schacht, der genau den Durchmesser meines Körpers aber eine endlose Tiefe hat. Diese Endlosigkeit verlockt zu keinen besondern Leistungen, alles was ich täte wäre kleinlich, ich falle sinnlos und es ist das Beste.

Brief Dostejews. an den Bruder über das Leben im Zuchthaus

6. VI 14 Aus Berlin zurück. War gebunden wie ein Verbrecher. Hätte man mich mit wirklichen Ketten in einen Winkel gesetzt und Gendarmen vor mich gestellt und mich nur auf diese Weise zuschauen lassen, es wäre nicht ärger gewesen.

Und das war meine Verlobung und alle bemühten sich mich zum Leben zu bringen und, da es nicht gelang, mich zu dulden wie ich war. F. allerdings am wenigsten von allen, vollständig berechtigter Weise, denn sie litt am meisten. Was den andern bloße Erscheinung war, war ihr Drohung.

Wir ertrugen es zuhause keinen Augenblick. Wir wußten, daß man uns suchen würde. Aber wenn es auch abend war, wir liefen doch weg. Unsere Stadt war von Hügeln umgeben. Auf diesen Hügeln kletterten wir. Alle Bäume brachten wir zum Zittern, wenn wir uns im Abwärtslauf von einem zum andern schwangen.

Die Stellung im Geschäft am Abend kurz vor Geschäftsschluß: Die Hände in den Hosentaschen, ein wenig gebückt, aus der Tiefe des Gewölbes durch das weit offene Tor auf den Platz hinausschauen. Matte Bewegungen der Angestellten ringsherum hinter den Pulten. Ein schwaches Zusammenschnüren eines Packets, ein bewußtloses Abstauben einiger Schachteln, ein Aufeinanderschichten gebrauchten Packpapiers.

Ein Bekannter kommt und spricht mit mir. Ich lege mich förmlich auf ihn, so schwer bin ich. Er stellt folgende Behauptung auf: Manche sagen das, ich aber sage gerade das Entgegengesetzte. Er führt die Gründe seiner Meinung an. Ich schwanke. Die Hände liegen in meinen Hosentaschen als wären sie hineingefallen und doch wieder so locker, als müßte ich die Taschen nur leicht umklappen und sie fielen wieder schnell heraus.

Ich hatte das Geschäft geschlossen, die Angestellten, fremde Leute, entfernten sich mit dem Hut in der Hand. Es war ein Abend im Juni, zwar schon 8 Uhr aber noch hell. Ich hatte keine Lust einen Spaziergang zu machen, ich habe niemals Lust spazierenzugehn, aber ich wollte auch nicht nachhause. Als mein letzter Lehrjunge um die Ecke gebogen war, setzte ich mich vor dem geschlossenen Laden auf die Erde.

Ein Bekannter mit seiner jungen Frau kam vorüber und sah mich auf der Erde sitzen. Sieh wer da sitzt sagte er. Sie blieben stehn und der Mann schüttelte mich ein wenig, trotzdem ich ihn von allem Anfang ruhig ansah. Mein Gott warum sitzen Sie denn hier so fragte die junge Frau. »Ich werde mein Geschäft auflassen sagte ich. Es geht nicht besonders schlecht, auch kann ich meinen Verpflichtungen wenn auch knapp so doch vollständig nachkommen. Aber die Sorgen kann ich nicht ertragen, die Angestellten kann ich nicht beherrschen, mit den Kundschaften kann ich nicht reden. Ich werde sogar schon von morgen ab das Geschäft nicht mehr aufmachen. Es ist alles wohl überlegt.« Ich sah wie der Mann seine Frau zu beruhigen suchte, indem er ihre Hand zwischen seine beiden Hände nahm.

»Nun gut« sagte er »Sie wollen Ihr Geschäft aufgeben, Sie sind nicht der Erste, der das tut. Auch wir – er sah zu seiner Frau hinüber – werden, bis unser Vermögen für unsere Bedürfnisse ausreicht – möge es bald sein – nicht weniger zögern als Sie unser Geschäft aufzugeben. Das Geschäft macht uns ebensowenig Vergnügen wie Ihnen, das dürfen Sie uns glauben. Aber warum sitzen Sie auf der Erde?«

Wohin soll ich gehn? sagte ich. Ich wußte natürlich, warum sie mich fragten. Es war Mitleid, Verwunderung und auch Verlegenheit, die sie fühlten, aber ich war durchaus nicht imstande auch noch ihnen zu helfen.

»Willst Du Dich nicht in unsere Gesellschaft aufnehmen lassen« fragte mich letzthin ein Bekannter, als er mich nach Mitternacht allein in einem schon fast leeren Kaffeehaus traf. Nein das will ich nicht sagte ich

---

Es war schon nach Mitternacht. Ich saß in meinem Zimmer und schrieb einen Brief, an dem mir sehr viel lag, da ich durch ihn eine gute Stellung im Ausland zu erreichen hoffte. Ich suchte dem Bekannten, an den er gerichtet war und mit dem ich jetzt nach 10jähriger Trennung zufällig durch einen gemeinschaftlichen Freund wieder in Verbindung kommen sollte, die längst vergangenen Zeiten wieder in Erinnerung zu bringen und gleichzeitig ihm begreiflich zu machen, wie mich alles aus meiner Heimat drängte und wie ich ohne sonstige, gute weitreichende Beziehungen wie ich war in ihn meine größte Hoffnung setzte.

Der Magistratsbeamte Bruder kam erst gegen 9 Uhr abends aus seiner Kanzlei nachhause. Es war schon ganz dunkel. Seine Frau erwartete ihn vor dem Haustor, ihr kleines Mädchen hielt sie an sich gedrückt. »Wie steht es?« fragte sie. »Sehr schlecht« sagte Bruder »Komm nur ins Haus, ich erzähle Dir dann alles.« Kaum waren sie ins Haus getreten, sperrte Bruder das Haustor ab. Wo ist das Dienstmädchen fragte er. »In der Küche« sagte die Frau. »Dann ist gut, kommt!« Im großen niedrigen Wohnzimmer wurde die Stehlampe angezündet, alle setzten sich und Bruder sagte: Die Sache steht also folgendermaßen. Die unsrigen sind vollständig im Rückzug. Das Gefecht bei Rumdorf ist wie ich aus zweifellosen Nachrichten die im Stadtamt eingelaufen sind, ersehen habe, gänzlich zu unsern Ungunsten ausgefallen. Es ist auch schon der größte Teil der Truppen aus der Stadt weggezogen. Man verheimlicht es noch, um den Schrecken in der Stadt nicht grenzenlos zu steigern. Ich halte das für nicht ganz vernünftig, es wäre besser offen die Wahrheit zu sagen. Aber meine Pflicht verlangt, daß ich schweige. Dir allerdings die Wahrheit zu sagen, kann mich niemand hindern. Übrigens ahnen auch alle das Richtige, das merkt man überall. Alles versperrt die Häuser, versteckt was versteckt werden kann.

Der Magistratsbeamte Bruder kam erst um 10 Uhr abends aus seiner Kanzlei nachhause, trotzdem klopfte er sofort an die Tür, die sein Zimmer von der Wohnung des Möbelhändlers Rumford bei dem er eingemietet war, trennte. Er konnte zwar nur ein undeutliches Wort hören, trat aber dennoch ein. Rumford saß mit einer Zeitung beim Tisch, sein Fett plagte ihn an diesem heißen Juliabend, er hatte Rock und Weste auf das Kanapee geworfen; sein Hemd

---

Einige Beamten des Stadtamtes standen an der steinernen Brüstung eines Rathausfensters und sahen auf den Platz hinunter. Der letzte Teil der Nachhut wartete dort auf den Befehl zum Abzug. Es waren junge große rotwangige Burschen die ihre hin- und herzuckenden Pferde straff im Zügel hielten. Vor ihnen ritten zwei Officiere langsam auf und ab. Sie warteten offenbar auf eine Nachricht. Öfters schickten sie einen Reiter fort, der in größter Eile in einer steil ansteigenden Seitenstraße des Ringsplatzes verschwand. Bisher war keiner zurückgekehrt.

Zu der Gruppe am Fenster war der Beamte Bruder getreten, ein zwar noch junger aber vollbärtiger Mann. Da er einen höhern Rang hatte und infolge seiner Begabung in besonderem Ansehen stand, verbeugten sich alle höflich und ließen ihn bis zur Brüstung vor. »Das ist also das Ende« sagte er mit dem Blick auf den Platz »es ist ja zu offenbar.« »Sie glauben also Herr Rat sagte ein junger hochmütiger Mensch, der sich trotz der Ankunft Bruders von seinem Platze nicht weggerührt hatte und nun derart nah an Bruder stand, daß sie einander gar nicht ins Gesicht sehn konnten Sie glauben also daß die Schlacht verloren ist?« Ganz gewiß. Daran ist ja kein Zweifel. Wir sind im Vertrauen gesagt schlecht geführt. Wir müssen verschiedene alte Sünden büßen. Jetzt ist allerdings keine Zeit darüber zu reden, jetzt soll jeder für sich sorgen. Wir sind ja vor der endgiltigen Auflösung. Heute abend können die Gäste schon hier sein. Vielleicht warten sie nicht einmal bis abend sondern sind in einer ½ Stunde hier.

---

12 VI 14

Kubin. Gelbliches Gesicht, flach über den Schädel gelagertes weniges Haar, von Zeit zu Zeit angestachelter Glanz in den Augen. Angst wegen der Ansteckung, er hat sie unten geküßt, er sieht sich schon zerfallen, spricht vom »geliebten Weib« dem er dieses Unglück mitbringt. Greift die dümmste Beruhigung selig auf und entwindet sich ihr nach einem Weilchen sehr klug. – Wolfskehl, halb blind, Netzhautablösung, muß sich vor Fall oder Stoß hüten, sonst kann die Linse herausfallen dann ist alles zu Ende. Muß das Buch beim Lesen knapp an die Augen halten und aus dem Augenwinkel die Buchstaben zu erhaschen suchen. War mit Melchior Lechter in Indien, erkrankte an Dysenterie, ißt alles, jedes Obst, das er auf der Straße im Staub liegen sieht. – Pachinger hat einer

Leiche einen silbernen Keuschheitsgürtel abgesägt, hat die Arbeiter, welche sie ausgegraben haben, irgendwo in Rumänien, beiseitegeschoben, hat sie mit der Bemerkung beruhigt, daß er hier eine wertlose Kleinigkeit sehe, die er sich als Andenken mitnehmen wolle, hat den Gürtel aufgesägt und vom Gerippe heruntergerissen. Findet er in einer Dorfkirche eine wertvolle Bibel oder ein Bild oder ein Blatt das er haben will, so reißt er, was er will, aus Büchern, von den Wänden, vom Altar, legt als Gegengabe ein 2hellerstück hin und ist beruhigt. – Liebe zu dicken Weibern. Jede Frau, die er hatte, wird photographiert. Stoß von Photographien, den er jedem Besucher zeigt. Sitzt in der einen Sophaecke, der Besucher, von ihm weit entfernt, in der andern. Pachinger sieht kaum hin und weiß doch immer, welche Photographie an der Reihe ist und gibt danach seine Erklärungen: Das war eine alte Witwe, das waren die zwei ungarischen Dienstmädchen u. s. w. – Über Kubin: »Ja, Meister Kubin, Sie sind ja im Aufschwung, in 10 bis 20 Jahren können Sie, wenn es so anhält eine Stellung wie Bayros haben.«

Brief Dostojewskis an eine Malerin.
Das gesellschaftliche Leben geht im Kreis vor sich. Nur die mit einem bestimmten Leiden Behafteten verstehn einander. Sie bilden kraft der Natur ihres Leidens einen Kreis und unterstützen sich. Sie gleiten an den innern Rändern ihres Kreises entlang, lassen einander den Vorrang oder schieben im Gedränge einer sanft den andern. Jeder spricht dem andern zu in der Hoffnung einer Rückwirkung auf sich oder, dann geschieht es leidenschaftlich, im unmittelbaren Genuß dieser Rückwirkung. Jeder hat nur die Erfahrung, die ihm sein Leiden gestattet, trotzdem hört man unter solchen Genossen den Austausch ungeheuerlich verschiedenartiger Erfahrungen.

»Du bist so« sagt einer zum andern »statt zu klagen, danke Gott dafür daß Du so bist, denn wärest Du nicht so dann wärest Du in diesem oder jenem Unglück, in dieser oder jener Schande.« Woher weiß das nun dieser Mann? Er gehört doch, das verrät dieser Ausspruch, zu dem gleichen Kreis wie der Angesprochene, seine Trostbedürftigkeit ist gleicher Art. Im gleichen Kreis weiß man aber immer das Gleiche. Es gibt nicht den Hauch eines Gedankens, den der Tröstende vor dem Getrösteten voraus hätte. Ihre Gespräche sind daher nur Vereinigungen der Einbildungskraft, Übergüsse der Wünsche von einem auf den andern. Einmal sieht der eine zu Boden, und der andere einem Vogel nach, in solchen Unterschieden spielt sich ihr Verkehr ab. Einmal einigen sie sich im Glauben und sehen beide Kopf an Kopf in unendlichen Richtungen der Höhe. Erkenntnis ihrer Lage zeigt sich aber nur dann wenn sie gemeinsam die Köpfe senken und der gemeinsame Hammer auf sie niedergeht.

14 *⟨Juni 1914⟩*
Mein ruhiger Gang, während es um den Kopf zuckt und ein über den Kopf schwach schleifender Ast mir das ärgste Unbehagen macht. Ich habe die Ruhe, ich habe die Sicherheit anderer Menschen in mir aber irgendwie am verkehrten Ende

---

19. VI *⟨1914⟩* Die Aufregungen der letzten Tage. Die Ruhe die von Dr. W. auf mich übergeht. Die Sorgen die er für mich trägt. Wie sie heute früh, als ich um 4 nach festem Schlafe aufwachte, in mich übersiedelten. Pištekovo divadlo. Löwenstein! Jetzt der grobe aufregende Roman von Soyka. Angst. Überzeugung der Notwendigkeit von F.

24 VI 14 Elli erzählt:
»Liebster Schatzi! Ich sehne mich nach Deinem elastischen Körper«

Wie wir uns, O. und ich, austoben in Wut gegen Menschenverbindungen.

Das Grab der Eltern in dem auch der Sohn (»Pollak, Handelsakademiker«) begraben ist.

25 VI 14

Vom frühen Morgen an bis jetzt zur Dämmerung gieng ich in meinem Zimmer auf und ab. Das Fenster war offen, es war ein warmer Tag. Der Lärm der engen Gasse trieb ununterbrochen herein. Ich kannte schon jede Kleinigkeit im Zimmer durch das Anschauen während meines Rundganges. Alle Wände hatte ich mit den Blicken abgestreift. Dem Muster des Teppichs und seinen Altersspuren war ich bis in die letzten Verzweigungen nachgegangen. Den Tisch in der Mitte hatte ich vielemal mit Fingerspannen abgemessen. Zum Bild des verstorbenen Mannes meiner Wirtin hatte ich schon die Zähne oft gefletscht. Gegen Abend trat ich zum Fenster und setzte mich auf die niedrige Brüstung. Da blickte ich zufällig zum erstenmal ruhig von einem Platz in das Innere des Zimmers und zur Decke auf. Endlich, endlich begann wenn ich mich nicht täuschte dieses so vielfach von mir erschütterte Zimmer sich zu rühren. An den Rändern der weißen mit schwachen Gipsverzierungen umzogenen Decke begann es. Kleine Mörtelstücke lösten sich los und fielen wie zufällig hie und da mit bestimmtem Schlag zu Boden. Ich streckte die Hand aus und auch in meine Hand fielen einige, ich warf sie ohne mich in meiner Spannung auch nur umzudrehn, über meinen Kopf hinweg in die Gasse. Die Bruchstellen oben hatten noch keinen Zusammenhang, aber man konnte ihn sich immerhin schon irgendwie bilden. Aber ich ließ von solchen Spielen ab, als sich jetzt dem Weiß ein bläuliches Violett beizumischen begann, es gieng von dem weiß bleibenden, ja geradezu weiß erstrahlenden Mittelpunkt der Decke aus, in welchen knapp oben die armselige Glühlampe eingesteckt war. Immer wieder in Stößen drängte sich die Farbe oder war es ein Licht, gegen den sich jetzt verdunkelnden Rand hin. Man achtete gar nicht mehr auf den fallenden Mörtel, der wie unter dem Druck eines sehr genau geführten Werkzeuges absprang. Da drängen in das Violett von den Seiten her gelbe, goldgelbe Farben. Die Zimmerdecke färbte sich aber nicht eigentlich, die Farben machten sie nur irgendwie durchsichtig, über ihr schienen Dinge zu schweben, die durchbrechen wollten, man sah schon fast das Treiben dort in Umrissen, ein Arm streckte sich aus, ein silbernes Schwert schwebte auf und ab. Es galt mir, das war kein Zweifel, eine Erscheinung, die mich befreien sollte, bereitete sich vor. Ich sprang auf den Tisch, um alles vorzubereiten, riß die Glühlampe samt ihrem Messingstab heraus und schleuderte sie auf den Boden, sprang dann herunter und stieß den Tisch aus der Mitte des Zimmers zur Wand hin. Das, was kommen wollte, konnte sich ruhig auf den Teppich niederlassen und mir melden, was es zu melden hatte. Kaum war ich fertig, brach die Decke wirklich auf. Noch aus großer Höhe, ich hatte sie schlecht eingeschätzt senkte sich im Halbdunkel langsam ein Engel in bläulich violetten Tüchern, umwickelt mit goldenen Schnüren, auf großen weißen seidig glänzenden Flügeln herab, das Schwert im erhobenen Arm wagrecht ausgestreckt. »Also ein Engel!« dachte ich »den ganzen Tag fliegt er auf mich zu und ich in meinem Unglauben wußte es nicht. Jetzt wird er zu mir sprechen.« Ich senkte den Blick. Aber als ich ihn wieder hob, war zwar noch der Engel da, hieng ziemlich tief unter der Decke, die sich wieder geschlossen hatte, war aber kein lebendiger Engel, sondern nur eine bemalte Holzfigur von einem Schiffsschnabel, wie sie in Matrosenkneipen an der Decke hängen. Nichts weiter. Der Knauf des Schwertes war dazu eingerichtet Kerzen zu halten und den fließenden Talg aufzunehmen. Die Glühlampe hatte ich heruntergerissen, im Dunkel wollte ich nicht bleiben, eine Kerze fand sich noch, so stieg ich also auf einen Sessel, steckte die Kerze in den Schwertknauf, zündete sie an und saß dann noch bis in die Nacht hinein unter dem schwachen Licht des Engels.

30 VI 14

Hellerau Leipzig mit Pick. Ich habe mich schrecklich aufgeführt. Konnte nicht fragen, nicht antworten, nicht mich bewegen, knapp noch in die Augen sehn. Mann der für den Flottenverein wirbt, das dicke Wurstessende Paar, Thomas bei dem wir wohnen, Prescher, der uns hinführt, Frau Thomas, Hegner, Fantl und Frau, Adler, Frau und Kind Anneliese, Frau Dr. Kraus, Frl. Pollak, die Schwester der Frau Fantl, Katz, Mendelssohn (Kind des Bruders, Alpinum, Engerlinge, Fichtennadelbad) Waldschenke, »Natura« Wolff, Haas, Vorlesung von Narciss, im Garten von Adler, Besichtigung des Dalcrozehauses, Abend in der Waldschenke – Bugra – Schrecken über Schrecken. Mißlungenes: Nichtfinden der »Natura«, Ablaufen der Struvestraße; falsche Elektrische nach Hellerau, kein Zimmer in der Waldschenke; Vergessen, daß ich mich von Erna dort antelephonieren lassen will daher Umkehr; Fantl nicht mehr getroffen; Dalcroze in

Genf; nächsten Morgen zu spät in die Waldschenke gekommen (F. hat nutzlos telephoniert); Entschluß nicht nach Berlin sondern nach Leipzig zu fahren; sinnlose Fahrt; irrtümlicher Weise Personenzug; Wolff fährt gerade nach Berlin; Lasker-Schüler belegt Werfel; sinnloser Besuch der Ausstellung; schließlich zum Abschluß im Arco ganz sinnlos Pick um eine alte Schuld gemahnt.

---

1. VI ⟨*Juli*⟩ 14 Zu müde.

5. VII 14 Solche Leiden tragen müssen und verursachen!

29 VII 14 Notizen über die Reise in ein anderes Heft eingetragen. Mißlungene Arbeiten angefangen. Ich gebe aber nicht nach trotz Schlaflosigkeit, Kopfschmerzen, allgemeiner Unfähigkeit. Es ist die letzte Lebenskraft, die sich in mir dazu gesammelt hat. Ich habe die Beobachtung gemacht, daß ich nicht deshalb den Menschen ausweiche um ruhig leben, sondern um ruhig sterben zu können. Nun werde ich mich aber wehren. Einen Monat während der Abwesenheit meines Chefs habe ich Zeit.

31. ⟨*Juli 1914*⟩ Ich habe keine Zeit. Es ist allgemeine Mobilisierung. K. und P. sind einberufen. Jetzt bekomme ich den Lohn des Alleinseins. Es ist allerdings kaum ein Lohn, Alleinsein bringt nur Strafen. Immerhin, ich bin wenig berührt von allem Elend und entschlossener als jemals. Nachmittag werde ich in der Fabrik sein müssen, wohnen werde ich nicht zuhause, denn E. mit den 2 Kindern übersiedelt zu

uns. Aber schreiben werde ich trotz alledem, unbedingt, es ist mein Kampf um die Selbsterhaltung.

1. ⟨*August 1914*⟩ K. zur Bahn begleitet. Im Bureau die Verwandten rund herum. Lust zu Valli zu fahren.

2. ⟨*August 1914*⟩ Deutschland hat Rußland den Krieg erklärt. – Nachmittag Schwimmschule

3 VIII 14

Allein in der Wohnung meiner Schwester. Sie liegt tiefer als mein Zimmer, es ist auch eine abseits gelegene Gasse, daher lautes Gerede der Nachbarn unten vor den Türen. Auch Pfeifen. Sonst vollendete Einsamkeit. Keine ersehnte Ehefrau öffnet die Tür. In einem Monat hätte ich heiraten sollen. Ein furchtbares Wort: Wie Du es wolltest, so hast Du es. Man steht an der Wand schmerzhaft festgedrückt, senkt furchtsam den Blick, um die Hand zu sehn, die drückt und erkennt mit einem neuen Schmerz der den alten vergessen macht, die eigene verkrümmte Hand, die mit einer Kraft, die sie für gute Arbeit niemals hatte, dich hält. Man hebt den Kopf, fühlt wieder den ersten Schmerz, senkt wieder den Blick und hört mit diesem Auf und Ab nicht auf.

---

4 VIII 14 Ich habe dem Hausherrn, als ich die Wohnung für mich mietete, wahrscheinlich ein Schriftstück unterschrieben, in dem ich mich zu einer zweijährigen oder gar sechsjährigen Miete verpflichtet habe. Jetzt stellt er die Forderung aus diesem Vertrag. Die Dummheit oder besser allgemeine und

endgültige Wehrlosigkeit, die mein Verhalten zeigt. In den Fluß gleiten. Dieses Gleiten kommt mir wahrscheinlich deshalb so wünschenswert vor, weil es mich an »geschoben werden« erinnert.

---

5 VIII ⟨*1914*⟩ fast geordnet unter letztem Kraftverbrauch. Mit Malek als Zeugen zweimal dort gewesen, bei Felix wegen der Fassung eines Vertrages, beim Advokaten zweimal (6 K) und alles unnötig, alles hätte ich selbst tun können und sollen.

---

6 VIII ⟨*1914*⟩ Die Artillerie, die über den Graben zog. Blumen, Heil und Nazdarrufe. Das krampfhaft stille, erstaunte aufmerksame schwarze und schwarzäugige Gesicht. – Ich bin zerrüttet statt erholt. Ein leeres Gefäß, noch ganz und schon unter Scherben oder schon Scherbe und noch unter den Ganzen. Voll Lüge, Haß und Neid. Voll Unfähigkeit, Dummheit, Begriffstützigkeit. Voll Faulheit, Schwäche und Wehrlosigkeit. 31 Jahre alt. Ich sah die 2 Ökonomen M. auf Ottlas Bild. Junge frische Leute, die etwas wissen und kräftig genug sind, es mitten unter den notwendigerweise ein wenig Widerstand leistenden Menschen anzuwenden. – Einer führt die schönen Pferde, der andere liegt im Gras und läßt die Zungenspitze in dem sonst unbeweglichen und unbedingt vertrauenswürdigen Gesicht zwischen den Lippen spielen.

---

5. ⟨*August 1914*⟩ Ich entdecke in mir nichts als Kleinlichkeit, Entschlußunfähigkeit, Neid und Haß gegen die Kämpfenden, denen ich mit Leidenschaft alles Böse wünsche.

6. *⟨August 1914⟩* Von der Litteratur aus gesehen ist mein Schicksal sehr einfach. Der Sinn für die Darstellung meines traumhaften innern Lebens hat alles andere ins Nebensächliche gerückt und es ist in einer schrecklichen Weise verkümmert und hört nicht auf zu verkümmern. Nichts anderes kann mich jemals zufrieden stellen. Nun ist aber meine Kraft für jene Darstellung ganz unberechenbar, vielleicht ist sie schon für immer verschwunden, vielleicht kommt sie doch noch einmal über mich, meine Lebensumstände sind ihr allerdings nicht günstig. So schwanke ich also, fliege unaufhörlich zur Spitze des Berges, kann mich aber kaum einen Augenblick oben erhalten. Andere schwanken auch, aber in untern Gegenden, mit stärkeren Kräften; drohen sie zu fallen, so fängt sie der Verwandte auf, der zu diesem Zweck neben ihnen geht. Ich aber schwanke dort oben, es ist leider kein Tod, aber die ewigen Qualen des Sterbens.

Patriotischer Umzug. Rede des Bürgermeisters. Dann Verschwinden, dann Hervorkommen und der deutsche Ausruf: »Es lebe unser geliebter Monarch, hoch.« Ich stehe dabei mit meinem bösen Blick. Diese Umzüge sind eine der widerlichsten Begleiterscheinungen des Krieges. Ausgehend von jüdischen Handelsleuten, die einmal deutsch, einmal tschechisch sind, es sich zwar eingestehen, niemals aber es so laut herausschreien dürfen wie jetzt. Natürlich reißen sie manchen mit. Organisiert war es gut. Es soll sich jeden Abend wiederholen, morgen Sonntag zweimal.

7. *⟨August 1914⟩* Man behandelt, selbst wenn man nicht die geringste sichtbare Fähigkeit zu individualisieren hat,

doch jeden nach seiner Art. »L. aus Binz« streckt mir, um auf sich aufmerksam zu machen, den Stock entgegen und erschreckt mich.

Die festen Schritte auf der Schwimmschule.

Gestern und heute 4 Seiten geschrieben, schwer zu überbietende Geringfügigkeiten.

Der ungeheuere Strindberg. Diese Wut, diese im Faustkampf erworbenen Seiten.

Chorgesang aus dem gegenüberliegenden Wirtshaus. – Gerade bin ich zum Fenster gegangen. Schlaf scheint unmöglich. Durch die offene Gasthaustüre kommt der volle Gesang. Eine Mädchenstimme intoniert. Es sind unschuldige Liebeslieder. Ich ersehne einen Schutzmann. Gerade kommt er. Er bleibt ein Weilchen vor der Tür stehn und hört zu. Dann ruft er: »Der Wirt!« Die Mädchenstimme: »Vojtíšku.« Aus einer Ecke springt ein Mann in Hose und Hemd. »Macht die Tür zu! Wer soll den Lärm anhören?« »Oh bitte, oh bitte« sagt der Wirt und mit zarten entgegenkommenden Bewegungen, als verhandele er mit einer Dame schließt er zuerst die Tür hinter sich, öffnet sie dann um hineinzuschlüpfen und schließt sie wieder. Der Schutzmann (dessen Verhalten insbesondere dessen Wut unbegreiflich ist, denn ihn kann der Gesang nicht stören, sondern nur seinen langweiligen Dienst versüßen) marschiert ab, die Sänger haben die Lust am Singen verloren.

---

11. ⟨*August 1914*⟩ Vorstellung daß ich in Paris geblieben bin, Arm in Arm mit dem Onkel eng an ihn gedrückt durch Paris gehe

12. ⟨*August 1914*⟩ Gar nicht geschlafen. Nachmittag 3 Stunden schlaflos und dumpf auf dem Kanapee gelegen, in der Nacht ähnlich. Es darf mich aber nicht hindern.

15. ⟨*August 1914*⟩ Ich schreibe seit paar Tagen, möchte es sich halten. So ganz geschützt und in die Arbeit eingekrochen, wie ich es vor 2 Jahren war, bin ich heute nicht, immerhin habe ich doch einen Sinn bekommen, mein regelmäßiges, leeres, irrsinniges junggesellenmäßiges Leben hat eine Rechtfertigung. Ich kann wieder ein Zwiegespräch mit mir führen und starre nicht so in vollständige Leere. Nur auf diesem Wege gibt es für mich eine Besserung.

Eine Zeit meines Lebens – es ist nun schon viele Jahre her – hat ich eine Anstellung bei einer kleinen Bahn im Innern Rußlands. So verlassen wie dort bin ich niemals gewesen. Aus verschiedenen Gründen, die nicht hierhergehören, suchte ich damals einen solchen Ort, jemehr Einsamkeit mir um die Ohren schlug, desto lieber war ich und ich will also auch jetzt nicht darüber klagen. Nur Beschäftigung fehlte mir in der ersten Zeit. Die kleine Bahn war ursprünglich vielleicht aus irgendwelchen wirtschaftlichen Absichten angelegt worden, das Kapital hatte aber nicht ausgereicht, der Bau kam ins Stocken und statt nach Kalda dem nächsten von uns 5 Tagereisen mit dem Wagen entfernten größern Ort zu führen machte die Bahn bei einer kleinen Ansiedlung geradezu in einer Einöde halt, von wo noch eine ganze Tagereise nach Kalda nötig war. Nun hätte die Bahn selbst wenn sie bis Kalda ausgedehnt worden wäre noch für unabsehbare Zeiten unrentabel bleiben, denn ihr ganzer Plan war verfehlt, das Land brauchte Straßen aber keine Eisenbahnen, in dem Zustand jedoch in dem sich die Bahn jetzt befand, konnte sie überhaupt nicht bestehn, die zwei Züge die täglich verkehrten, führten Lasten mit sich, die ein leichter Wagen hätte transportieren können, und Passagiere waren nur ein paar Feldarbeiter im Sommer. Aber man wollte die Bahn doch nicht gänzlich eingehn lassen, denn man hoffte immer noch, dadurch daß man sie im Betrieb erhielt, für den weitern Ausbau Kapital anzulocken. Auch diese Hoffnung war meiner Meinung nach nicht sosehr Hoffnung, als vielmehr Verzweiflung und Faulheit. Man ließ die Bahn laufen, solange noch Material und Kohle vorhanden waren, man zahlte den paar Arbeitern die Löhne unregelmäßig und verkürzt, als wären es Gnadengeschenke und wartete im übrigen auf den Zusammenbruch des Ganzen.

Bei dieser Bahn also war ich angestellt und bewohnte einen Holzverschlag, der noch seit dem Bau der Bahn dort zurückgeblieben war und gleichzeitig als Stationsgebäude diente. Es hatte nur einen Raum, in dem eine Pritsche für mich aufgestellt war und ein Pult für mögliche Schreibarbeiten, über ihm war der telegraphische Apparat angebracht. Als ich im Frühjahr hinkam, passierte der eine Zug die Station sehr früh – später wurde das geändert – und es geschah manchmal, daß irgendein Passagier zur Station kam während ich noch schlief. Er blieb dann natürlich – die Nächte waren dort bis in die Mitte des Sommers hinein sehr kühl – nicht im Freien, sondern klopfte an, ich riegelte auf und wir verbrachten dann oft ganze Stunden mit Plaudern. Ich lag auf meiner Pritsche, mein Gast hockte auf dem Boden oder kochte nach meiner Anweisung Tee, den wir dann beide in gutem Einverständnis tranken. Alle diese Dorfleute zeichnet große Verträglichkeit aus. Ich merkte übrigens daß ich nicht sehr dazu angetan war, vollständige Einsamkeit zu ertragen, wenn ich mir auch sagen mußte, daß diese Einsamkeit die ich mir auferlegt hatte, schon nach kurzer Zeit die vergangenen Sorgen zu zerstreuen begann. Ich habe überhaupt gefunden, daß es eine große Kraftprobe für ein Unglück ist, einen Menschen in der Einsamkeit dauernd zu beherrschen. Die Einsamkeit ist mächtiger als alles und treibt einen wieder den Menschen zu. Natürlich versucht man dann andere, scheinbar weniger schmerzliche, in Wirklichkeit bloß noch unbekannte Wege zu finden.

Ich schloß mich den Leuten dort mehr an, als ich gedacht hatte. Ein regelmäßiger Verkehr war es natürlich nicht. Von den fünf Dörfern, die für mich in Betracht kamen, war jedes einige Stunden sowohl von der Station, als auch von den andern Dörfern entfernt. Allzuweit mich von der Station zu entfernen durfte ich nicht wagen, wenn ich nicht meinen Posten verlieren wollte. Und das wollte ich wenigstens in der ersten Zeit durchaus nicht. In die Dörfer selbst konnte ich also nicht gehn und blieb auf die Passagiere angewiesen oder auf die Leute, welche den weiten Weg nicht scheuten um mir einen Besuch zu machen. Schon im ersten Monat fanden sich solche Leute ein, aber wie freundlich sie auch waren, es war leicht zu erkennen, daß sie nur kamen, um vielleicht ein Geschäft mit mir zu machen; sie verbargen übrigens auch ihre Absicht gar nicht. Sie brachten verschiedene Waren und ich kaufte zuerst, solange ich Geld hatte, gewöhnlich fast unbesehen alles ein, so willkommen waren mir die Leute, besonders einzelne. Später schränkte ich die Einkäufe allerdings ein, unter anderem auch deshalb, weil ich zu bemerken glaubte, daß meine Art einzukaufen ihnen verächtlich erschien. Außerdem bekam ich auch Lebensmittel mit der Bahn, die waren allerdings ganz schlecht und noch viel teuerer, als das was die Bauern brachten. Ursprünglich hatte ich ja beabsichtigt, einen kleinen Gemüsegarten anzulegen, eine Kuh zu kaufen und mich auf diese Weise möglichst unabhängig von allen zu machen. Ich hatte auch Gartengeräte und Aussaat mitgebracht, Boden war überreichlich da, unbebaut dehnte er sich in einer einzigen Fläche um meine Hütte ohne die geringste Erhöhung soweit das Auge reichte. Aber ich war zu schwach um diesen Boden zu bezwingen. Ein widerspenstiger Boden, der bis ins Frühjahr festgefroren war und selbst meiner neuen scharfen Hacke widerstand. Was man an Aussaat in ihn senkte war verloren. Ich bekam Verzweiflungsanfälle bei dieser Arbeit. Ich lag dann tagelang auf meiner Pritsche und kam nicht einmal bei Ankunft der Züge hinaus. Ich steckte dann nur den Kopf aus der Luke, die gerade über der Pritsche angebracht war, und machte die Meldung, daß ich krank sei. Dann kam das Zugspersonal, das aus 3 Mann bestand, zu mir herein, um sich zu wärmen, aber sie fanden nicht viel Wärme, denn ich vermied es womöglich den alten leicht explodierenden Eisenofen zu benützen. Ich lag lieber in einen alten warmen Mantel eingepackt und mit verschiedenen Fellen zugedeckt, die ich den Bauern nach und nach abgekauft hatte. »Du bist oft krank« sagten sie mir »Du bist ein kränklicher Mensch. Du wirst nicht mehr von hier fortkommen.« Sie sagten es nicht etwa um mich traurig zu machen, sondern sie hatten das Bestreben, wenn es nur möglich, die Wahrheit rund herauszusagen. Sie taten das meistens unter einem eigentümlichen Glotzen der Augen.

Einmal im Monat, aber immer zu verschiedenen Zeiten kam ein Inspektor, um mein Vormerkbuch zu überprüfen, das eingenommene Geld mir abzunehmen und – dies aber nicht immer – den Lohn mir auszuzahlen. Seine Ankunft wurde mir immer einen Tag vorher von den Leuten angezeigt, die ihn in der letzten Station abgesetzt hatten. Diese Anzeige hielten sie für die größte Wohltat, die sie mir erweisen konnten, trotzdem ich natürlich jeden Tag alles in Ordnung hatte. Es war auch

〈Fortsetzung des Textes in
›Tagebücher, Band 3: 1914–1923‹, S. 44.〉

Achtes Heft

2 Mai 1913

Es ist sehr notwendig geworden wieder ein Tagebuch zu führen. Mein unsicherer Kopf, Felice, der Verfall im Bureau, die körperliche Unmöglichkeit zu schreiben und das innere Bedürfnis danach.

Valli geht hinter dem Schwager, der morgen zur Waffenübung nach Tschotkov einrückt, aus unserer Tür hinaus. Merkwürdig die in diesem Ihm-Folgen liegende Anerkennung der Ehe als Einrichtung, mit der man sich bis in den Grund hinein abgefunden hat.

Die Geschichte der Gärtnerstochter, die mich vorgestern in der Arbeit unterbrach. Ich, der ich durch die Arbeit meine Neurasthenie heilen will, muß hören, daß der Bruder des Fräulein, er hat Jan geheißen und war der eigentliche Gärtner und voraussichtlicher Nachfolger des alten Dvorsky, ja sogar schon Besitzer des Blumengartens sich vor 2 Monaten im Alter von 28 Jahren aus Melancholie vergiftet hat. Im Sommer war ihm verhältnismäßig wohl trotz seiner einsiedlerischen Natur, da er wenigstens mit den Kunden verkehren mußte, im Winter dagegen war er ganz verschlossen. Seine Geliebte war eine Beamtin – uřednice – ein gleichfalls melancholisches Mädchen. Sie giengen zusammen oft auf den Friedhof.

Der riesige Menasse bei der Jargonvorstellung. Irgendetwas Zauberhaftes das mich bei seinen Bewegungen im Zusammenklang mit der Musik ergriff. Ich habe es vergessen.

Mein dummes Lachen, als ich heute der Mutter sagte, daß ich Pfingsten nach Berlin fahre. »Warum lachst Du?« sagte die Mutter (unter einigen anderen Bemerkungen, darunter »Drum prüfe, wer sich ewig bindet« die ich aber alle abwehrte mit Bemerkungen wie »Es ist nichts u. s. w.«) »Aus Verlegenheit« sagte ich und war froh einmal etwas Wahres in dieser Sache gesagt zu haben.

Die Bailly gestern getroffen. Ihre Ruhe, Zufriedenheit Unbefangenheit und Klarheit, trotzdem sich in den letzten zwei Jahren ihr Übergang zur alten Frau vollzogen hat, diese schon damals lästige Fülle bald die Grenze steriler Fettleibigkeit erreicht haben wird, in den Gang eine Art Sich-Wälzens und Sich-Schiebens mit Vorstoßen oder besser Vortragen des Bauches gekommen ist und am Kinn – beim kurzen Anblick nur am Kinn – Barthaare sich aus dem frühern Flaume ringeln.

---

3 Mai *⟨1913⟩*

Die schreckliche Unsicherheit meiner innern Existenz.

Curator

Wie ich die Weste aufknöpfe, um dem Hr. B. meinen Ausschlag zu zeigen. Wie ich ihn in ein Nebenzimmer winke.

Der Aussätzige und seine Frau. Wie sich ihr Hintere, sie liegt im Bett auf dem Bauch, immer wieder mit allen Geschwüren erhebt, trotzdem ein Gast da ist. Wie der Mann sie immer anschreit, daß sie zugedeckt liegen bleiben soll.

Der Ehemann ist von einem Pfahl – man weiß nicht von wo der kam – von hinten getroffen niedergeworfen und durchbohrt worden. Auf dem Boden liegend klagt er mit erhobenem Kopf und ausgebreiteten Armen. Später kann er sich auch schon für einen Augenblick schwankend erheben. Er weiß nichts anderes zu erzählen, als wie er getroffen wurde und zeigt die beiläufige Richtung, aus der seiner Meinung nach der Pfahl gekommen ist. Diese immer gleichen Erzählungen ermüden schon die Ehefrau, zumal der Mann immer wieder eine andere Richtung zeigt.

---

4 ⟨*Mai 1913*⟩ Immerfort die Vorstellung eines breiten Selchermessers das eiligst und mit mechanischer Regelmäßigkeit von der Seite her in mich hineinfährt und ganz dünne Querschnitte losschneidet, die bei der schnellen Arbeit fast eingerollt davonfliegen.

An einem frühen Morgen, die Gassen waren noch leer weit und breit, öffnete ein Mann, er war bloßfüßig und nur mit Nachthemd und Hose bekleidet, das Tor eines großen Miethauses in der Hauptstraße. Er hielt beide Türflügel fest und atmete tief. »Du Jammer, Du verfluchter Jammer« sagte er und sah scheinbar ruhig zuerst die Straße entlang, dann über einzelne Häuser hin.

Verzweiflung also auch von hier aus. Nirgends Aufnahme.

---

1. Verdauung 2. Neurasthenie 3. Ausschlag 4. innere Unsicherheit

---

Wenn sie doch in einem Kopfe
ohne Spannung sich vermischte

---

24. Mai 13 Spaziergang mit Pick.
Übermut weil ich den Heizer für so gut hielt. Abend las ich ihn den Eltern vor, einen besseren Kritiker als mich während des Vorlesens vor dem höchst widerwillig zuhörenden Vater, gibt es nicht. Viele flache Stellen vor offenbar unzugänglichen Tiefen.

5 VI 13
Die innern Vorteile welche mittelmäßige litterarische Arbeiten daraus ziehen, daß ihre Verfasser noch am Leben und hinter ihnen her sind. Der eigentliche Sinn des Veraltens.

Löwy Geschichte von der Grenzüberschreitung.

21. VI ⟨*1913*⟩ Die Angst, die ich nach allen Seiten hin ausstehe. Die Untersuchung beim Doktor, wie er gleich gegen mich vordringt, ich mich förmlich aushöhle und er in mir verachtet und unwiderlegt seine leeren Reden hält.

Die ungeheuere Welt, die ich im Kopfe habe. Aber wie mich befreien und sie befreien ohne zu zerreißen. Und tausendmal lieber zerreißen, als sie in mir zurückhalten oder begraben. Dazu bin ich ja hier, das ist mir ganz klar.

Ein großer Mann in einem bis zu den Füßen reichenden Mantel klopfte an einem kalten Frühlingsmorgen gegen 5 Uhr mit der Faust an die Tür einer kleinen Hütte, die in einer kahlen hügeligen Gegend stand. Nach jedem Faustschlag horchte er, in der Hütte blieb es still.

1 VII 13

Der Wunsch nach besinnungsloser Einsamkeit. Nur mir gegenübergestellt sein. Vielleicht werde ich es in Riva haben.

Vorvorgestern mit Weiß, Verfasser der Galeere. Jüdischer Arzt, Jude von der Art, die dem Typus des westeuropäischen Juden am nächsten ist und dem man sich deshalb gleich nahe fühlt. Der ungeheuere Vorteil der Christen, die im allgemeinen Verkehr die gleichen Gefühle der Nähe immerfort haben und genießen z. B. christlicher Tscheche unter christlichen Tschechen.

Das Hochzeitsreisepaar, das aus dem Hotel de Saxe trat. Am Nachmittag. Einwerfen der Karte in den Briefkasten. Zerdrückte Kleider, schlaffer Schritt, trüber lauer Nachmittag. Wenig charakteristische Gesichter für den ersten Blick.

Das Bild der 300 jährigen Romanowfeier in Jaroslawl an der Wolga. Der Car, die Princessinnen verdrießlich in der Sonne stehend nur eine zart, ältlich, schlaff, auf den Sonnenschirm gestützt, blickt vor sich hin. Der Tronfolger auf dem Arm des ungeheueren barhäuptigen Kosaken. – Auf einem andern Bild salutieren in der Ferne längst schon passierte Männer.

Der Millionär auf dem Bild im Kino »Sklaven des Goldes«. Ihn festhalten! Die Ruhe, die langsame zielbewußte Bewegung, wenn notwendig rascher Schritt, Zucken des Armes. Reich, verwöhnt, eingelullt, aber wie er aufspringt wie ein Knecht, und das Zimmer in der Waldschenke untersucht in das er eingesperrt worden ist.

---

2 *⟨Juli 1913⟩* Geschluchzt über dem Proceßbericht einer 23 jähr. Marie Abraham, die ihr fast 3/4 Jahre altes Kind Barbara wegen Not und Hunger erwürgte mit einer Männerkrawatte, die ihr als Strumpfband diente und die sie abband. Ganz schematische Geschichte.

Das Feuer, mit dem ich im Badezimmer meiner Schwester ein komisches kinematographisches Bild darstellte. Warum kann ich das niemals Fremden gegenüber?

Ich hätte niemals ein Mädchen geheiratet, mit dem ich ein Jahr lang in der gleichen Stadt gelebt hätte.

---

3 ⟨*Juli 1913*⟩ Die Erweiterung und Erhöhung der Existenz durch eine Heirat. Predigtspruch. Aber ich ahne es fast.

Wenn ich etwas sage verliert es sofort und endgiltig die Wichtigkeit, wenn ich es aufschreibe verliert es sie auch immer, gewinnt aber manchmal eine neue.

Ein Band von goldenen Kügelchen um einen gebräunten Hals.

19 VII 13
Aus einem Hause traten vier bewaffnete Männer. Jeder hielt vor sich aufrecht eine Hellebarde. Hie und da wandte einer sein Gesicht zurück um zu sehen, ob der schon komme, um dessentwillen sie hier standen. Es war früh am Morgen, die Gasse war ganz leer.

Was wollt Ihr also? Kommt! – Wir wollen nicht. Laß uns! –

Dazu der innere Aufwand. Darum klingt einem die Musik aus dem Kaffeehaus so ins Ohr. Der Steinwurf wird sichtbar, von dem Elsa B. erzählte.

Eine Frau sitzt am Spinnrocken. Ein Mann stößt mit einem Schwert, das in der Scheide steckt (er hält sie frei in der Hand) die Tür auf.
M. Hier war er!

F. Wer? Was wollt Ihr?
M. Der Pferdedieb? Er ist hier versteckt. Leugne nicht! (Er schwingt das Schwert)
F. (hebt den Spinnrocken zur Abwehr) Niemand war hier. Laßt mich!

---

20 VII 13

Unten auf dem Flusse lagen mehrere Boote, Fischer hatten ihre Angeln ausgeworfen, es war ein trüber Tag. Am Quaigeländer lehnten einige Burschen mit verschränkten Beinen.

Als man zur Feier ihrer Abreise aufstand und die Champagnergläser hob, war schon Dämmerung. Die Eltern und einige Hochzeitsgäste begleiteten sie bis zum Wagen. Es

---

21 VII ⟨*1913*⟩ Nicht verzweifeln, auch darüber nicht daß Du nicht verzweifelst. Wenn schon alles zuende scheint, kommen doch noch neue Kräfte angerückt, das bedeutet eben, daß Du lebst. Kommen sie nicht, dann ist hier alles zuende aber endgültig.

Ich kann nicht schlafen. Nur Träume kein Schlaf. Heute habe ich im Traum ein neues Verkehrsmittel für einen abschüssigen Park erfunden. Man nimmt einen Ast, der nicht sehr stark sein muß, stemmt ihn schief gegen den Boden, das eine Ende behält man in der Hand setzt sich möglichst leicht darauf, wie im Damensattel, der ganze Zweig rast dann natürlich den Abhang hinab, da man auf dem Ast sitzt wird man mitgenommen und schaukelt behaglich in voller Fahrt auf dem elastischen Holz. Es findet sich dann auch eine Möglichkeit, den Zweig zum Aufwärtsfahren zu verwenden. Der Hauptvorteil liegt abgesehen von der Einfachheit der ganzen Vorrichtung darin, daß der Zweig dünn und beweglich wie er ist, er kann ja gesenkt und gehoben werden nach Bedarf überall durchkommt, wo selbst ein Mensch allein schwer durchkäme

---

Durch das Parterrefenster eines Hauses an einem um den Hals gelegten Strick hineingezogen und ohne Rücksicht wie von einem der nicht acht gibt, blutend und zerfetzt, durch alle Zimmerdecken, Möbel, Mauern und Dachböden hinaufgerissen werden, bis oben auf dem Dach die leere Schlinge erscheint, die meine Reste erst beim Durchbrechen der Dachziegel verloren hat.

---

21. VIII ⟨*Juli*⟩ 13 Besondere Methode des Denkens. Gefühlsmäßig durchdrungen. Alles fühlt sich als Gedanke selbst im Unbestimmtesten. (Dostojewski)

Dieser Flaschenzug im Innern. Ein Häkchen rückt vorwärts, irgendwo im Verborgenen, man weiß es kaum im ersten Augenblick, und schon ist der ganze Apparat in Bewegung. Einer unfaßbaren Macht unterworfen, so wie die Uhr der Zeit unterworfen scheint, knackt es hier und dort und alle Ketten rasseln eine nach der andern ihr vorgeschriebenes Stück herab.

Zusammenstellung alles dessen, was für und gegen meine Heirat spricht: 1) Unfähigkeit allein das Leben zu ertragen, nicht etwa Unfähigkeit zu leben, ganz im Gegenteil, es ist sogar unwahrscheinlich, daß ich es verstehe, mit jemandem zu leben, aber unfähig bin ich den Ansturm meines eigenen Lebens, die Anforderungen meiner eigenen Person, den Angriff der Zeit und des Alters, den vagen Andrang der Schreiblust, die Schlaflosigkeit, die Nähe des Irreseins – alles dies allein zu ertragen bin ich unfähig. Vielleicht, füge ich natürlich hinzu. Die Verbindung mit F. wird meiner Existenz mehr Widerstandskraft geben.

2. Alles gibt mir gleich zu denken. Jeder Witz im Witzblatt, die Erinnerung an Flaubert und Grillparzer, der Anblick der Nachthemden auf den für die Nacht vorbereiteten Betten meiner Eltern, Maxens Ehe. Gestern sagte meine Schwester: »Alle Verheirateten (unserer Bekanntschaft) sind glücklich, ich begreife es nicht« auch dieser Ausspruch gab mir zu denken, ich bekam wieder Angst.

3 Ich muß viel allein sein. Was ich geleistet habe, ist nur ein Erfolg des Alleinseins.

4 Alles was sich nicht auf Litteratur bezieht, hasse ich, es langweilt mich Gespräche zu führen (selbst wenn sie sich auf Litteratur beziehn) es langweilt mich Besuche zu machen, Leiden und Freuden meiner Verwandten langweilen mich in die Seele hinein. Gespräche nehmen allem was ich denke die Wichtigkeit, den Ernst, die Wahrheit.

5 Die Angst vor der Verbindung, dem Hinüberfließen. Dann bin ich nie mehr allein.

6 Ich bin vor meinen Schwestern, besonders früher war es so, oft ein ganz anderer Mensch gewesen, als vor andern Leuten. Furchtlos, bloßgestellt, mächtig, überraschend, ergriffen wie sonst nur beim Schreiben. Wenn ich es durch Vermittlung meiner Frau vor allen sein könnte! Wäre es dann

aber nicht dem Schreiben entzogen? Nur das nicht, nur das nicht!

7. Allein könnte ich vielleicht einmal meinen Posten wirklich aufgeben. Verheiratet wird es nie möglich sein.

In unserer Klasse, der fünften Gymnasialklasse des Amaliengymnasiums, war ein Junge namens Friedrich Guß, den wir alle sehr haßten. Wenn wir früh in die Klasse kamen und ihn auf seinem Platz beim Ofen sitzen sahen, konnten wir kaum verstehen, wie er sich hatte aufraffen können, wieder in die Schule zu kommen. Aber ich erzähle nicht richtig. Wir haßten nicht nur ihn, wir haßten alle. Wir waren eine schreckliche Vereinigung. Als einmal der Landesschulinspektor einer Unterrichtsstunde beiwohnte – es war Geographiestunde und der Professor beschrieb die Augen der Tafel oder dem Fenster zugekehrt wie alle unsere Professoren, die Halbinsel Morea –

Es war am Tage des Schulbeginnes, es gieng schon gegen Abend. Die Professoren des Obergymnasiums saßen noch im Konferenzzimmer, studierten die Schülerlisten, legten neue Klassenbücher an, erzählten von ihrer Urlaubreise.

Ich elender Mensch!

Nur das Pferd ordentlich peitschen! Ihm die Sporen langsam einbohren, dann mit einem Ruck sie herausziehn jetzt aber mit aller Kraft sie ins Fleisch hineinfahren lassen.

Was für Not!

Waren wir verrückt? Wir liefen in der Nacht durch den Park und schwangen Zweige.

Ich fuhr mit meinem Boot in eine kleine natürliche Bucht ein.

Ich pflegte während meiner Gymnasialzeit hie und da einen gewissen Josef Mack, einen Freund meines verstorbenen Vaters zu besuchen. Als ich nach Absolvierung des Gymnasiums –

Hugo Seiffert pflegte während seiner Gymnasialzeit einem gewissen Josef Kiemann einem alten Junggesellen, der mit Hugos verstorbenem Vater befreundet gewesen war, hie und da einen Besuch zu machen. Diese Besuche hörten unvermittelt auf, als Hugo unerwartet einen sofort anzutretenden Posten im Ausland angeboten erhielt und für einige Jahre seine Heimatsstadt verließ. Als er dann wieder zurückkehrte, beabsichtigte er zwar den alten Mann zu besuchen, es fand sich aber keine Gelegenheit, vielleicht hätte ein solcher Besuch auch seinen geänderten Anschauungen nicht entsprochen, und trotzdem er öfters durch die Gasse gieng in welcher Kiemann wohnte ja trotzdem er ihn mehrmals im Fenster lehnen sah und wahrscheinlich auch bemerkt wurde unterließ er den Besuch.

Nichts, nichts, nichts. Schwäche, Selbstvernichtung, durch den Boden gedrungene Spitze einer Höllenflamme.

23 VIII ⟨*Juli*⟩ 13 Mit Felix in Rostock. Die geplatzte Sexualität der Frauen. Ihre natürliche Unreinheit. Das für mich sinnlose Spiel mit dem kleinen Lenchen. Der Anblick der einen dicken Frau, die zusammengekrümmt in einen Korbstuhl, den einen Fuß auffällig zurückgeschoben, irgendetwas nähte und mit einer alten Frau, wahrscheinlich einer alten Jungfer, deren Gebiß auf einer Seite des Mundes immer in besonderer Größe erschien, sich unterhielt. Die Vollblütigkeit und Klugheit der schwangern Frau. Ihr Hintere mit geraden abgeteilten Flächen, förmlich facettiert. Das Leben auf der kleinen Terasse. Wie ich ganz kalt die Kleine auf den Schoß nahm, gar nicht unglücklich über die Kälte. Der Aufstieg im »stillen Tal«

Wie kindisch ein Spengler, durch die offene Tür des Geschäftes zu sehn, bei seiner Arbeit sitzt und immerfort mit dem Hammer klopft

Roskoff, Geschichte des Teufels: Bei den jetzigen Karaiben gilt »der, welcher in der Nacht arbeitet« als der Schöpfer der Welt.

13. Aug. ⟨*1913*⟩ Vielleicht ist nun alles zuende und mein gestriger Brief der letzte. Es wäre unbedingt das Richtige. Was ich leiden werde, was sie leiden wird – es ist nicht zu

vergleichen mit dem gemeinsamen Leid, das entstehen würde. Ich werde mich langsam sammeln, sie wird heiraten, es ist der einzige Ausweg unter Lebendigen. Wir zwei können nicht für uns zwei einen Weg in einen Felsen schlagen, es ist genug, daß wir ein Jahr lang daran geweint und uns abgequält haben. Sie wird es aus meinen letzten Briefen einsehn. Wenn nicht, dann werde ich sie gewiß heiraten, denn ich bin zu schwach, ihrer Meinung über unser gemeinsames Glück zu widerstehn und außerstande, etwas was sie für möglich hält, nicht zu verwirklichen, soweit es an mir liegt.

Gestern abend auf dem Belvedere unter den Sternen.

---

14. ⟨*August 1913*⟩ Es ist das Gegenteil eingetroffen. Es kamen drei Briefe. Dem letzten konnte ich nicht widerstehn. Ich habe sie lieb, soweit ich dessen fähig bin aber diese Liebe liegt zum Ersticken begraben unter Angst und Selbstvorwürfen.

Folgerungen aus dem »Urteil« für meinen Fall. Ich verdanke die Geschichte auf Umwegen ihr. Georg geht aber an der Braut zugrunde.

Der Coitus als Bestrafung des Glückes des Beisammenseins. Möglichst asketisch leben, asketischer als ein Junggeselle, das ist die einzige Möglichkeit für mich, die Ehe zu ertragen. Aber sie?

Und trotz allem, wären wir, ich und Felice, vollständig gleichberechtigt, hätten wir gleiche Aussichten, und Möglichkeiten, ich würde nicht heiraten. Aber diese Sackgasse, in die ich ihr Schicksal langsam geschoben habe, macht es mir zur unausweichlichen, wenn auch durchaus nicht etwa unübersehbaren Pflicht. Irgend ein geheimes Gesetz der menschlichen Beziehungen wirkt hier.

Der Brief an die Eltern machte mir große Schwierigkeiten besonders deshalb, weil ein unter besonders ungünstigen Umständen abgefaßtes Concept sich lange nicht abändern lassen wollte. Heute ist es mir doch beiläufig gelungen, wenigstens steht keine Unwahrheit darin und es bleibt doch auch für Eltern lesbar und begreiflich.

Wie kalt ich heute abend – Oskar und die Frau waren nicht zuhause – mit dem vermeintlich von mir geliebten Leo spielte. Er war mir widerlich fremd und dumm.

---

15 ⟨*August 1913*⟩ Qualen im Bett gegen Morgen. Einzige Lösung im Sprung aus dem Fenster gesehn. Die Mutter kam zum Bett und fragte, ob ich den Brief abgeschickt habe und ob es mein alter Text gewesen sei. Ich sagte, es wäre der alte Text, nur noch verschärfter. Sie sagte, sie verstehe mich nicht. Ich antwortete, sie verstehe mich allerdings nicht und nicht etwa nur in dieser Sache. Später fragte sie mich, ob ich dem Onkel Alfred schreiben werde, er verdiene es, daß ich ihm schreibe. Ich fragte, wodurch er es verdiene. Er hat telegraphiert, er hat geschrieben, er meint es so gut mit Dir. »Das sind nur Äußerlichkeiten« sagte ich »er ist mir ganz

fremd, er mißversteht mich vollständig, er weiß nicht, was ich will und brauche, ich habe nichts mit ihm zu tun.« »Also keiner versteht Dich« sagte die Mutter »ich bin Dir wahrscheinlich auch fremd, und der Vater auch. Wir alle wollen also nur Dein Schlechtes.« »Gewiß Ihr seid mir alle fremd, nur die Blutnähe besteht, aber sie äußert sich nicht. Mein Schlechtes wollt Ihr gewiß nicht.«

Durch dieses und durch einige andere Selbstbeobachtungen bin ich dazu geführt worden, daß in meiner immer größer werdenden innern Bestimmtheit und Überzeugtheit Möglichkeiten liegen, in einer Ehe trotz allem bestehen zu können, ja sie sogar zu einer für meine Bestimmung vorteilhaften Entwicklung zu führen. Es ist das allerdings ein Glaube, den ich gewissermaßen schon auf der Fensterkante fasse.

Ich werde mich bis zur Besinnungslosigkeit von allen absperren. Mit allen mich verfeinden, mit niemandem reden. –

Der Mann mit den dunklen, streng blickenden Augen, der den Haufen alter Mäntel auf der Achsel trug.

Leopold S.	großer starker Mann, ungelenke ziehende Bewegungen, lose hängende, faltige, schwarzweiß karrierte Kleider eilt durch die Tür rechts in das große Zimmer, schlägt in die Hände und ruft Felice! Felice! Ohne einen Augenblick auf den Erfolg seines Rufens zu warten, eilt er zur Mitteltür, die er, wieder Felice rufend, öffnet.
Felice S.	tritt durch die linke Tür ein, bleibt an der Türe stehn, 40jährige Frau in Küchenschürze

Hier bin ich schon Leo. Wie Du nervös geworden bist in der letzten Zeit! Was willst Du denn?

Leopold. dreht sich mit einem Ruck um, bleibt dann stehn und nagt an den Lippen

Nun also! Komm doch her! (er geht zum Kanapee)

F. (rührt sich nicht) Schnell! Was willst Du? Ich muß doch in die Küche.

L. (vom Kanapee aus) Laß die Küche! Komm her! Ich will Dir etwas Wichtiges sagen. Es steht dafür. Komm doch!

F. (geht langsam hin, zieht die Tragbänder der Schürze in die Höhe)

Nun was ist es denn so Wichtiges? Wenn Du mich zum Narren hältst, bin ich bös, aber ernstlich. (Bleibt vor ihm stehn)

L. Also setz Dich doch!

F. Und wie wenn ich nicht will.

L. Dann kann ich es Dir nicht sagen. Ich muß Dich nahe bei mir haben.

F. Nun sitze ich also schon.

---

21 VIII 13

Ich habe heute Kierkegaard Buch des Richters bekommen. Wie ich es ahnte, ist sein Fall trotz wesentlicher Unterschiede dem meinen sehr ähnlich zumindest liegt er auf der gleichen Seite der Welt. Er bestätigt mich wie ein Freund. Ich entwerfe folgenden Brief an den Vater, den ich morgen wenn ich die Kraft habe, wegschicken will.

Sie zögern mit der Beantwortung meiner Bitte, das ist ganz verständlich, jeder Vater würde es jedem Bewerber gegenüber tun, das veranlaßt diesen Brief also ganz und gar nicht, äußersten Falls vergrößert es meine Hoffnung auf ruhige Würdigung dieses Briefes. Diesen Brief aber schreibe ich aus Furcht, daß Ihr Zögern oder Ihre Überlegung mehr allgemeine Gründe hat, als daß es, wie es allein notwendig wäre, von jener einzigen Stelle meines ersten Briefes ausgeht, die mich verraten konnte. Es ist dies die Stelle, die von der Unerträglichkeit meines Postens handelt.

Sie werden vielleicht über dieses Wort hinweggehn, aber das sollen Sie nicht, Sie sollen vielmehr ganz genau danach fragen, dann müßte ich Ihnen genau und kurz folgendes antworten. Mein Posten ist mir unerträglich, weil er meinem einzigen Verlangen und meinem einzigen Beruf das ist der Litteratur widerspricht. Da ich nichts anderes bin als Litteratur und nichts anderes sein kann und will, so kann mich mein Posten niemals zusich reißen, wohl aber kann er mich gänzlich zerrütten. Davon bin ich nicht weit entfernt. Nervöse Zustände schlimmster Art beherrschen mich, ohne auszusetzen und dieses Jahr der Sorgen und Quälereien um meine und Ihrer Tochter Zukunft hat meine Widerstandlosigkeit vollständig erwiesen. Sie könnten fragen, warum ich diesen Posten nicht aufgebe und mich – Vermögen besitze ich nicht – nicht von litterarischen Arbeiten zu erhalten suche. Darauf kann ich nur die erbärmliche Antwort geben, daß ich nicht die Kraft dazu habe und, soweit ich meine Lage überblicke, eher in diesem Posten zugrundegehen, aber allerdings rasch zugrundegehen werde.

Und nun stellen Sie mich Ihrer Tochter gegenüber, diesem gesunden, lustigen, natürlichen kräftigen Mädchen. So oft ich es ihr auch in etwa 500 Briefen wiederholte und so oft sie mich mit einem allerdings nicht überzeugend begründeten »Nein« beruhigte – es bleibt doch wahr, sie muß mit mir unglücklich werden, so weit ich es absehn kann. Ich bin nicht nur durch meine äußerlichen Verhältnisse, sondern noch viel mehr durch mein eigentliches Wesen ein verschlossener, schweigsamer ungeselliger unzufriedener Mensch, ohne dies aber für mich als ein Unglück bezeichnen zu können, denn es ist nur der Widerschein meines Zieles. Aus meiner Lebensweise, die ich zuhause führe, lassen sich doch wenigstens Schlüsse ziehn. Nun ich lebe in meiner Familie, unter den besten und liebevollsten Menschen, fremder als ein Fremder. Mit meiner Mutter habe ich in den letzten Jahren durchschnittlich nicht zwanzig Worte täglich gesprochen, mit meinem Vater kaum jemals mehr als Grußworte gewechselt. Mit meinen verheirateten Schwestern und den Schwägern, spreche ich gar nicht, ohne etwa mit ihnen böse zu sein. Der Grund dessen ist einfach der, daß ich mit ihnen nicht das aller Geringste zu sprechen habe. Alles was nicht Litteratur ist, langweilt mich und ich hasse es, denn es stört mich oder hält mich auf, wenn auch nur vermeintlich. Für Familienleben fehlt mir daher jeder Sinn außer der des Beobachters im besten Fall. Verwandtengefühl habe ich keines, in Besuchen sehe ich förmlich gegen mich gerichtete Bosheit.

Eine Ehe könnte mich nicht verändern, ebenso wie mich mein Posten nicht verändern kann.

---

30 VIII 13 Wo finde ich Rettung? Wieviel Unwahrheiten, von denen ich gar nicht mehr wußte, werden mit heraufgeschwemmt. Wenn die wirkliche Verbindung von ihnen ebenso durchzogen würde, wie der wirkliche Abschied dann habe ich sicher recht getan. In mir selbst gibt es ohne menschliche Beziehung keine sichtbaren Lügen. Der begrenzte Kreis ist rein.

14. X 13.

Die kleine Gasse begann mit der Mauer eines Kirchhofes auf der einen und einem niedrigen Hause mit einem Balkon auf der andern Seite. In dem Hause wohnte der pensionierte Beamte Friedrich Munch und seine Schwester Elisabeth.

Ein Trupp Pferde brach aus der Umzäumung.

Zwei Freunde machten einen Morgenritt.

»Teufel, rettet mich aus der Umnachtung!« rief ein alter Kaufmann, der sich am Abend müde auf das Kanapee gelegt hatte und nun in der Nacht nur mit Sammlung aller Kräfte schwer sich erhob. Es klopfte dumpf an die Tür. »Herein, herein, alles, was draußen ist!« rief er

---

15. X 13 Ich habe mich vielleicht wieder aufgefangen, bin wieder vielleicht im Geheimen einen kürzern Weg gelaufen und halte mich, der ich im Alleinsein schon verzweifle, wieder an. Aber die Kopfschmerzen, die Schlaflosigkeit! Nun es steht für den Kampf oder vielmehr, ich habe keine Wahl.

Der Aufenthalt in Riva hatte für mich eine große Wichtigkeit. Ich verstand zum ersten Mal ein christliches Mädchen und lebte fast ganz in seinem Wirkungskreis. Ich bin unfähig etwas für die Erinnerung Entscheidendes darüber aufzuschreiben. Nur um sich zu erhalten macht mir meine Schwäche lieber den dumpfen Kopf klar und leer, soweit sich die

Verworrenheit an die Ränder drücken läßt. Mir ist aber dieser Zustand fast lieber, als das bloß dumpfe und ungewisse Andrängen, zu dessen überdies unsichern Befreiung ein Hammer nötig wäre, der mich vorher zerschlägt.

Mißlungener Versuch an E. Weiß zu schreiben. Und gestern im Bett hat mir der Brief im Kopf gekocht.

In der Ecke einer Elektrischen sitzen, den Mantel um mich geschlagen.

Der Prof. Grünwald auf der Reise von Riva. Seine an den Tod erinnernde deutsch-böhmische Nase, angeschwollene, gerötete, blasentreibende Backen eines auf blutleere Magerkeit angelegten Gesichtes, der blonde Vollbart ringsherum. Von der Freß- und Trinksucht besessen. Das Einschlucken der heißen Suppe, das Hineinbeißen und gleichzeitige Ablekken des nicht abgeschälten Salamistumpfes, das schluckweise ernste Trinken des schon warmen Bieres, das Ausbrechen des Schweißes um die Nase herum. Eine Widerlichkeit, die durch gierigstes Anschauen und Beriechen nicht auszukosten ist.

Das Haus war schon geschlossen. In zwei Fenstern des zweiten Stockwerkes war Licht und dann noch in einem Fenster des vierten Stockwerkes. Ein Wagen hielt vor dem Hause. An das beleuchtete Fenster im vierten Stockwerk trat ein junger Mann, öffnete es und sah auf die Gasse hinunter. Im Mondlicht

Es war schon spät abend. Der Student hatte gänzlich die Lust verloren, noch weiter zu arbeiten. Es war auch gar nicht nötig, er hatte in den letzten Wochen wirklich große Fortschritte gemacht, er konnte wohl ein wenig ausruhn und die Nachtarbeit einschränken. Er schloß seine Bücher und Hefte, ordnete alles auf seinem kleinen Tisch und wollte sich ausziehn, um schlafen zu gehn. Zufällig sah er aber zum Fenster hin und es kam ihm beim Anblick des klaren Vollmondes der Einfall, in der schönen Herbstnacht noch einen kleinen Spaziergang zu machen und sich möglicherweise irgendwo mit einem schwarzen Kaffee zu stärken. Er löschte die Lampe aus, nahm den Hut und öffnete die Tür zur Küche. Im allgem. war es ihm ganz gleichgültig, daß er immer durch die Küche gehen mußte, auch verbilligte diese Unbequemlichkeit sein Zimmer um ein Bedeutendes, aber hie und da wenn in der Küche besonderer Lärm war oder wenn er wie heute z. B. spät abend weggehn wollte, war es doch lästig.

Trostlos. Heute im Halbschlaf am Nachmittag: Schließlich muß mir doch das Leid den Kopf sprengen. Undzwar an den Schläfen. Was ich bei dieser Vorstellung sah, war eigentlich eine Schußwunde, nur waren um das Loch herum die Ränder mit scharfen Kanten aufrecht aufgestülpt, wie bei einer wild aufgerissenen Blechbüchse.

An Krapotkin nicht vergessen!

---

20. X 13. Die unausdenkliche Traurigkeit am Morgen. Abend Jakobsohn »Der Fall Jakobsohn« gelesen. Diese Kraft

zu leben, sich zu entscheiden, den Fuß mit Lust auf den richtigen Ort zu setzen. Er sitzt in sich wie ein meisterhafter Ruderer in seinem Boot und in jedem Boot sitzen würde. Ich wollte ihm schreiben. Gieng statt dessen spazieren, verwischte alles aufgenommene Gefühl durch ein Gespräch mit Haas, den ich traf, Weiber erregten mich, nun las ich zuhause »die Verwandlung« und finde sie schlecht. Vielleicht bin ich wirklich verloren, die Traurigkeit von heute morgen wird wiederkommen, ich werde ihr nicht lange widerstehen können, sie nimmt mir jede Hoffnung. Ich habe nicht einmal Lust ein Tagebuch zu führen, vielleicht weil darin schon zuviel fehlt, vielleicht weil ich immerfort nur halbe und allem Anschein nach <u>notwendig</u> halbe Handlungsweise beschreiben müßte, vielleicht weil selbst das Schreiben zu meiner Traurigkeit beiträgt. Gerne wollte ich Märchen (warum hasse ich das Wort so?) schreiben, die der W. gefallen könnten und die sie einmal beim Essen unter dem Tisch hält, in den Pausen liest und fürchterlich errötet, als sie bemerkt, daß der Sanatoriumsarzt schon ein Weilchen hinter ihr steht und sie beobachtet. Manchmal, eigentlich immer ihre Erregung beim Erzählen (ich fürchte wie ich merke die förmlich physische Anstrengung beim Sicherinnern, den Schmerz, unter dem der Boden des gedankenleeren Raumes sich langsam öffnet oder auch nur erst ein wenig sich wölbt) Alles wehrt sich gegen das Aufgeschriebenwerden. Wüßte ich, daß darin ihr Gebot wirkt, nichts über sie zu sagen (ich habe es streng, fast ohne Mühe gehalten) dann wäre ich zufrieden, aber es ist nichts als Unfähigkeit. Was meine ich übrigens dazu, daß ich heute abend eine ganze Wegstrecke lang darüber nachdachte was ich durch die Bekanntschaft mit der W. an Freuden mit der Russin eingebüßt habe, die mich vielleicht, was durchaus nicht ausgeschlossen ist, nachts in ihr Zimmer eingelassen hätte, das schief gegenüber dem meinigen lag. Während mein abendlicher Verkehr mit der W. darin bestand, daß ich in einer Klopfsprache, zu deren endgiltiger Besprechung wir niemals kamen, an die Decke meines unter ihrem Zimmer liegenden Zimmers klopfte, ihre Antwort empfing, mich aus dem Fenster beugte, sie grüßte, einmal mich von ihr segnen ließ, einmal nach einem herabgelassenen Bande haschte, stundenlang auf der Fensterbrüstung saß, jeden ihrer Schritte oben hörte, jedes zufällige Klopfen als ein Verständigungszeichen irriger Weise auffaßte, ihren Husten hörte, ihr Singen vor dem Einschlafen.

---

21. *⟨Oktober 1913⟩* Verlorener Tag. Besuch der Ringhofferschen Fabrik Seminar Ehrenfels, bei Weltsch, Nachtmahl, Spaziergang, jetzt 10 Uhr hier. Ich denke immerfort an den Schwarzkäfer, werde aber nicht schreiben.

Im kleinen Hafen eines Fischerdorfes wurde eine Barke zur Fahrt ausgerüstet. Ein junger Mann in Plunderhosen beaufsichtigte die Arbeiten. Zwei alte Matrosen trugen Säcke und Kisten bis zu einer Anlegebrücke, wo ein großer Mann mit auseinandergestemmten Beinen alles in Empfang nahm und irgendwelchen Händen überantwortete, die sich aus dem dunklen Innern der Barke ihm entgegenstreckten. Auf großen Quadersteinen, die einen Winkel des Quais umfaßten saßen halb liegend fünf Männer und bliesen den Rauch ihrer Pfeifen nach allen Seiten. Von Zeit zu Zeit kam der Mann in Plunderhosen zu ihnen, hielt eine Ansprache und klopfte ihnen auf die Knie. Gewöhnlich wurde hinter einem Stein eine Weinkanne, die dort im Schatten aufbewahrt wurde, hervorgeholt und ein Glas mit undurchsichtigem roten Wein wanderte von Mann zu Mann.

22. *⟨Oktober 1913⟩* zu spät. Die Süßigkeit der Trauer und der Liebe. Von ihr angelächelt werden im Boot. Das war das Allerschönste. Immer nur das Verlangen zu sterben und das Sich-noch-halten, das allein ist Liebe.

Gestrige Beobachtung. Die für mich passendste Situation: Einem Gespräch zweier Leute zuhören, die eine Angelegenheit besprechen, die sie nahe angeht, während ich an ihr nur einen ganz fernen Anteil habe, der überdies vollständig selbstlos ist.

26. *⟨Oktober 1913⟩* Die Familie saß beim Abendessen. Durch die vorhanglosen Fenster sah man in die tropische Nacht.

Es war ein stiller warmer Abend. Die Dorfstraße war ganz vom Mond

---

Die Familie saß beim Abendessen. Durch die vorhanglosen Fensterlöcher sah man in die tropische Nacht hinaus.

»Wer bin ich denn?« fuhr ich mich an. Ich erhob mich von dem Kanapee, auf dem ich mit hochgezogenen Knien gelegen war, und setzte mich aufrecht. Die Tür die gleich vom Treppenhaus in mein Zimmer führte, öffnete sich und ein junger Mann mit gesenktem Gesicht und prüfendem Blick trat ein. Er machte, soweit es im engen Zimmer möglich war, einen Bogen um das Kanapee und blieb in der Ecke neben dem Fenster im Dunkel stehn. Ich wollte nachsehn, was das für eine Erscheinung war, gieng hin und faßte den Mann beim Arm. Es war ein lebendiger Mensch. Er sah – ein wenig kleiner als ich – lächelnd zu mir hinauf, schon die Sorglosigkeit mit der er nickte und sagte »Prüfen Sie mich nur« hätte mich überzeugen sollen. Trotzdem ergriff ich ihn vorn bei der Weste und hinten beim Rock und schüttelte ihn. Seine schöne starke goldene Uhrkette fiel mir auf, ich packte sie und zerrte sie herunter, daß das Knopfloch zerriß, an dem sie befestigt war. Er duldete es, sah nur auf den Schaden hinunter und versuchte nutzlos den Westenknopf in dem zerrissenen Knopfloch festzuhalten. Was tust Du? sagte er endlich und zeigte mir die Weste. »Nur Ruhe!« sagte ich drohend.

Ich fieng an im Zimmer herumzulaufen, aus Schritt kam ich in Trab, aus Trab in Galopp, immer wenn ich den Mann passiert, erhob ich gegen ihn die Faust. Er sah mir gar nicht zu sondern arbeitete noch immer an seiner Weste. Ich fühlte mich sehr frei, schon meine Atmung gieng in außergewöhnlicher Weise vor sich, meine Brust fühlte nur in den Kleidern ein Hindernis sich riesenhaft zu heben.

Schon viele Monate beabsichtigte Wilhelm Menz, ein junger Buchhalter, ein Mädchen anzusprechen, das er regelmäßig am Morgen auf dem Weg in das Bureau in einer sehr langen Gasse einmal an dieser einmal an jener Stelle zu treffen pflegte. Er hatte sich schon damit abgefunden, daß es bei dieser Absicht bleiben würde – er war sehr wenig entschlossen Frauen gegenüber und der Morgen war auch eine ungünstige Zeit, um ein eilendes Mädchen anzusprechen – da traf es sich, daß er eines abends – es war um die Weihnachtszeit – knapp vor sich das Mädchen gehen sah. »Fräulein« sagte er. Sie drehte sich um, erkannte den Mann, den sie immer am Morgen zu treffen pflegte, ließ ohne stehen zu bleiben den Blick ein wenig auf ihm ruhn und wandte sich, da Menz nichts weiter sagte, wieder ab. Sie waren in einer hellbeleuchteten Gasse inmitten großen Menschengedränges und Menz konnte, ohne aufzufallen, ganz nahe an sie herantreten. Irgendetwas Passendes zu sagen, wollte in diesem entscheidenden Augenblick Menz nicht einfallen, fremd wollte er dem Mädchen aber auch nicht bleiben, denn etwas so ernstlich begonnenes wollte er unbedingt weiterführen, und so wagte er es, das Mädchen unten an der Jacke zu zupfen. Das Mädchen duldete es, als sei nichts geschehn.

---

6. XI 13 Woher die plötzliche Zuversicht? Bliebe sie doch! Könnte ich so ein- und ausgehn durch alle Türen als ein halbwegs aufrechter Mensch. Nur weiß ich nicht, ob ich das will.

Margarethe Bloch, Ehrenstein

Wir wollten den Eltern nichts davon sagen, aber jeden Abend nach 9 Uhr versammelten wir uns ich und zwei Vettern am Friedhofsgitter an einer Stelle, wo eine kleine Erderhöhung einen guten Überblick ermöglichte.

Das Eisengitter des Friedhofs läßt links einen großen grasbewachsenen Platz frei.

Friedrich: Ich hab's satt.

Wilhelm:

17 November 13

Traum: Auf einem ansteigenden Weg lag etwa in der Mitte der Steigung undzwar hauptsächlich in der Fahrbahn von unten gesehn links beginnend Unrat oder festgewordener Lehm, der gegen rechts hin durch Abbröckelung immer niedriger geworden war, während er links hoch wie Palissaden eines Zaunes stand. Ich gieng rechts wo der Weg fast frei war und sah auf einem Dreirad einen Mann von unten mir entgegenkommen und scheinbar geradewegs gegen das Hindernis fahren. Es war ein Mann wie ohne Augen zumindest sahen seine Augen wie verwischte Löcher aus. Das Dreirad war wackelig, fuhr zwar entsprechend unsicher und gelokkert, aber doch geräuschlos, fast übertrieben still und leicht. Ich faßte den Mann im letzten Augenblick, hielt ihn als wäre er die Handhabe seines Fahrzeugs und lenkte dieses in die Bresche durch die ich gekommen war. Da fiel er gegen mich hin, ich war nun riesengroß und hielt ihn doch nur in einer gezwungenen Haltung, zudem begann das Fahrzeug als sei es nun herrenlos zurückzufahren, wenn auch langsam und zog mich mit. Wir kamen an einem Leiterwagen vorüber auf dem einige Leute gedrängt standen, alle dunkel gekleidet, unter ihnen war ein Pfadfinderjunge mit hellgrauem aufgekrempelten Hut. Von diesem Jungen, den ich schon aus einiger Entfernung erkannt hatte, erwartete ich Hilfe, aber er wendete sich ab und drückte sich zwischen die Leute. Dann kam hinter diesem Leiterwagen – das Dreirad rollte immer weiter und ich mußte tief hinabgebückt mit gespreizten Beinen nach – jemand mir entgegen, der mir Hilfe brachte, an den ich mich aber nicht erinnern kann. Nur das weiß ich, daß es ein vertrauenswürdiger Mensch war, der sich jetzt wie hinter einem schwarzen ausgespannten Stoff verbirgt und dessen Verborgensein ich achten soll.

---

18 ⟨*November 1913*⟩ Ich werde wieder schreiben, aber wie viele Zweifel habe ich inzwischen an meinem Schreiben gehabt. Im Grunde bin ich ein unfähiger unwissender Mensch, der wenn er nicht gezwungen, ohne jedes eigene Verdienst, den Zwang kaum merkend, in die Schule gegangen wäre, gerade imstande wäre in einer Hundehütte zu hokken, hinauszuspringen, wenn ihm Fraß gereicht wird und zurückzuspringen, wenn er es verschlungen hat.

Zwei Hunde liefen auf einem stark von der Sonne beschienenen Hof aus entgegengesetzten Richtungen gegeneinander.

18. ⟨*November 1913*⟩ Den Anfang eines Briefes an Frl. Bloch mir abgequält.

19 ⟨*November 1913*⟩
Mich ergreift das Lesen des Tagebuchs. Ist der Grund dessen, daß ich in der Gegenwart jetzt nicht die geringste Sicherheit mehr habe. Alles erscheint mir als Konstruktion. Jede Bemerkung eines andern, jeder zufällige Anblick wälzt alles in mir, selbst Vergessenes, ganz und gar Unbedeutendes, auf eine andere Seite. Ich bin unsicherer als ich jemals war, nur die Gewalt des Lebens fühle ich. Und sinnlos leer bin ich. Ich bin wirklich wie ein verlorenes Schaf in der Nacht und im Gebirge oder wie ein Schaf, das diesem Schaf nachläuft. So verloren zu sein und nicht die Kraft haben, es zu beklagen.

Ich gehe absichtlich durch die Gassen, wo Dirnen sind. Das Vorübergehn an ihnen reizt mich, diese ferne aber immerhin bestehende Möglichkeit mit einer zu gehn. Ist das Gemeinheit? Ich weiß aber nichts besseres und das Ausführen dessen scheint mir im Grunde unschuldig und macht mir fast keine Reue. Ich will nur die dicken ältern, mit veralteten aber gewissermaßen durch verschiedene Behänge üppigen Kleidern. Eine Frau kennt mich wahrscheinlich schon. Ich traf sie heute nachmittag, sie war noch nicht in Berufskleidung, die Haare lagen noch am Kopf an, sie hatte keinen Hut, eine Arbeitsbluse wie Köchinnen und trug irgendeinen Ballen vielleicht zur Wäscherin. Kein Mensch hätte etwas Reizendes an ihr gefunden, nur ich. Wir sahen einander flüchtig an. Jetzt abend, es ist inzwischen kalt geworden, sah ich sie in einem anliegenden, gelblich braunen Mantel auf der andern Seite der engen von der Zeltnergasse abzweigenden Gasse, wo sie ihre Promenade hat. Ich sah zweimal nach ihr zurück, sie faßte auch den Blick, aber dann lief ich ihr eigentlich davon.

Die Unsicherheit geht gewiß von den Gedanken an F. aus.

---

20. *⟨November 1913⟩* Im Kino gewesen. Geweint. »Lolotte«. Der gute Pfarrer. Das kleine Fahrrad. Die Versöhnung der Eltern. Maßlose Unterhaltung. Vorher trauriger Film »Das Unglück im Dock« nachher lustiger »Endlich allein«. Bin ganz leer und sinnlos, die vorüberfahrende Elektrische hat mehr lebendigen Sinn.

21. *⟨November 1913⟩*

Traum: Das französische Ministerium, vier Männer, sitzt um einen Tisch. Es findet eine Beratung statt. Ich erinnere mich an den an der rechten Längsseite sitzenden Mann mit einem im Profil flach gedrückten Gesicht, gelblicher Hautfarbe, weit vorspringender (infolge des Plattgedrücktseins) so weit vorspringender ganz gerader Nase und einem ölig schwarzen, den Mund überwölbenden, starken Schnurrbart.

Klägliche Beobachtung, die gewiß wieder von einer Konstruktion ausgeht, deren unterstes Ende irgendwo im Leeren schwebt: Als ich das Tintenfaß vom Schreibtisch nahm, um es ins Wohnzimmer zu tragen, fühlte ich irgendeine Festigkeit in mir, so wie z. B. die Kante eines großen Gebäudes im Nebel erscheint und gleich verschwindet. Ich fühlte mich nicht verloren, etwas wartete in mir, unabhängig von Menschen selbst von Felice. Wie nun, wenn ich davon wegliefe, so wie z. B. einer einmal in die Felder lauft.

Dieses Voraussagen, dieses sich nach Beispielen richten, diese bestimmte Angst ist lächerlich. Das sind Konstruktionen, die selbst in der Vorstellung in der allein sie herrschen, nur fast bis zur lebendigen Oberfläche kommen, aber immer mit einem Ruck überschwemmt werden müssen. Wer hat die Zauberhand, daß er sie in die Maschinerie steckte und sie würde nicht durch tausend Messer zerrissen und verstreut.

Ich bin auf der Jagd nach Konstruktionen. Ich komme in ein Zimmer und finde sie in einem Winkel weißlich durcheinandergehn.

---

24. November 13 Vorgestern abend bei Max. Er wird immer fremder, mir war er es schon oft, nun werde ich es auch

ihm. Gestern abend einfach ins Bett gelegt. Traum gegen Morgen: Ich sitze im Garten eines Sanatoriums beim langen Tisch, sogar am Kopfende, so daß ich im Traum eigentlich meinen Rücken sehe. Es ist ein trüber Tag, ich muß wohl einen Ausflug gemacht haben und bin in einem Automobil, das im Schwung bei der Rampe vorfuhr, vor kurzem angekommen. Man soll gerade das Essen auftragen, da sehe ich eine der Bedienerinnen, ein junges zartes Mädchen, in sehr leichtem oder aber schwankendem Gang, mit einem Kleid in Herbstblätterfarben, durch die Säulenhalle, die als Vorbau des Sanatoriums diente herankommen und in den Garten herabsteigen. Ich weiß noch nicht, was sie will, aber zeige doch fragend auf mich, um zu erfahren, ob sie mich meine. Sie bringt mir wirklich einen Brief. Ich denke das kann nicht der Brief sein, den ich erwarte, es ist ein ganz dünner Brief und eine fremde dünne unsichere Schrift. Aber ich öffne ihn und es kommt eine große Anzahl dünner vollbeschriebener Papiere heraus, allerdings ist auf allen die fremde Schrift. Ich fange zu lesen an, blättere in den Papieren und erkenne daß es doch ein sehr wichtiger Brief sein muß und offenbar von F.'s jüngster Schwester ist. Ich fange mit Begierde zu lesen an, da sieht mir mein rechter Nachbar, ich weiß nicht ob Mann oder Frau, wahrscheinlich ein Kind, über meinen Arm in den Brief. Ich schreie: »Nein!« Die Tafelrunde nervöser Leute fängt zu zittern an. Ich habe wahrscheinlich ein Unglück angerichtet. Ich versuche mit einigen raschen Worten mich zu entschuldigen, um wieder gleich lesen zu können. Ich beuge mich auch wieder zu meinem Brief, da erwache ich unweigerlich, wie von meinem eigenen Schrei geweckt. Ich zwinge mich bei klarem Bewußtsein mit Gewalt wieder in den Schlaf zurück, die Situation zeigt sich tatsächlich wieder, ich lese noch rasch zwei drei nebelhafte Zeilen des Briefes, von denen ich nichts behalten habe und verliere im weitern Schlaf den Traum.

Der alte Kaufmann, ein riesiger Mann, stieg mit einknikkenden Knien, das Geländer mit der Hand nicht haltend sondern pressend die Stiegen zu seiner Wohnung hinauf. Vor der Zimmertür einer vergitterten Glastür wollte er wie immer den Schlüsselbund aus der Hosentasche ziehn, da bemerkte er in einem dunklen Winkel einen jungen Mann, der nun eine Verbeugung machte. »Wer sind Sie? Was wollen Sie?« fragte der Kaufmann noch stöhnend von der Anstrengung des Steigens. »Sind Sie der Kaufmann Messner?« fragte der junge Mann. Ja sagte der Kaufmann. »Dann habe ich Ihnen eine Mitteilung zu machen. Wer ich bin, ist eigentlich hier gleichgültig denn ich bin selbst an der Sache gar nicht beteiligt, bin nur Überbringer der Nachricht. Trotzdem stelle ich mich vor, ich heiße Kette und bin Student.« »So sagte Messner und dachte ein Weilchen nach. Nun und die Nachricht?« sagte er dann. »Das besprechen wir besser im Zimmer« sagte der Student »es ist eine Sache, die sich nicht auf der Treppe abtun läßt.« »Ich wüßte von keiner derartigen Nachricht, die ich zu bekommen hätte« sagte Messner und sah seitwärts auf den Boden. »Das mag sein« sagte der Student. »Übrigens« sagte Messner »jetzt ist 11 Uhr nachts vorüber, kein Mensch wird uns hier zuhören.« »Nein antwortete der Student ich kann es hier unmöglich sagen.« »Und ich« sagte Messner »empfange in der Nacht keine Gäste« und er steckte den Schlüssel so stark ins Schloß, daß die übrigen Schlüssel im Bund noch eine Zeitlang klirrten. »Ich warte hier doch schon seit 8 Uhr, drei Stunden« sagte der Student. »Das beweist nur, daß die Nachricht für Sie wichtig ist. Ich aber will keine Nachrichten haben. Jede Nachricht, die mir erspart wird, ist ein Gewinn. Ich bin nicht neugierig, gehn Sie nur, gehn Sie.« Er faßte den Studenten bei seinem dünnen Überrock und schob ihn ein Stück fort. Dann öffnete er ein wenig die Tür des Zimmers, aus dem eine übergroße Hitze in den kalten Flur drang. »Ist es übrigens eine geschäftliche Nachricht« fragte er dann noch, schon in der offenen Türe stehend. »Auch das kann ich hier nicht sagen« sagte der Student. »Dann wünsche ich Ihnen eine gute Nacht« sagte Messner, gieng in sein Zimmer, sperrte die Türe mit dem Schlüssel zu, drehte das Licht der elektrischen Bettlampe auf, füllte an einem kleinen Wandschrank der mehrere Likörflaschen enthielt ein Gläschen, trank es schnalzend aus und begann sich auszuziehn. Gerade wollte er an die hohen Kissen gelehnt eine Zeitung zu lesen beginnen, da schien es ihm als klopfe jemand leise an der Tür. Er legte die Zeitung auf die Bettdecke zurück, kreuzte die Arme und horchte. Tatsächlich klopfte es wieder undzwar ganz leise und förmlich ganz unten an der Tür. »Wirklich, ein zudringlicher Affe« dachte Messner. Als das Klopfen aufhörte, nahm er wieder die Zeitung vor. Aber nun klopfte es stärker und polterte geradezu gegen die Tür. Wie Kinder zum Spiel die Schläge über die ganze Tür verteilen, so klopfte es, bald unten dumpf ans Holz bald oben hell ans Glas. Ich werde aufstehn müssen dachte kopfschüttelnd Messner. Den Hausmeister kann ich nicht antelephonieren, denn der Apparat ist drüben im Vorzimmer und ich müßte die Wirtin wekken, um hinzukommen. Es bleibt nichts übrig, als daß ich den Jungen eigenhändig die Treppe hinunterwerfe. Er zog eine Filzmütze über den Kopf, streifte die Decke zurück, schob sich mit aufgestemmten Händen zum Bettrand setzte langsam die Füße auf den Boden und zog wattierte hohe Hausschuhe an. »Nun also« dachte er und faßte, an der Oberlippe kauend, die Tür ins Auge »jetzt ist es wieder still.« Aber ich muß mir endgültig Ruhe verschaffen sagte er sich dann, zog aus einem Gestell einen Stock mit Hornknopf, ergriff ihn in der Mitte und gieng zur Tür. »Ist noch jemand draußen?« fragte er an der geschlossenen Tür. »Ja« antwortete es »bitte öffnen Sie nur.« »Ich öffne« sagte Messner, öffnete und trat mit dem Stock vor die Tür. »Schlagt mich nicht!« sagte

27 XI ⟨*1913*⟩

der Student warnend und trat einen Schritt zurück. »Dann geht!« sagte Messner und fuhr mit dem Zeigefinger in der Richtung zur Treppe. Aber ich darf nicht sagte der Student und lief so überraschend auf Messner zu

---

27. XI ⟨*1913*⟩ Ich muß aufhören, ohne geradezu abgeschüttelt zu sein. Ich fühle auch keine Gefahr daß ich mich verlieren könnte, immerhin fühle ich mich hilflos und außenstehend. Die Festigkeit aber, die das geringste Schreiben mir verursacht, ist zweifellos und wunderbar. Der Blick, mit dem ich gestern auf dem Spaziergang alles überblickte!

Das Kind der Hausmeisterin, die das Tor öffnete. Eingepackt in ein altes Frauentuch, bleich, starres fleischiges Gesichtchen. Wird so von der Hausmeisterin in der Nacht zum Tor getragen.

Der Pudel der Hausmeisterin, der unten auf einer Stufe sitzt und mein im vierten Stockwerk beginnendes Trampeln behorcht, mich ansieht, wenn ich bei ihm ankomme und mir nachschaut wenn ich weiterlaufe. Angenehmes Gefühl des Vertrautseins, da er über mich nicht erschrickt und mich in das gewohnte Haus und seinen Lärm einbezieht.

Bild: Taufe der Schiffsjungen beim Passieren des Äquators. Das Herumlungern der Matrosen. Das nach allen Richtungen und Höhen abgekletterte Schiff bietet ihnen überall Sitzgelegenheiten. Die großen Matrosen, die an den Schiffsleitern hängen und sich mit mächtiger runder Schulter Fuß vor Fuß an den Schiffsleib drücken und auf das Schauspiel hinuntersehn.

»Jemand läutet!« sagte Elsa und hob den Finger.

Ein kleines Zimmer. Elsa und Gertrud sitzen mit Handarbeiten beim Fenster. Beginnende Dämmerung.

E. Jemand läutet.
   Beide horchen.

G. Es hat wirklich geläutet? Ich habe nichts gehört. Ich höre immerfort weniger.

E. Es war nur ganz leise. (Geht ins Vorzimmer öffnen)
   Im Vorzimmer werden einige Worte gewechselt. Dann die Stimme E.
   Bitte hier einzutreten. Geben Sie acht, daß Sie nicht stolpern. Gehen Sie bitte voraus, es ist nur meine Schwester im Zimmer.

Die Schwestern Gelsenbauer, Elsa und Gertrud, hatten drei Zimmer zu vermieten, eines war an eine Klavierlehrerin vermietet, das zweite an einen Viehhändler

---

Letzthin erzählte uns der Viehhändler Morsin folgende Geschichte. Er war noch aufgeregt, als er sie erzählte, trotzdem die Sache schon einige Monate zurückliegt:

Ich habe geschäftlich sehr oft in der Stadt zu tun, es werden durchschnittlich gewiß 10 Tage im Monat sein. Da ich dort auch meistens übernachten muß und seit jeher wenn es nur irgendwie möglich ist, das Wohnen im Hotel zu vermeiden suche, so habe ich ein Privatzimmer gemietet, das einfach,

---

3 XII 13 Brief an Weiß

4 XII 13

Von außen gesehn ist es schrecklich erwachsen aber jung zu sterben oder gar sich zu töten. In gänzlicher Verwirrung, die innerhalb einer weiteren Entwicklung Sinn hätte, abzugehn, hoffnungslos oder mit der einzigen Hoffnung, daß dieses Auftreten im Leben innerhalb der großen Rechnung als nicht geschehen betrachtet werden wird. In einer solchen Lage wäre ich jetzt. Sterben hieße nichts anderes als ein Nichts dem Nichts hingeben, aber das wäre dem Gefühl unmöglich, denn wie könnte man sich auch nur als Nichts mit Bewußtsein dem Nichts hingeben, und nicht nur einem leeren Nichts sondern einem brausenden Nichts, dessen Nichtigkeit nur in seiner Unfaßbarkeit besteht.

Ein Kreis von Männern, die Herren und Diener sind. Ausgearbeitete, in lebendigen Farben glänzende Gesichter. Der Herr setzt sich und der Diener bringt ihm die Speisen auf dem Brett. Zwischen beiden ist kein größerer Unterschied, kein anders zu wertender Unterschied, als z. B. zwischen einem Mann, der durch das Zusammenwirken unzähliger Umstände Engländer ist und in London lebt und einem andern, der Lappländer ist und zu gleicher Zeit allein im

Sturm in seinem Boot das Meer befährt. Gewiß, der Diener kann – auch dies nur unter Umständen – Herr werden, aber diese Frage, wie sie auch beantwortet werden könnte, stört hier nicht, denn es handelt sich um die augenblickliche Bewertung der augenblicklichen Verhältnisse.

Die von jedem selbst dem zugänglichsten und anschmiegsamsten Menschen hie und da wenn auch nur gefühlsmäßig angezweifelte Einheitlichkeit der Menschheit zeigt sich andererseits auch jedem, oder scheint sich zu zeigen in der vollständigen immer wieder aufzufindenden Gemeinsamkeit gesammt- und einzelmenschlicher Entwicklung. Selbst in den verschlossensten Gefühlen des Einzelnen.

Die Furcht vor Narrheit. Narrheit in jeden geradeaus strebenden, alles andere vergessen machendem Gefühl sehn. Was ist dann die Nicht-Narrheit? Nicht-Narrheit ist vor der Schwelle, zur Seite des Einganges bettlerhaft stehn, verwesen und umstürzen. Aber P. und O. sind doch widerliche Narren. Es muß Narrheiten geben, die größer sind als ihre Träger. Dieses Sich-spannen der kleinen Narren in ihrer großen Narrheit ist vielleicht das Widerliche. Aber erschien den Pharisäern Christus nicht in gleichem Zustande?

Wunderbare, gänzlich widerspruchsvolle Vorstellung daß einer, der z. B. um 3 Uhr in der Nacht gestorben ist gleich darauf etwa in der Morgendämmerung in ein höheres Leben eingeht. Welche Unvereinbarkeit liegt zwischen dem sichtbar Menschlichen und allem andern! Wie folgt aus einem Geheimnis immer ein größeres! Im ersten Augenblick geht dem menschlichen Rechner der Atem aus. Eigentlich müßte man sich fürchten aus dem Haus zu treten

---

5 XII 13 Wie ich gegen meine Mutter wüte! Ich muß nur mit ihr zu reden anfangen, schon bin ich gereizt, schreie fast.

O. leidet doch und ich glaube nicht daß sie leidet leiden kann, glaube es gegen meine bessere Einsicht nicht, glaube es nicht, um ihr nicht beistehn zu müssen, was ich nicht könnte, denn ich bin auch gegen sie gereizt.

An F. sehe ich äußerlich, wenigstens manchmal, nur einige zählbare kleine Einzelheiten. Dadurch wird ihr Bild so klar, rein, ursprünglich, umrissen und luftig zugleich.

8. XII 13. Konstruktionen in Weiß' Roman. Die Kraft sie zu beseitigen, die Pflicht, das zu tun. Ich leugne fast die Erfahrungen. Ich will Ruhe, Schritt für Schritt oder Lauf, aber nicht ausgerechnete Sprünge von Heuschrecken

9 XII 13 Weiß »Galeere« Schwächung der Wirkung wenn der Ablauf der Geschichte beginnt. Die Welt ist überwunden und wir haben mit offenen Augen zugesehn. Also können wir uns ruhig umdrehn und weiterleben.

Haß gegenüber aktiver Selbstbeobachtung. Seelendeutungen, wie: Gestern war ich so undzwar deshalb, heute bin ich so und deshalb. Es ist nicht wahr, nicht deshalb und nicht deshalb und darum auch nicht so und so. Sich ruhig ertragen, ohne voreilig zu sein, so leben wie man muß, nicht sich hündisch umlaufen.

Ich war im Gebüsch eingeschlafen. Ein Lärm weckte mich. Ich fand in meinen Händen ein Buch, in dem ich früher gelesen hatte. Ich warf es weg und sprang auf. Es war kurz nach Mittag, vor der Anhöhe, auf der ich war, breitete sich eine große Tiefebene aus mit Dörfern und Teichen und gleichförmigem hohen schilfartigem Buschwerk zwischen ihnen. Ich legte die Hände in die Hüften, durchsuchte alles mit den Augen und horchte dabei auf den Lärm

---

10 XII ⟨*1913*⟩ Die Entdeckungen haben sich dem Menschen aufgedrängt.

Das lachende, jungenhafte, listige, aufgelöste, Gesicht des Oberinspektors, das ich noch nie an ihm gesehen hatte und nur heute in einem Augenblick bemerkte, als ich eine Arbeit des Direktors ihm vorlas und zufällig von ihr aufsah. Er steckte dabei auch mit einem Ruck der Schultern die rechte Hand in die Hosentasche, als wäre er ein anderer Mensch.

Niemals ist es möglich alle Umstände zu bemerken und zu beurteilen, die auf die Stimmung eines Augenblicks einwirken und sogar in ihr wirken und endlich in der Beurteilung wirken, darum ist es falsch zu sagen, gestern fühlte ich mich gefestigt, heute bin ich verzweifelt. Solche Unterscheidungen beweisen nur, daß man Lust hat, sich zu beeinflussen und möglichst abgesondert von sich, versteckt hinter Vorurteilen und Phantasien zeitweilig ein künstliches Leben aufzuführen, so wie sich einmal einer in einem Winkel der Schenke, von einem kleinen Schnapsglas genügend versteckt, ausschließlich mit sich allein mit lauter falschen unbeweisbaren Vorstellungen und Träumen unterhält.

Gegen Mitternacht stieg die Treppe zu der kleinen Singspielhalle ein junger Mann in einem engen mattgrauen karrierten leicht überschneiten Überzieher hinab. Er bezahlte am Kassentisch, hinter dem ein hindämmerndes Fräulein aufschreckte und ihn mit großen schwarzen Augen geradeaus ansah, und blieb dann ein Weilchen stehn um den Saal, der 3 Stufen tief unter ihm lag zu überblicken.

Fast jeden Abend gehe ich auf den Staatsbahnhof, heute, weil es regnete, gieng ich ½ Stunde in der Halle dort auf und ab. Der Bursch, der immerfort das Zuckerzeug aus den Automaten aß. Der Handgriff in die Tasche, aus der er eine Menge Kleingeld holt, das nachlässige Einwerfen in die Öffnung, das Lesen der Aufschriften während des Essens, das Hinunterfallen von einzelnen Stücken, die er vom schmutzigen Boden aufhebt und geradewegs in den Mund steckt. – Der ruhig kauende Mann, der am Fenster vertraulich mit einer Frau, einer Verwandten spricht.

---

11 XII 13 In der Toynbeehalle den Anfang von Michael Kohlhaas gelesen. Ganz und gar mißlungen. Schlecht ausgewählt, schlecht vorgetragen, schließlich sinnlos im Text her-

umgeschwommen. Musterhafte Zuhörerschaft. Ganz kleine Jungen in der ersten Reihe. Einer sucht seiner unschuldigen Langweile dadurch beizukommen, daß er die Mütze vorsichtig auf den Boden wirft und dann vorsichtig aufhebt und so öfters. Da er zu klein ist, um das vom Sitz aus auszuführen, muß er immer ein wenig vom Sessel sich abgleiten lassen. Wild und schlecht und unvorsichtig und unverständlich gelesen. Und am Nachmittag zitterte ich schon vor Begierde zu lesen, konnte kaum den Mund geschlossen halten.

Es ist wirklich kein Stoß nötig, nur ein Zurückziehn der letzten auf mich verwendeten Kraft und ich komme in eine Verzweiflung die mich zerreißt. Als ich mir heute vorstellte, daß ich während des Vortrags unbedingt ruhig sein werde, fragte ich mich, was das für eine Ruhe sein wird, wo sie begründet sein wird, und ich konnte nur sagen, daß es bloß eine Ruhe um ihrer selbst willen sein wird, eine unverständliche Gnade, sonst nichts.

12. ⟨*Dezember 1913*⟩ Und früh bin ich verhältnismäßig ganz frisch aufgestanden.

Gestern auf dem Nachhauseweg der kleine grau verpackte Junge der neben einer Gruppe von Jungen nebenher lief, sich gegen den Schenkel schlug, mit der andern Hand einen andern Jungen faßte und rief in ziemlicher Geistesabwesenheit, was ich nicht vergessen darf: Dnes to bylo docela hezky.

Die Frische mit der ich heute nach einer etwas geänderten Tageseinteilung um etwa 6 Uhr auf der Gasse gieng. Lächerliche Beobachtung, wann werde ich das ausrotten.

Im Spiegel sah ich mich vorhin genau an und kam mir im Gesicht – allerdings nur bei der Abendbeleuchtung und der Lichtquelle hinter mir, sodaß eigentlich nur der Flaum an den Rändern der Ohren beleuchtet war – auch bei genauerer Untersuchung besser vor, als ich nach eigener Kenntnis bin. Ein klares übersichtlich gebildetes, fast schön begrenztes Gesicht. Das Schwarz der Haare, der Brauen und der Augenhöhlen dringt wie Leben aus der übrigen abwartenden Masse. Der Blick ist gar nicht verwüstet, davon ist keine Spur, er ist aber auch nicht kindlich, eher unglaublicherweise energisch, aber vielleicht war er nur beobachtend, da ich mich eben beobachtete und mir Angst machen wollte.

---

12 XII 13 Gestern lange nicht eingeschlafen. F. Hatte endlich den Plan und damit schlief ich unsicher ein, Weiß zu bitten, mit einem Brief zu ihr ins Bureau zu gehn, und in diesem Brief nichts weiter zu schreiben, als daß ich eine Nachricht von ihr oder über sie haben müsse und deshalb Weiß hingeschickt habe, damit er mir von ihr schreibe. Inzwischen sitzt Weiß neben ihrem Schreibtisch, wartet bis sie den Brief ausgelesen hat, verbeugt sich, da er keinen andern Auftrag hat und auch kaum eine Antwort bekommen dürfte, und geht.

Diskussionsabend im Beamtenverein. Ich habe ihn geleitet. Komische Quellen des Selbstgefühls. Mein Einleitungssatz: »Ich muß den heutigen Diskussionsabend mit dem

Bedauern darüber einleiten, daß er stattfindet.« Ich war nämlich nicht rechtzeitig verständigt worden und daher nicht vorbereitet.

14 XII ⟨*1913*⟩ Vortrag Beermann. Nichts, aber mit einer hie und da ansteckenden Selbstzufriedenheit vorgetragen. Mädchenhaftes Gesicht mit Kropf. Vor dem Aussprechen fast jedes Satzes die gleichen Muskelzusammenziehungen im Gesicht, wie beim Niesen. Ein Vers vom Weihnachtsmarkt in seinem heutigen Tagblattaufsatz.

Herr, kaufen Sie es Ihren Kleinen
Damit sie lachen und nicht weinen.

Hat Shaw zitiert: »Ich bin ein vielsitzender zaghafter Civilist.«

Brief an F. im Bureau geschrieben.

Der Schrecken, als ich vormittag auf dem Weg ins Bureau das F. ähnliche Mädchen aus dem Seminar traf, im Augenblick nicht wußte wer das war und nur merkte, daß sie zwar F. ähnlich aber doch nicht F. war, überdies aber noch irgendeine darüber hinausgehende Beziehung zu F. hatte, nämlich die, daß ich im Seminar in ihrem Anblick viel an F. gedacht hatte.

Jetzt in Dostojewski die Stelle gelesen, die so an mein »Unglücklichsein« erinnert.

Als ich während des Lesens mit der linken Hand seitlich in die Hose fuhr und meinen lauwarmen Oberschenkel faßte.

---

15. ⟨*Dezember 1913*⟩ Briefe an Dr. Weiß und Onkel Alfred.
Kein Telegramm gekommen.

»Wir Jungen von 1870/71« gelesen. Wieder von den Siegen und begeisterten Scenen mit unterdrücktem Schluchzen gelesen. Vater sein und ruhig mit seinem Sohn reden. Dann darf man aber kein Spielzeughämmerchen an Stelle des Herzens haben.

»Hast Du dem Onkel schon geschrieben?« fragte mich, wie ich mit Bosheit längst erwartete, die Mutter. Sie beobachtete mich schon lange ängstlich, wagte aus verschiedenen Gründen erstens mich nicht zu fragen und zweitens mich nicht vor dem Vater zu fragen und fragte schließlich in ihrer Besorgnis, da sie sah, daß ich weggehn wollte, dennoch. Als ich hinten an ihrem Sessel vorüberkam, sah sie von den Spielkarten auf, wendete mit einer längst vergangenen und irgendwie für den Augenblick aufgelebten zarten Bewegung das Gesicht zu mir und fragte, nur flüchtig aufschauend, schüchtern lächelnd und schon in der Frage, noch ohne jede Antwort, gedemütigt.

16. XII 13
»Der Donnerschrei des Entzückens der Seraphim«

Ich saß bei Weltsch im Schaukelstuhl, wir sprachen über die Unordnung unseres Lebens, er immerhin mit einer gewissen Zuversicht (»Man muß das Unmögliche wollen«) ich auch ohne diese, mit dem Blick auf meine Finger, im Gefühl Stellvertreter meiner innern Leere zu sein, die ausschließlich ist und nicht einmal übermäßig groß.

Brief an Bl.

---

17. ⟨*Dezember 1913*⟩ Brief an W. mit dem Auftrag. »Überfließend sein und doch nur ein Topf auf einem kalten Herd«

Vortrag Bergmann »Moses und die Gegenwart«. Reiner Eindruck. Wie sich der Mensch hinaufgehoben hat, er hat sich wirklich irgendwo in der Höhe festgeklemmt. Und als Junge war er wegzublasen, in allem, aber vielleicht doch nicht in allem und es war nur mein Unverstand, der das glaubte. – Ich habe jedenfalls damit nichts zu tun. Zwischen Freiheit und Sklaverei kreuzen sich die wirklichen schrecklichen Wege ohne Führung für die kommende Strecke und unter sofortigem Verlöschen der schon zurückgelegten. Solcher Wege gibt es unzählige oder nur einen man kann das nicht feststellen, denn es gibt keine Übersicht. Dort bin ich. Ich kann nicht weg. Ich habe mich nicht zu beklagen. Ich leide nicht übermäßig, denn ich leide nicht zusammenhängend, es häuft sich nicht an, wenigstens fühle ich es vorläufig nicht, und die Größe meines Leidens liegt weit unter jenem Leiden, das mir vielleicht zukäme.

Die Silhouette eines Mannes, der mit halb und verschiedenartig in die Höhe gehobenen Armen sich gegen vollständigen Nebel wendet, um hineinzugehn.

Die schönen kräftigen Sonderungen im Judentum. Man bekommt Platz. Man sieht sich besser, man beurteilt sich besser.

18. ⟨*Dezember 1913*⟩ Ich gehe schlafen, ich bin müde. Vielleicht ist es dort schon entschieden. Viele Träume darüber.

Falscher Brief von Bl.

19 ⟨*Dezember 1913*⟩ Brief von F. Schöner Morgen, Wärme im Blut.

20 ⟨*Dezember 1913*⟩ kein Brief

Die Wirkung eines friedlichen Gesichts, einer ruhigen Rede, besonders von einem fremden, noch nicht durchschauten Menschen. Die Stimme Gottes aus einem menschlichen Mund

Ein alter Mann gieng an einem Winterabend im Nebel durch die Gassen. Es war eiskalt. Die Gassen waren leer. Kein Mensch kam nahe an ihm vorüber, nur hie und da sah er in der Ferne halb im Nebel einen großen Polizeimann oder eine Frau in Pelzwerk oder Tüchern. Ihn kümmerte nichts, er dachte nur daran einen Freund zu besuchen, bei dem er schon lange nicht gewesen war und der ihn gerade jetzt durch ein Dienstmädchen hatte holen lassen.

Es war schon weit nach Mitternacht, als es an die Zimmertür des Kaufmanns Messner leise klopfte. Er mußte nicht geweckt werden, er schlief immer erst gegen Morgen ein, bis dahin aber pflegte er bäuchlings wach im Bett zu liegen, das Gesicht ins Kissen gedrückt, die Arme ausgestreckt und die Hände über dem Kopf verschlungen. Er hatte das Klopfen gleich gehört »Wer ist es?« fragte er. Ein unverständliches Murmeln, leiser als das Klopfen antwortete. Es ist offen sagte er und drehte das elektrische Licht auf. Ein kleines schwaches Frauenzimmer in einem großen grauen Umhängetuch trat ein.

---

2 I 14 Mit Dr. Weiß viel Zeit gut verbracht

4. I 14

Wir hatten eine Mulde im Sand ausgegraben in der wir uns ganz wohl befanden. In der Nacht rollten wir uns im Innern der Mulde zusammen, der Vater deckte sie mit Baumstämmen und darüber geworfenem Strauchwerk zu und wir waren von Stürmen und Tieren möglichst gesichert. »Vater« riefen wir oft ängstlich wenn es unter den Hölzern schon ganz dunkel war und der Vater noch immer nicht erschien.

Aber dann sahen wir schon durch eine Spalte seine Füße, er glitt zu uns herein, beklopfte jeden ein wenig, denn es beruhigte uns, wenn wir seine Hand fühlten und dann schliefen wir alle förmlich gemeinsam ein. Wir waren außer den Eltern 5 Jungen und 3 Mädchen, es war zu eng für uns in der Mulde, aber wir hätten Angst gehabt, wenn wir in der Nacht nicht so nahe an und aufeinander gewesen wären.

---

5. I 14 nachmittag. Goethes Vater ist in Verblödung gestorben, zur Zeit seiner letzten Krankheit arbeitete G. an der Iphigenie

»Schaff das Mensch nachhause, es ist besoffen« sagt irgend ein Hofbeamter zu Goethe über Christiane

Der wie seine Mutter saufende August, der sich mit Frauenzimmern in gemeiner Weise herumtreibt.

Die ungeliebte Ottilie, die ihm aus gesellschaftlichen Rücksichten vom Vater als Frau diktiert wird.

Wolf der Diplomat und Schriftsteller

Walter der Musiker, kann nicht die Prüfungen machen. Zieht sich für Monate ins Gartenhaus zurück; als die Zarin ihn sehen will: »Sagen Sie der Zarin, daß ich kein wildes Tier bin«

»Meine Gesundheit ist mehr von Blei als von Eisen.«

Kleinliche ergebnislose schriftstellerische Arbeit des Wolf.

Greisenhafte Gesellschaft in den Mansardenzimmern. Die 80jährige Ottilie, der 50jährige Wolf und die alten Bekannten.

Erst an solchen Extremen merkt man, wie jeder Mensch unrettbar an sich selbst verloren ist und nur die Betrachtung der andern und des in ihnen und überall herrschenden Gesetzes kann trösten. Wie ist Wolf von außen aus lenkbar, hier hin oder dorthin zu versetzen, zu erheitern, zu ermutigen, zu systematischer Arbeit zu bringen und wie ist er innerlich gehalten und unbeweglich.

Warum wandern die Tschuktschen aus ihrem schrecklichen Lande nicht aus, überall würden sie besser leben, im Vergleich zu ihrem gegenwärtigen Leben und zu ihren gegenwärtigen Wünschen. Aber sie können nicht; alles was möglich ist, geschieht ja; möglich ist nur das, was geschieht.

In dem kleinen Städtchen F. hatte ein Weinhändler aus der größern Nachbarstadt eine Weinstube einrichten lassen. Er hatte ein kleines Gewölbe in einem Haus auf dem Ringplatz gemietet, die Wände mit orientalischen Ornamenten bemalen und alte fast schon unbrauchbare Plüschmöbel aufstellen lassen

---

6 I 14. Dilthey: »Das Erlebnis und die Dichtung.« Liebe zur Menschheit, höchste Achtung vor allen von ihr ausgebildeten Formen, ein ruhiges Zurückstehn auf dem geeignetesten Beobachtungsplatz. Luthers Jugendschriften
»die mächtigen Schatten, die aus einer unsichtbaren Welt, angezogen von Mord und Blut in die sichtbare hineintreten«
Pascal

Brief für Anzenbacher an die Schwiegermutter. L. hat den Lehrer geküßt.

8. I 14. Vorlesung Fantl »Goldhaupt«, »er wirft den Feind wie eine Tonne.«

Unsicherheit, Trockenheit, Ruhe, darin wird alles vorübergehn.

Was habe ich mit Juden gemeinsam? Ich habe kaum etwas mit mir gemeinsam und sollte mich ganz still, zufrieden damit daß ich atmen kann in einen Winkel stellen.

Darstellung unerklärlicher Gefühle. Anzenbacher: Seitdem das geschehn ist, tut mir der Anblick von Frauen weh, es ist aber nicht etwa geschlechtliche Aufregung, auch nicht reine Traurigkeit, es tut mir nur weh. So war es auch, ehe ich Liesl's sicher war.

---

12 I 14

Gestern: die Liebschaften Ottiliens, die jungen Engländer, – Tolstois Verlobung, klarer Eindruck eines zarten, stürmischen, sich bezwingenden, ahnungsvollen, jungen Menschen. Schön gekleidet, dunkel und dunkelblau.

Das Mädchen im Kaffeehaus. Der schmale Rock, die weiße, lose, fellbesetzte Seidenbluse, der freie Hals, der knapp sitzende graue Hut mit steif, schief und hoch geführtem   aus gleichem Stoff. Ihr volles, lachendes, ewig atmendes, Gesicht, freundliche Augen, allerdings ein wenig geziert. Das Heißwerden meines Gesichtes in Gedanken an F.

Weg nach Hause, klare Nacht, deutliches Bewußtsein des bloß Dumpfen in mir, das so weit von großer ohne Hindernisse ganz sich ausbreitender Klarheit ist.

Nikolai, Litteraturbriefe.

Es gibt Möglichkeiten für mich, gewiß, aber unter welchem Stein liegen sie?

Vorwärtsgerissen, auf dem Pferd –

Sinnlosigkeit der Jugend. Furcht vor der Jugend, Furcht vor der Sinnlosigkeit, vor dem sinnlosen Heraufkommen des unmenschlichen Lebens.

Tellheim: Er hat jene freie Beweglichkeit des Seelenlebens welche unter den wechselnden Lebensumständen immer wieder durch ganz neue Seiten überrascht, wie sie nur die Schöpfungen echter Dichter besitzen.

---

19. I 14 Angst im Bureau abwechselnd mit Selbstbewußtsein. Sonst zuversichtlicher. Großer Widerwillen vor »Verwandlung«. Unlesbares Ende. Unvollkommen fast bis in den Grund. Es wäre viel besser geworden, wenn ich damals nicht durch die Geschäftsreise gestört worden wäre.

---

23 ⟨*Januar 1914*⟩ Oberkontrollor Bartl erzählt von einem ihm befreundeten pensionierten Oberst, der bei ganz offenem Fenster schläft: »Während der Nacht ist es sehr angenehm; dagegen wird es unangenehm, wenn ich früh von der Ottomane, die beim Fenster steht, den Schnee wegschaufeln muß und dann anfange mich zu rasieren.

Memoiren der Gräfin Thürheim:
Die Mutter: »Ihrer sanften Art entsprach besonders Racine. Ich habe oft gehört, wie sie zu Gott betete, er möge ihm die ewige Ruhe verleihen.«

Sicher ist, daß er (Suwórow) bei den großen Diners die ihm zu Ehren der russische Botschafter Graf Rasumovsky in Wien gab, wie ein Vielfraß von den Speisen, die auf der Tafel standen aß, ohne auf jemanden zu warten. War er satt, so erhob er sich und ließ die Gäste allein.

Nach einem Stich ein zarter, bestimmter pedantischer, alter Mann.

»Es war Dir nicht bestimmt« schlechter Trost der Mutter. Das schlimme ist, daß ich im Augenblick fast keinen bessern brauche. Darin bin ich wund und bleibe wund, aber sonst zieht mich das regelrechte, schwach abgewechselte, halb tätige Leben der letzten Tage (Arbeit über den »Betrieb« im Bureau, Sorgen A.' um seine Braut, Ottlas Zionismus, der Genuß der Mädchen bei dem Vortrag Salten – Schildkraut, Lesen der Memoiren Thürheim, Briefe an Weiß und Löwy, Korrektur der »Verwandlung«) förmlich zusammen und gibt mir etwas Festigkeit und Hoffnung.

24. *⟨Januar 1914⟩* Napoleonische Zeit: Wie sich die Feste drängten, alle hatten Eile »die Freuden der kurzen Friedenszeiten auszukosten«. »Andererseits übten die Frauen auf sie ihren Einfluß wie im Fluge aus, sie hatten wirklich keine Zeit zu verlieren. Die Liebe von damals äußerte sich in erhöhter Begeisterung und größerer Hingebung« ... »Heutzutage hat eine schwache Stunde keine Entschuldigung mehr.«

Unfähig, ein paar Zeilen an Frl. Bl. zu schreiben, zwei Briefe waren schon unbeantwortet, heute kam der dritte. Ich fasse nichts richtig und bin dabei ganz fest, aber hohl. Letzthin, als ich wieder einmal zu regelmäßiger Stunde, aus dem Aufzug stieg, fiel mir ein, daß mein Leben mit seinen immer tiefer ins Detail sich uniformierenden Tagen den Strafarbeiten gleicht, bei denen der Schüler je nach seiner Schuld zehnmal, hundertmal oder noch öfter den gleichen zumindest in der Wiederholung sinnlosen Satz aufzuschreiben hat, nur daß es sich aber bei mir um eine Strafe handelt, bei der es heißt »so oft, als Du es aushältst«.

Anzenbacher kann sich nicht beruhigen. Trotz des Vertrauens, das er zu mir hat und trotzdem er Rat von mir will, erfahre ich die schlimmsten Einzelheiten immer nur beiläufig während des Gespräches, wobei ich immer das plötzliche Staunen möglichst unterdrücken muß, nicht ohne das Gefühl, daß er meine Gleichgültigkeit gegenüber der schrecklichen Mitteilung entweder als Kälte empfinden muß, oder aber als große Beruhigung. So ist es auch gemeint. Die Kußgeschichte erfuhr ich in folgenden zum Teil durch Wochen getrennten Etappen: Ein Lehrer hat sie geküßt – sie war in seinem Zimmer – er hat sie mehrmals geküßt – sie war regelmäßig in seinem Zimmer, weil sie eine Handarbeit für A.' Mutter machte und die Lampe des Lehrers gut war – sie hat sich willenlos küssen lassen – früher schon hat er ihr eine Liebeserklärung gemacht – sie geht trotz allem noch mit ihm spazieren – wollte ihm ein Weihnachtsgeschenk machen einmal hat sie geschrieben, es ist mir etwas unangenehmes passiert, aber nichts zurückgeblieben.

A. hat sie in folgender Weise ausgefragt: Wie war es? Ich will es ganz genau wissen? Hat er Dich nur geküßt? Wie oft? Wohin? Ist er nicht auf Dir gelegen? Hat er Dich betastet? Wollte er Deine Kleider ausziehn?
Antworten: Ich saß auf dem Kanapee mit der Handarbeit, er an der andern Seite des Tisches. Dann kam er herüber, setzte sich zu mir und küßte mich, ich rückte von ihm weg zum Kanapeepolster und wurde mit dem Kopf auf das Polster gedrückt. Außer dem Küssen geschah nichts.

Während des Fragens sagte sie einmal: »Was denkst Du nur? Ich bin ein Mädchen.«

Jetzt fällt mir ein, daß mein Brief an Dr. Weiß so geschrieben war, daß er vollständig F. gezeigt werden konnte. Wie, wenn er es heute getan und deshalb seine Antwort verschoben hätte.

---

26 I 14

Kann nicht in der Thürheim lesen, die im übrigen mein Vergnügen der letzten Tage ausmacht. Brief an Frl. Bl. jetzt auf der Bahn aufgegeben. Wie es mich hält und gegen die Stirn drückt. Kartenspielen der Eltern auf dem gleichen Tisch.

Die Eltern, und ihre erwachsenen Kinder, ein Sohn und eine Tochter saßen Sonntags mittag bei Tisch. Die Mutter war gerade aufgestanden und tauchte den Schöpflöffel in den gebauchten Suppentopf, um die Suppe auszuteilen, da hob sich plötzlich der ganze Tisch, das Tischtuch wehte, die aufliegenden Hände glitten herab, die Suppe floß mit rollenden Speckknödeln dem Vater in den Schoß

Wie ich jetzt die Mutter fast beschimpft habe, weil sie die »böse Unschuld« der Elli geborgt hat, der ich sie noch gestern selbst anbieten wollte. »Laß mir meine Bücher! Ich hab' doch sonst nichts.« Solche Reden in wirklicher Wut.

Der Tod des Vaters der Thürheim: »Die bald darauf eintretenden Ärzte fanden den Puls sehr schwach und gaben dem Kranken nur mehr wenige Stunden zum Leben. Mein Gott es war mein Vater von dem sie redeten – nur ein paar Stunden Frist und dann tot.«

---

28 I 14 Vortrag über die Lourdes Wunder. Freisinniger Arzt, energisch, starkes Gebiß, Zähnefletschen, große Freude am Rollen der Worte »Es ist Zeit daß deutsche Gründlichkeit und Ehrlichkeit Front macht gegen wälschen Charlatanismus«. Zeitungsausrufer des Messager de Lourdes »Superbe guerison de ce soir« Guerison affirmée! Diskussion: »Ich bin ein einfacher Postofficial sonst nichts«
Hotel de l'univers – Unendliche Trauer beim Hinausgehn in Gedanken an F. Allmähliche Beruhigung durch Überlegungen.

Brief an Bl. und Weiß Galeere geschickt

Der Schwester Anzenbach. wurde vor längerer Zeit von einer Kartenlegerin gesagt, daß ihr ältester Bruder verlobt sei und daß ihn seine Braut betrüge. Damals habe er wütend solche Erzählungen abgewehrt. Ich: Warum nur damals. Es ist ja heute falsch so wie damals. Sie hat Dich doch nicht betrogen. Er: Nicht wahr, sie hat nicht?

2 II 14 Anzenbacher. Dirnenhafter Brief der Freundin an die Braut. »Wenn wir alles so schwer nehmen wollten, wie damals, als uns die Beichtpredigten unter ihrem Einfluß hielten.« »Warum hast Du dich in Prag so zurückgehalten, besser sich im Kleinen austoben, als im Großen.« Ich lege meiner Überzeugung gemäß den Brief zu Gunsten der Braut aus, mit guten Einfällen. Gestern war A. in Schluckenau. Sitzt den ganzen Tag mit ihr im Zimmer und hört, das Packet mit sämtlichen Briefen (sein einziges Gepäck) in der Hand, nicht auf, sie auszufragen. Erfährt nichts Neues, eine Stunde vor der Abfahrt fragt er: »war während des Küssens ausgelöscht?« und erfährt die ihn trostlos machende Neuigkeit, daß W. während des (zweiten) Küssens ausgelöscht hat. W. zeichnete an der einen Seite des Tisches, L. saß an der andern Seite (in W.'s Zimmer, um 11 Uhr abends) und las »Asmus Semper« vor. Da steht W. auf, geht zum Kasten um etwas zu holen (L. glaubt einen Cirkel, A. glaubt ein Präservativ) löscht dann plötzlich aus, überfällt sie mit Küssen, sie sinkt gegen das Kanapee, er hält sie an den Armen, an den Schultern und sagt zwischendurch »Küsse mich!«

L. bei einer andern Gelegenheit: »W. ist sehr unbeholfen.«

Ein anderesmal: »Ich küßte ihn nicht«, ein anderesmal: »Ich glaubte in Deinen Armen zu liegen.«

A: Ich muß doch Klarheit haben (er denkt daran, sie vom Arzt untersuchen zu lassen) wie wenn ich dann in der Hochzeitsnacht erfahre, daß sie gelogen hat. Vielleicht ist sie nur deshalb so ruhig, weil er ein Präs. benützt hat.

Lourdes: Angriff gegen den Wunderglauben auch Angriff gegen die Kirche. Mit dem gleichen Recht könnte er gegen die Kirchen, die Processionen, die Beichten, die unhygienischen Vorgänge überall vorgehn, da es nicht nachzuweisen ist, ob Gebete helfen. Karlsbad ist ein größerer Schwindel als Lourdes und Lourdes hat den Vorzug, daß man seines innersten Glaubens wegen hinfährt. Wie steht es mit den verbohrten Meinungen hinsichtlich der Operationen, der Serumheilungen, der Impfungen, der Medicinen?

Immerhin: Die Riesenspitäler für die wandernden Schwerkranken; die schmutzigen Piscinen; die brancards, die die Extrazüge erwarten; die ärtztliche Kommission; die großen Glühlampenkreuze auf den Bergen; der Papst bezieht 3 Mill. jährlich. Der Priester mit der Monstranz geht vorüber, eine schreit von ihrer Bahre auf: »Ich bin gesund.« Hat weiterhin Knochentuberkulose ohne Veränderung.

Die Tür öffnete sich zu einem Spalt. Ein Revolver erschien und ein gestreckter Arm.

Thürheim II 35, 28, 37 (Nichts Süßeres wie die Liebe, nichts Amüsanteres wie die Koketterie)
45, 48 (Juden)

20. *⟨10.⟩* II 14 11 Uhr nach einem Spaziergang. Frischer als sonst. Warum?

1.) Max sagte ich, ich sei ruhig.
2.) Felix wird heiraten (mit ihm böse gewesen)
3. Ich bleibe allein, falls mich nicht F. doch noch will.
4. Einladung der Frau Thein und Überlegung wie ich mich ihr vorstellen werde.

Zufälligerweise gieng ich den entgegengesetzten Weg wie sonst nämlich Kettensteg Hradschin Karlsbrücke. Sonst falle ich auf diesem Weg förmlich hin, heute habe ich mich von der entgegengesetzten Seite kommend ein wenig aufgehoben.

---

21 *⟨11.⟩* II 14 »Goethe« Dilthey, flüchtig durchgelesen, wilder Eindruck, nimmt mit fort, warum könnte man sich nicht anzünden und im Feuer zugrundegehn. Oder folgen, auch wenn man kein Gebot hört? In der Mitte seines leeren Zimmers auf einem Sessel sitzen und das Parkett ansehn. »Vorwärts« rufen in einem Hohlweg im Gebirge und aus allen Seitenwegen zwischen den Felsen einzelne Menschen rufen hören und hervorkommen sehn.

13 II 14

Gestern bei Frau Thein. Ruhig und energisch, eine fehlerlos sich durchsetzende, sich einbohrende, mit Blicken Händen und Füßen sich einarbeitende Energie. Offenheit, offener

Blick. Ich habe immer in Erinnerung ihre häßlichen ungeheuren feierlichen Renaissancestraußfederhüte aus früherer Zeit, sie ist mir solange ich sie nicht persönlich kannte widerlich gewesen. Wie der Muff, wenn sie zu einem Ziel der Erzählung eilt, an den Leib gedrückt wird und doch zuckt. Ihre Kinder Nora und Mirjam.

Erinnert sehr an W. im Blick, in der Selbstvergessenheit der Erzählung, in der gänzlichen Beteiligung, in dem kleinen lebendigen Körper, selbst in der harten dumpfen Stimme, in der Rede von schönen Kleidern und Hüten, während an ihr nichts derartiges zu sehen ist.

Blick aus dem Fenster über den Fluß. An vielen Stellen des Gesprächs, trotzdem sie keine Mattigkeit aufkommen läßt, mein vollständiges Versagen, sinnloser Blick, Nichtverstehn dessen was sie sagt, Abrollen einfältigster Bemerkungen, während ich sehen muß, wie sie aufhorcht, sinnloses Betasten des kleinen Kindes

Träume: In Berlin, durch die Straßen, zu ihrem Haus, das ruhige glückliche Bewußtsein, ich bin zwar noch nicht bei ihrem Haus, habe aber die leichte Möglichkeit hinzukommen, werde bestimmt hinkommen. Ich sehe die Straßenzüge, an einem weißen Haus eine Aufschrift etwa »Die Prachtsäle des Nordens« (gestern in der Zeitung gelesen) im Traum hinzugefügt »Berlin W«. Frage einen leutseligen rotnasigen alten Schutzmann, der in einer Art Dieneruniform diesmal steckt. Bekomme überausführliche Auskunft, sogar ein Geländer einer kleinen Rasenanlage in der Ferne wird mir gezeigt, an das ich der Sicherheit halber mich anhalten soll, wenn ich vorüberkomme. Dann Ratschläge betreffend die Elektrische, die Untergrundbahn u. s. w. Ich kann nicht mehr folgen und frage erschrocken, wohl wissend, daß ich die Entfernung unterschätze: »Das ist wohl ½ Stunde weit?« Er aber, der alte Mann, antwortet: »Ich bin dort in 6 Minuten.« Die Freude! Irgend ein Mann, ein Schatten, ein Kamerad begleitet mich immer, ich weiß nicht, wer es ist. Habe förmlich keine Zeit mich umzudrehn, mich seitwärts zu wenden. – Wohne in Berlin in irgend einer Pension, in der scheinbar lauter junge polnische Juden wohnen; ganz kleine Zimmer. Ich verschütte eine Wasserflasche. Einer schreibt unaufhörlich auf einer kleinen Schreibmaschine, wendet kaum den Kopf, wenn man um etwas bittet. Keine Karte von Berlin aufzutreiben. Immer sehe ich in der Hand eines ein Buch, das einem Plan ähnlich ist. Immer zeigt sich, daß es etwas ganz anderes enthält, ein Verzeichnis der Berliner Schulen, eine Steuerstatistik oder etwas derartiges. Ich will es nicht glauben, aber man weist es mir lächelnd ganz zweifellos nach.

---

14. II 14

Wenn ich mich töten sollte, hat ganz gewiß niemand schuld, selbst wenn z. B. die offenbare nächste Veranlassung F.'s Verhalten sein sollte. Ich habe mir selbst schon einmal im Halbschlaf die Szene vorgestellt, die es ergeben würde, wenn ich in Voraussicht des Endes den Abschiedsbrief in der Tasche in ihre Wohnung käme, als Freier abgewiesen würde, den Brief auf den Tisch legte, zum Balkon gienge, von allen, die hinzueilen gehalten mich losreißen und die Balkonbrüstung, während eine Hand nach der andern ablassen muß, überspringen würde. In dem Brief aber stünde, daß ich F.'s wegen zwar hinunterspringe, daß sich aber auch bei Annahme meines Antrages nichts wesentliches für mich geändert hätte. Ich gehöre hinunter, ich finde keinen andern Ausgleich, F. ist zufällig die, an der sich meine Bestimmung erweist, ich bin nicht fähig, ohne sie zu leben und muß hinunterspringen, ich wäre aber – und F. ahnt dies – auch nicht fähig mit ihr zu leben. Warum nicht die heutige Nacht dazu verwenden, schon erscheinen mir die Redner des heutigen Elternabends, die vom Leben und von der Schaffung seiner Bedingungen redeten, – aber ich halte mich an Vorstellungen, ich lebe ganz verwickelt ins Leben, ich werde es nicht tun, ich bin ganz kalt, bin traurig, daß ein Hemd um den Hals mich drückt, bin verdammt, schnappe im Nebel.

---

15 II 14

Wie lang mir dieser Samstag und Sonntag im Rückblick scheint. Ich habe mir gestern nachmittag die Haare scheren lassen, dann den Brief an Bl. geschrieben, bin dann einen Augenblick lang bei Max gewesen in der neuen Wohnung, dann Elternabend neben L. W., dann Baum (in der Elektrischen Krätzig getroffen »Notstich«), dann auf dem Rückweg Maxens Klagen über mein Stummsein, dann die Selbstmordlust, dann die Schwester vom Elternabend zurückgekommen, unfähig das geringste zu berichten. Bis 10 im Bett, schlaflos, Leid und Leid. Kein Brief nicht hier, nicht im Bureau, Brief an Bl. auf der Franz Josefs Bahn eingeworfen, Nachmittag Gerke, Spaziergang an der Moldau, Vorlesung in seiner Wohnung, merkwürdige Mutter beim Butterbrotessen und Patiencelegen, allein 2 Stunden herumgegangen, entschlossen Freitag nach Berlin zu fahren, Khol getroffen, zuhause mit Schwagern und Schwestern, dann bei Weltsch Besprechung der Verlobung (Kerzenauslöschen des Joine Kisch) dann zuhause Versuche aus der Mutter durch Schweigen Mitleid und Hilfe herauszulocken, jetzt Schwester, erzählt vom Clubabend, es schlägt ¾12.

Ich sagte bei Weltsch, um die aufgeregte Mutter zu trösten: »Ich verliere ja Felix durch diese Heirat auch. Ein verheirateter Freund ist keiner.« F. sagte nichts, konnte natürlich auch nichts sagen, aber er wollte es nicht einmal.

Das Heft fängt mit Felice an, die mir am 2. V 13 den Kopf unsicher machte, ich kann mit diesem Anfang das Heft auch schließen, wenn ich statt unsicher ein schlimmeres Wort nehme.

Anhang

Editorische Notiz

Der Text dieser Taschenbuchausgabe entspricht dem der Kritischen Kafka-Ausgabe. Die unregelmäßige Interpunktion und die manchmal ungewöhnliche Orthographie mögen zunächst befremden, sie beruhen jedoch auf dem Prinzip, die Textgestalt der Handschrift auch im Druck beizubehalten, die Authentizität des dargebotenen Textes durch den möglichst engen Anschluß an die Handschrift zu wahren. Dies bedeutet, daß auch Anomalien, die auf veralteten Regeln, regionalen Formen oder Eigenarten des Autors beruhen, beibehalten wurden. In den Text eingegriffen wurde nur bei offensichtlichen Verschreibungen und ähnlichen Anomalien, die die Lesbarkeit deutlich und unnötig erschweren würden. (Eine vollständige Rechenschaft über die Eingriffe in den Text wird im Apparatband der Kritischen Ausgabe gegeben.)

Im Unterschied zu der von Max Brod herausgegebenen Ausgabe wurde bei der Edition der Tagebücher und Reisetagebücher darauf verzichtet, die einzelnen Tagebucheintragungen zu ordnen und in eine durchgehend chronologische Folge zu bringen; statt dessen werden sie so wiedergegeben, wie sie in den von Kafka verwendeten Heften, Notizblöcken und Konvoluten loser Blätter aufeinander folgen, also vielfach mit zeitlichen Sprüngen. Für die chronologische Abfolge dieser Schriftträger wurde die jeweils früheste darin enthaltene datierte oder datierbare Eintragung zugrunde gelegt.

Die Textwiedergabe folgt der Handschrift des Autors in ihrem letzten erkennbaren Zustand. Vollendete und fragmentarische Texte sowie konkurrierende Textfassungen werden gleichberechtigt behandelt und ihrem Ort in der Handschrift entsprechend abgedruckt. Von Kafka gestrichene Textpassagen sind in dieser Ausgabe nicht enthalten. (Zu ihnen sei auf das Variantenverzeichnis im Apparatband der Kritischen Ausgabe verwiesen.)

Graphische Besonderheiten der Handschrift bleiben in der Regel unberücksichtigt; Neueinsatz des Schreibens auf neuer Manuskriptseite nach längerer Unterbrechung sowie Wechsel der Schreibrichtung (z. B. Neubeginn in einem bereits zuvor benutzten Schreibheft, nun aber vom hinteren Heftende her) werden im Druck durch Beginn auf neuer Seite nachgebildet.

Aus den genannten Prinzipien ergibt sich, daß Texttitel nur dann wiedergegeben werden, wenn sie von Kafka stammen. Um innerhalb dieser Taschenbuchausgabe das Auffinden von in der Handschrift unbetitelten Texten zu erleichtern, die von Kafka anderswo mit Titel genannt oder erwähnt werden oder die aufgrund ihrer Druckgeschichte unter einem nicht von Kafka herrührenden Titel bekannt sind, ist dem Register zu den Tagebüchern und Reisetagebüchern eine Übersicht beigegeben, die auf die Fundstelle in den Bänden dieser Ausgabe verweist.

Das Register ist als Gesamtregister zu den drei Tagebuchbänden sowie zu den Reisetagebüchern angelegt; es gliedert sich in: ein chronologisch geordnetes Verzeichnis aller von Kafka gesetzten Daten, und zwar mit Rücksicht darauf, daß die Tagebuch- und Reisetagebucheintragungen in der überlieferten Anordnung der Hefte, Notizblöcke und losen Blätter (und nicht in ihrer chronologischen Abfolge) wiedergegeben werden; ein Verzeichnis der in den Tagebüchern enthaltenen fiktionalen Texte und Textfragmente Kafkas; ein Verzeichnis der erwähnten Werke Kafkas; ein

Verzeichnis der erwähnten Personen, Werke, Periodika; ein Verzeichnis der Vereine, Institutionen, Organisationen und Schauspielensembles sowie ein Verzeichnis der erwähnten Orte (jeweils unter Berücksichtigung von Nennungen im Kommentar, aber ohne die in Exzerpten und Zitaten Genannten).

Der Kommentar zu den Tagebuch- und Reisetagebuchaufzeichnungen Kafkas sucht den Hintergrund von Textstellen – die jeweils durch ein Lemma bezeichnet werden – so weit aufzuhellen, wie es zum direkten Verständnis der Eintragungen notwendig scheint. Im einzelnen bedeutet dies: die von Kafka genannten Personen zu identifizieren und, sofern sie nur mit Initialen bezeichnet werden, diese aufzuschlüsseln; den kulturellen oder zeitgeschichtlichen Hintergrund von Tagebucheintragungen anhand zeitgenössischer Dokumente zu vermitteln; die Quellen von Anspielungen, Zitaten und Exzerpten nachzuweisen; Beziehungen zwischen Tagebüchern, Briefen und Werken Kafkas aufzuzeigen; Informationen zu den von Kafka besuchten Örtlichkeiten bereitzustellen, wobei sich topographische Hinweise an den zur Zeit der Aufzeichnungen üblichen und auch von Kafka verwendeten Bezeichnungen orientieren.

Zu tschechischen, hebräischen und jiddischen Ausdrükken und Textpassagen gibt der Kommentar eine Übersetzung; gegebenenfalls werden sie – ebenso wie auch einige nur regional gebräuchliche Ausdrücke – erläutert.

Im Kommentarteil steht Kafka-Text kursiv, Kommentar-Text gerade. Textverweise innerhalb der Tagebuchbände dieser Ausgabe erfolgen mittels hervorgehobener Seitenzahlen, gegebenenfalls mit vorangestellter und durch Doppelpunkt abgetrennter Bandangabe (z. B. »2:**154**«); Verweise innerhalb der Kommentarteile erfolgen unter Angabe der kommentierten Textseiten und der jeweiligen Ordnungsziffer im Kommentar (z. B. »siehe Kommentar **205**3«).

Für Hinweise und Ergänzungen zum Kommentar sei an dieser Stelle gedankt: Hans Jürgen Bracker (Witten), William Dodd (Birmingham), Jürgen Muck (Wernau), Anthony Northey (Wolfville), Hugo Rokyta (Prag), Marianne Steiner (London), Klaus Wagenbach (Berlin).

Siglen

B — Franz Kafka, ›Beschreibung eines Kampfes. Novellen, Skizzen, Aphorismen aus dem Nachlaß‹. Hrsg. v. Max Brod. Frankfurt 1954.

BKB — ›Max Brod, Franz Kafka: Eine Freundschaft‹. Bd. 2, Briefwechsel. Hrsg. v. Malcolm Pasley. Frankfurt 1989.

BKR — ›Max Brod, Franz Kafka: Eine Freundschaft‹. Bd. 1, Reiseaufzeichnungen. Hrsg. unter Mitarb. v. Hannelore Rodlauer v. Malcolm Pasley. Frankfurt 1987.

Br — Franz Kafka, ›Briefe 1902–1924‹. Hrsg. v. Max Brod. Frankfurt 1958.

EaFK — ›»Als Kafka mir entgegenkam ...« Erinnerungen an Franz Kafka‹. Hrsg. v. Hans-Gerd Koch. Berlin 1995.

F — Franz Kafka, ›Briefe an Felice und andere Korrespondenz aus der Verlobungszeit‹. Hrsg. v. Erich Heller und Jürgen Born. Frankfurt 1967.

FK — Max Brod, ›Über Franz Kafka. Eine Biographie‹. Frankfurt 1974.

KB — Jürgen Born, ›Kafkas Bibliothek: Ein beschreibendes Verzeichnis‹. Mit einem Index aller in Kafkas Schriften erwähnten Bücher, Zeitschriften und Zeitschriftenbeiträge. Zusammengestellt unter Mitarb. v. Michael Antreter, Waltraud John und Jon Shepherd. Frankfurt 1990.

KK — Kurt Krolop, ›Zu den Erinnerungen Anna Lichtensterns an Franz Kafka‹. ›Germanistica Pragensia‹, 5 (1968), S. 21–60.

KKA Franz Kafka, Kritische Ausgabe der Schriften, Tagebücher, Briefe. Frankfurt 1982ff. Mit den Zusätzen B1, B2 und B3 für die Bände: ›Briefe 1900 bis 1912‹ (1999); ›Briefe 1913–1914‹ (2001); ›Briefe 1914–1917‹ (2005); jeweils hrsg. von Hans-Gerd Koch.

KP Hartmut Binder, ›Kafka in Paris. Historische Spaziergänge mit alten Photographien‹. München 1999.

KWBr Kurt Wolff, ›Briefwechsel eines Verlegers 1911 bis 1963‹. Hrsg. v. Bernhard Zeller und Ellen Otten. Frankfurt 1966.

M Franz Kafka, ›Briefe an Milena‹. Hrsg. v. Jürgen Born und Michael Müller. Frankfurt 1983.

O Franz Kafka, ›Briefe an Ottla und die Familie‹. Hrsg. v. Hartmut Binder und Klaus Wagenbach. Frankfurt 1974.

Sudel Hartmut Binder, ›Frauen in Kafkas Lebenskreis‹. Erster Teil. ›Sudetenland‹ 39 (1997), H. 4, S. 337 bis 370 und ›Frauen in Kafkas Lebenskreis‹. Zweiter Teil. ›Sudetenland‹ 40 (1998), H. 1, S. 14–58.

T Franz Kafka, ›Tagebücher 1910–1923‹. Hrsg. v. Max Brod. Frankfurt 1951.

WB Klaus Wagenbach, ›Franz Kafka: Bilder aus seinem Leben‹. 2. Aufl., Berlin 1989.

AA Abend-Ausgabe

AUVA Arbeiter-Unfall-Versicherungs-Anstalt

MA Morgen-Ausgabe

MiA Mittag-Ausgabe

1] *Die Einförmigkeit. Geschichte]* Zwar nach Art einer Überschrift auf Zeilenmitte geschrieben, aber durch einen kurzen Querstrich vom Folgetext getrennt, und deshalb wohl nicht als Titel zu diesem zu verstehen. 12

2] *Wenn man sich ... ihm geht.]* Unter dem Titel ›Der plötzliche Spaziergang‹ von Kafka in sein im Dezember 1912 erschienenes Buch ›Betrachtung‹ (siehe Kommentar 1:**85–89**1) aufgenommen (vgl. im Band ›Ein Landarzt und andere Drucke zu Lebzeiten‹, S. 19f.). – Kafkas Notizblock (vgl. Kommentar 1:**217**1) enthält zu dieser Eintragung die Notiz: *das Unglück aus dem Zuhausebleiben.* 12-13

1] *Weltsch]* Felix Weltsch. 13

2] *Benefice der Frau Klug]* Die »große Benefizvorstellung der hier beliebten Soubrette Frau Flora Klug« wurde zusammen mit der Aufführung des ›Vicekönig‹ (siehe auch S. **14**) am 5. Januar 1912 für denselben Abend im Café Savoy angekündigt (›Prager Tagblatt‹; MA Nr. 4, S. 9).

1] *Gestern »Vicekönig« von Feimann.]* Sigmund Feinmanns ›Der Vicekönig‹, siehe Kommentar **13**2. 14

2] *Frau Klug hatte Benefice]* Siehe Kommentar **13**2.

1] *Frau T.]* Frau Tschisik. 15

1] *Warschauer Schriftsteller Nombert]* Hersh David Nomberg (1876–1927), Essayist und Erzähler, Mitbegründer der polnisch-jüdischen ›Folkspartei‹. 16

2] *Ehepaar T.]* Ehepaar Tschisik.

3] *für Kol-Nidre]* Das Bühnenstück von Abraham Scharkansky, siehe auch Kommentar 1:**77**3.

4] *Mazzes]* Siehe Kommentar 1:**176**1.

16 5] *Montag sollte ich ... kannte.]* Kafka hatte bereits am 8. Oktober 1911 eine Aufführung der ›Sejdernacht‹ von Joseph Latteiner besucht, vgl. *Vorgestern ... Feimann.* (1:**60**) und Kommentar 1:**60**3.

6] *(bore Isroel)]* Hebräisch ›Schöpfer Israels‹.

17-20 1] *Jeschive ... aushalten konnte.]* Siehe Kommentar 1:**217**1.

17 2] *Jeschive]* Jiddisch (hebr. »Jeschiwa«) für »Talmud-Hochschule«. *Jeschive* findet sich auch als Stichwort auf Kafkas Notizblock (siehe Kommentar 1:**217**1).

3] *Rosch-Jeschive]* Hebräisch für »Haupt der Jeschiwa«.

18 1] *Eine berühmte Jeschive ... Ortes.]* Auf Kafkas Notizblock (siehe Kommentar 1:**217**1) finden sich die beiden Eintragungen: *Ostro, 10 Stunden Fahrt* und *Wagen des Grafen.*

2] *Close]* Jiddisch (»klois«) für »kleine Studierstube«.

18-19 3] *L.]* Hier und im weiteren Kontext der Eintragung Jizchak Löwy.

20 1] *Im großen Zimmer ... Kartenspiels]* Siehe Kommentar 1:**155**2.

2] *der kleine Felix]* Kafkas Neffe Felix Hermann.

3] *F.]* Felix Hermann.

4] *Gestern bei Baum]* Oskar Baum wohnte mit seiner Familie in der Mariengasse 26.

5] *Strobl]* Der Schriftsteller Karl Hans Strobl (1877–1946) lebte 1912 als Finanzbeamter in Brünn. Als Literatur- und Theaterkritiker schrieb er u.a. für den Brünner ›Tagesboten‹ (vgl. auch Kommentar 1:**193**1).

6] *B. las ... Ernst«;]* Mit dem *Feuilleton »vom Volkslied«* meint Kafka offenbar Oskar Baums Feuilletonbeitrag ›Ghettolieder‹, der am 14. Januar 1912 im ›Prager Tagblatt‹ erschien (MA Nr. 13, S. 8). – Eine Publikation Baums mit dem Titel ›Des Schicksals Spiele und Ernst‹ ist nicht nachgewiesen; möglicherweise handelt es sich um die Erzählung ›Ein Schicksal‹, die 1912 in Heidelberg erschien.

7] *den gegenwärtigen Plan der »Irma Polak«]* Entweder ein nicht 20
oder mit einem anderen Namen realisierter »Plan«. Im publizierten Œuvre Brods findet sich weder dieser Titel noch eine Figur dieses Namens.

8] *M.]* Max Brod.

1] *Aus einem Gedicht ... Leiber«.]* Morris Rosenfeld, ›Sturm‹. 21
Die sechste Strophe des Gedichtes lautet:

»Da wimmern die Kleinen und klagen die Weiber,
Und alles bekennt voll Reu' seine Schuld.
Es flattern die Seelen, es zittern die Leiber:
›Erbarme dich unser in deiner Huld!‹ (...)«

In: ›Lieder des Ghetto‹. Autorisierte Übertragung aus dem Jüdischen von Berthold Feiwel (zitiert nach der 3. Aufl. Berlin 1905, S. 74; weitere Ausgaben der Übertragung von Feiwel erschienen in den folgenden Jahren im Berliner Verlag Hermann Seemann Nachfolger).

1] *Maler Ascher]* Zu Ernst Ascher (1888–?) siehe Max Brod, 22
›Notiz über einen jungen Maler‹. ›Herder-Blätter‹; 1. Jg., Nr. 3 (Mai 1912), S. 56.

2] *mit meinem Chef]* Wahrscheinlich Oberinspektor Pfohl.

3] *las Pinez ... judeo-allemande«]* Meyer Isses Pinès, ›Histoire de la Littérature Judéo-Allemande‹. Paris 1911. Siehe hierzu auch Kafkas Exzerpte auf S. **23**ff. (*Pinès: ...*) – Möglicherweise war Kafka oder einer seiner Freunde durch einen Hinweis in der Zeitschrift ›Selbstwehr‹ vom 3. November 1911 auf das Erscheinen dieser Publikation aufmerksam geworden (›Eine Geschichte der Jargon-Literatur in französischer Sprache‹. Nr. 43, S. 6).

4] *jetzt lese ich Fromer ... Judentums«]* Jakob Fromer, ›Der Organismus des Judentums‹. Charlottenburg 1909.

5] *endlich hatte ich ... lassen;]* Unter der Überschrift ›Jüdisches Theater‹ schreibt die Wochenschrift ›Selbstwehr‹ am

26. Januar 1912: »Eine jüdische Theatergruppe, die eben ein viermonatliches Gastspiel in Prag absolviert hat und eben in Pilsen spielt, wäre geneigt, vom 27. d. M. ab einige Gastspiele in der böhmischen Provinz zu veranstalten. Da die Truppe vorzügliche Kräfte besitzt und höchst interessante Stücke gibt, so daß ein Gastspiel ein wirklich wertvolles Bild des ostjüdischen Lebens in sehr unterhaltender Form vermittelt, wäre die Veranstaltung von einem oder zwei Theaterabenden (wobei eine besondere Bühne nicht nötig ist) den jüdischen Vereinen in jenen Städten, wo eine größere jüdische Bevölkerung lebt, auf das wärmste [zu] empfehlen. Um die Verhandlungen nicht in die Länge zu ziehen, ist die Redaktion der ›Selbstwehr‹ bereit, die Vermittlung zu übernehmen.« (Nr. 4, S. 6).

22 6] *habe noch einmal Sulamit ... Schmidtbonn.]* Die Lemberger jüdische Schauspielgesellschaft führte ›Sulamit‹ von Abraham Goldfaden am 12. Januar 1912 im Café Savoy auf (laut ›Prager Tagblatt‹ vom selben Tag; MA Nr. 11, S. 10); Kafka hatte die Operette bereits am 13. Oktober 1911 gesehen, vgl. *Gestern abend ...* (1:**64–66**) – Das jüdische Volksstück ›Herzele Mejiches‹ von Moses Richter wurde am 19. Januar 1912 ebenfalls dort aufgeführt, in der Anzeige im ›Prager Tagblatt‹ vom selben Tag angekündigt »zu Ehren d. Gastes Hrn. Dr. Nathan Birnbaum (M. Acher)« (AA Nr. 18, S. 4). – Birnbaum, als Schriftsteller unter dem Namen ›Mathias Acher‹ bekannt, hielt am Tag zuvor, dem 18. Januar 1912, den einleitenden Vortrag zum Festabend des Bar-Kochba (siehe S. **23**: *Volksliederabend ...*). – Das Neue deutsche Theater gab am 22. Januar 1912 das Schauspiel ›Der Graf von Gleichen‹ von Wilhelm Schmidtbonn als Premiere.

23 1] *Volksliederabend: ... gehören kann. –]* Der vom Verein ›Bar-Kochba‹ veranstaltete jüdische Volksliederabend fand am 18. Januar 1912 im ausverkauften großen Festsaal des Hotels

Central in der Hibernergasse 10 statt. Das auf Nathan Birnbaums Einführung ›Das Lied der Ostjuden‹ folgende Programm umfaßte den Vortrag jüdischer Volkslieder durch den Berliner Sänger und Kantor Leo Gollanin (siehe S. **23**: *Sänger ... kann.* –) sowie Rezitationen ostjüdischer Dichtungen in deutscher Übersetzung durch Margarethe Neff, einer Schauspielerin des Deutschen Landestheaters (laut ›Selbstwehr‹ vom 26. Januar 1912; Nr. 4, S. 4f.).

2] *Herrn Weltsch]* Vermutlich Dr. Theodor Weltsch (1861 bis 23
1922), Onkel von Kafkas Freund Felix und Vater von Robert und Lise Weltsch; Advokat und Vorstandsmitglied des ›Centralvereins zur Pflege jüdischer Angelegenheiten‹.

3] *Pinès: ... London]* Siehe auch Kommentar **22**3. – Auf die 23-28
bibliographische Angabe, die etwa in der Mitte der recto-Seite eines Tagebuchblattes steht, folgt eine Reihe von Exzerpten aus der französischen Ausgabe in Kafkas Übersetzung, der hier die entsprechenden Stellen des Originals gegenübergestellt werden. – Der Textverlust nach der bibliographischen Angabe sowie nach: *Marek 1901)* (S. **24**) ist durch die nachträgliche Entfernung der unteren Hälfte des ersten Blattes entstanden. Vermutlich hat Kafka diese Aufzeichnungen für seine Einführung zu Jizchak Löwys Rezitationsabend (vgl. S. **35**f.: *Ich habe ...*) verwendet.

1] *Erstes Buch ... sehr schön]* Vgl. das Kapitel ›Les Commen- 24
cements de la Littérature‹ in: ›Histoire de la Littérature Judéo-Allemande‹, a.a.O., S. 31–55. – »Ce n'est qu'en 1507 qu'a été publié à Venise le premier livre judéo-allemand. Ce livre est le ›Bovo Buch‹ ou ›Bovo Maisse‹ (Livre de Bovo) (...) la traduction en vers d'un des plus célèbres romans anglais, ›Sir Bevis of Southampton.‹ (...)« (ebd., S. 31f.). – »(...) c'est le ›Tsena-Urena‹ de Jacob ben Isack de Janow (mort à Prague en 1628) (...) est une traduction plutôt libre du ›Pentateuque‹ et des cinq ›Megiloth‹, où aux récits bibliques sont mêlées d'une

façon charmante des légendes tirées de la littérature agadique juive (...) est devenue le livre d'éducation et le guide moral de milliers de femmes juives.« (ebd., S. 32f.).

24 2] *Volkslieder: ... 1901)]* Vgl. das Kapitel ›Les Chansons Populaires‹, ebd., S. 56–72. – »›Evreiskia narodnia piesni w Rassii‹ (Chansons populaires juives en Russie) recueillies et publiées avec une introduction de S.M. Ginsbourg et P.S. Marek (édition du ›Woschod‹, Saint-Pétersbourg, 1901).« (ebd., S. 56, Anm. 1). – »Nous y voyons le soldat juif se plaindre des tracasseries auxquelles il est exposé de la part de ses chefs militaires et aussi de ce qu'il ne peut remplir ses devoirs religieux. / On nous coupe la barbe et les pattes / Et on nous empêche d'observer les samedis et les jours de fête / (...) L'étude de la Bible et du Talmud, qui constituait le principal objet d'occupation du jeune homme du ghetto, n'a rien de commun avec le maniement d'armes et les autres exercices physiques qui l'attendent à la caserne. / Déjà à l'âge de cinq ans je suis entré au ›cheder‹, / Et maintenant je dois me promener à cheval.« (ebd., S. 68f.). – »Très populaire est de nos jours encore une chanson de ce genre dont l'on possède de nombreuses variations, mais qui toutes ont le même refrain qui semble inspiré par le sentiment profond d'un peuple qui, au milieu de toutes les attaques dirigées contre lui, n'a pas perdu la conscience de sa dignité et proclame bien haut la noblesse de sa destinée. / (...) Wos mir seinen, seinen mir, / Ober jueden seinen mir.« (ebd., S. 72).

3] *Haskala, ... Wissenschaften hin.]* Vgl. das Kapitel ›Littérature Haskalite‹, ebd., S. 73–112. »Le maskil qui chantait sans cesse les gloires de ›la langue belle, unique, la seule chose qui nous soit restée‹, n'était pas nationaliste. Il l'était peut être ›en puissance‹, il le deviendra tout de suite après les ›pogromes‹ et fournira le plus gros contingent de l'armée sioniste, mais avant les événements de 1881 il ne l'était pas encore, du moins au sens moderne du mot.« (ebd., S. 82). – »J. L. Gordon, le plus grand poète hébreu de cette époque, un des chefs du mouvement haskalite, formulera tout leur credo politique dans une phrase devenue célèbre et qui plus tard sera répudiée par les éléments nationalistes: ›Sois juif dans ta maison et homme en sortant.‹« (ebd., S. 83). – »Non seulement la production et la publication de livres d'édification religieuse, de contes populaires continua comme précédemment, mais ce fut justement pendant cette période maskilite – caractérisée par l'hostilité la plus implacable envers le judéo-allemand – que fut jeté le fondement d'une littérature profane dans cette langue.« (ebd., S. 92f.). – »(...) on publia à Vilna un livre intitulé ›Kolumbus‹, qui avait pour auteur un certain Chaikel Hurwiz de Ouman (...) Ce livre, qui n'est qu'une simple traduction d'un livre allemand sur la découverte de l'Amérique, a également influencé le style des écrivains judéo-allemands (...)« (ebd., S. 96). – »C'est avec elle que les idées fondamentales du maskilisme: la lutte contre le chassidisme, l'exaltation de l'instruction et des travaux manuels, pénètrent dans la littérature judéo-allemande. / Parmi les auteurs de cette époque il faut citer à côté de Levinsohn, Aksenfeld et Ettinger.« (ebd., S. 102).

1] *Badchen ... Gedankengänge]* Vgl. das Kapitel ›La Poésie Populaire: Les Badchens‹, ebd., S. 142–152.

2] *Le Roman ... 26 Bände]* Vgl. das Kapitel ›Le Roman Populaire‹, ebd., S. 153–170. – »Le père du roman populaire judéo-allemand est Aïsik Meier Dick (1808–1894). C'était une des figures les plus curieuses du monde maskilite.« (ebd., S. 153). – »Le plus célèbre des auteurs de ce genre de romans romanesques aux intrigues les plus extravagantes, qui vont en se compliquant de volume en volume, est Schaikewitsch, plus connu sous son pseudonyme littéraire Schomer (...)« (ebd., S. 161). – »Comme Dick, Schomer, lui aussi, aime à intercaler dans ses récits de longs morceaux de morale.« (ebd., S. 162). – Ebd., S. 163, Anm. 2: »Der podriatschik. ein höchst interessanter roman. Ein richtiger fact vun leben. (...)«. – Ebd., S. 165, Anm. 1: »Schomer. Die eiserne frau oder das verkaufte kind. Ein wunderschoener roman. (...)«. – »Un roman intitulé: ›Chez les cannibales‹ n'a pas moins de 26 volumes (...)« (ebd., S. 169); Anm. dazu: »Zwischen menschenfresser (...)«.

3] *S. J. Abramowitsch ... Beißens)]* Im Kapitel ›S. J. Abramovitsch (Mendele Mocher Sforim)‹, ebd., S. 171–240, zitiert Pinès aus ›Fischke der krumer‹: »›Souvent, dit-il de lui-même, en regardant j'ai les yeux un peu fermés, comme un myope, et quand je pince les lèvres j'ai l'air d'un homme qui sourit ironiquement‹.«; dazugehörige Anm.: »›Fischke der krummer‹, p. 9, édit. Hebr. publ. Comp., New-York.« (ebd., S. 201).

4] *J. J. Linetzki ... juengel]* Vgl. das Kapitel ›J. J. Linetzki‹, ebd., S. 241–259.‹ – »(...) sa réputation littéraire fut fondée par un seul livre: ›Le jeune homme polonais‹ (...)« (ebd., S. 241); ebd., S. 248, Anm. 1: »J. J. Linetzki. ›Dos chassidische juengel‹. (Dans l'édition que nous citons ici, l'auteur a changé le titre de son roman ›Le jeune polonais‹ pour celui du ›Jeune homme chasside‹) (...)«.

5] *Ende der Haskala ... Jargonlitteratur]* Vgl. das Kapitel ›La Fin du Maskilisme‹, ebd., S. 261–265. – »Cependant le mouvement national n'était pas le seul à prendre auprès des intellectuels juifs la place rendue libre par la faillite du maskilisme et de l'idéal d'assimilation. Un certain nombre de ces intellectuels subit l'influence des doctrines démocratiques et socialistes (...)« (ebd., S. 262). – »C'est ainsi que l'évolution de la vie juive du ghetto dans les derniers trente ans a eu pour résultat un développement rapide et admirable de cette littérature.« (ebd., S. 265).

6] *S. Frug ... stirbt auch der Rabbi.]* Vgl. das Kapitel 25-26
›S. S. Frug‹, ebd., S. 266–302. – »Le culte de la nature, l'amour pour le travail physique, surtout pour celui des champs, que le poète a apporté du milieu rural dans lequel il a été élevé, est devenu un des sentiments les plus forts qui inspira sa muse.« (ebd., S. 280f.). – Kafka zitiert die siebente Strophe des elf Strophen umfassenden ›Lied der arbeit‹, vgl. ebd., S. 283. – »(...) n'est-il pas dit dans le Talmud: ›Celui qui interrompt son étude pour dire: comme cet arbre est joli, a mérité la mort.« (ebd., S. 284). – »Dans ses nuits d'insomnie, quand le poète erre par les champs dans le pays d'exil, le cœur serré d'un sentiment d'angoisse et de crainte indéfinie, son imagination évoque devant les yeux le pays qui était celui de ses ancêtres et qui lui apparaît maintenant comme un vaste cimetière dans lequel ›le mur occidental‹ s'élève comme un monument sur un tombeau« schreibt Pinès mit Bezug auf ein Gedicht von Frug, dessen zweite und dritte Strophe lauten:

»Il m'apparaît un pays cher, éloigné,
Avec de vieux chênes, grands et hauts
Auprès d'un vieux mur ...

De ce mur du Temple
Qui nous est resté
Comme le souvenir, le monument funèbre
De tout ce qui existait autrefois ...«

(ebd., S. 288). – »Des légendes populaires qui ont été mises en vers par Frug, la plus belle et la plus célèbre est: ›La fille du schamesch‹ (...)«; es folgt eine ausführliche Inhaltsangabe, die Kafka übersetzt und verkürzt wiedergibt (ebd., S. 296–298).

1] *Perez né ... Gedichte]* Vgl. das Kapitel ›J.-L. Perez‹, ebd., 26
S. 302–329.

2] *Rosenfeld ... sichergestellt]* Vgl. das Kapitel ›Morris Rosenfeld‹, ebd., S. 329–387. – »En 1906, les effets de toute une vie de misère et de luttes sur un organisme délicat se firent sentir et le poète souffrit d'une attaque de paralysie (...) Le pauvre public judéo-allemand trouva moyen de recueillir pour son poète une somme modeste, certes, mais qui lui permit de rétablir sa santé et de vivre désormais dans des conditions plus ou moins indépendantes.« (ebd., S. 334).

26 3] *M. Spektor: ... Gemeinde]* Vgl. das Kapitel ›M. Spektor‹, ebd., S. 388–396. – »La ›Mikwah‹ a été mise à feu et comme il n'y a pas moyen d'en construire tout de suite une autre, les habitants de la ville, surtout l'élément féminin, sont forcés de faire des voyages fréquents dans la ville voisine où il y en a une.« (ebd., S. 392).

4] *Jakob Dienesohn: ... Süßlich]* Vgl. das Kapitel ›Jacob Dienesohn‹, ebd., S. 397–408. – »(...) Dienesohn (...) introduisit dans cette littérature le roman sentimental ou, pour l'appeler plus justement, ›larmoyant‹.« (ebd., S. 397). – »Il est curieux de remarquer que dans tous les romans de Dienesohn le même procédé est appliqué comme par un parti pris: (...) jamais les méchants ne sont ›punis‹ (...)« (ebd., S. 399).

5] *S. Rabinowitsch ... Masken]* Vgl. das Kapitel ›S. Rabinowitsch (Scholem-Aleichem)‹, ebd., S. 409–437. – »Menachem-Mendel qui possède, comme tous les jeunes gens de Kassriliwke, des connaissances rabbiniques plus ou moins étendues, n'a jamais pensé à devenir cordonnier, et quand, par la force des circonstances, il vient à la grande ville de Jehoupez (Kiev) où il doit gagner lui-même sa vie, il se trouve bientôt improvisé (...) boursier.« (ebd., S. 419). – »(...) dans les lettres qu'il écrit à sa femme nous le voyons successivement passer d'un métier à l'autre (...) Menachem-Mendel qui est toujours sans le sou et qui serait mort de faim sans les quelques roubles que sa femme (...) lui envoie de temps en temps (...)« (ebd., S. 420). – »(...) cette fête de Pourim, la vraie fête des enfants, pendant laquelle les rues des petites villes du ghetto sont pleines de groupes d'hommes masqués (...)« (ebd., S. 429f.).

6] *Perez ... Kabbalisten«]* Vgl. das Kapitel ›J. L. Perez‹, ebd., 26-27
S. 438–493. »Le Batlen, un des types les plus répandus du ghetto, est un homme sans situation, et qui fuyant la vie et la lutte pour la vie dont il se sent incapable, cherche un refuge dans la synagogue où il vit de la charité des fidèles et passe son temps à prier, à étudier et, dans la plupart des cas, à ne rien faire.« (ebd., S. 457). – »(...) pour la plupart jeunes encore, qui se morfondent dans l'inactivité, l'imagination pleine de rêves sombres et fantaisistes, ont le cœur dévasté par des désirs non assouvis, soutiennent une lutte de tous les instants contre les instincts de la vie, combat qui souvent finit par la mort morale et intellectuelle de l'être au sein duquel il a lieu.« (ebd., S. 458). – Ebd., S. 463, Anm. 1: »Mort du baiser (mithat nechiko): mort douce réservée d'après la légende aux hommes d'une très grande sainteté de vie.« – »Le Baalschem lui-même avant d'exercer les fonctions de rabbin à Miedzeboz vivait pendant longtemps du travail de ses mains: habitant dans un village qui était situé au pied des monts Carpathes, il préparait la chaux que sa femme vendait dans la ville voisine; plus tard, il fut cocher chez son propre beau-frère. Il portait des habits de paysan et trouvait une source d'inspiration moins dans l'étude que dans les promenades solitaires dans les montagnes. (...) Le Zohar, cette ›Bible des Kabbalistes‹, était le livre préféré de Baalschem.« (ebd., S. 470 u. 471).

1] *Jüdisches ... erblicken.]* Vgl. das Kapitel ›Le Théâtre Judéo- 27
Allemand‹, ebd., S. 494–508. – »Depuis des temps immémoriaux, la fête de Pourim était l'occasion de certains spectacles bouffons, donnés pour amuser le public. (...) Le premier texte imprimé d'une pièce judéo-allemande que nous connaissions est celui du ›Jeu-d'Ahasvérus‹ publié par un anonyme à Franc-

fort-sur-le-Mein en 1708.«; dazugehörige Anm.: »Ein schoen neu Achaschwerosch-spiel. (...)« (ebd., S. 494). – »Le créateur du théâtre judéo-allemand, celui qui forma la première troupe régulière d'artistes judéo-allemands fut le poète populaire Abraham Goldfaden. En 1876–1877 pendant la guerre russo-turque, un grand nombre de juifs russes et galiciens, fournisseurs de l'armée, se trouvaient à Bucarest. Goldfaden, venu lui-aussi sur le théâtre de la guerre dans l'espoir d'y trouver quelque gagne-vie, s'avisa bientôt que le public juif qui tous les soirs remplissait les cafés où des chœurs chantaient en judéo-allemand, pourrait bien goûter des représentations dramatiques dans la langue populaire et se mit à réaliser ce plan. (...) Il n'était pas possible à cette époque de trouver des femmes juives consentant à jouer sur la scène, et les premières années les rôles des femmes dans la troupe de Goldfaden furent tenus par des hommes.« (ebd., S. 495f.). – »En 1883, le gouvernement russe (...) interdit les représentations judéo-allemandes. (...) La première troupe judéo-allemande arriva en Amérique en 1884, après avoir joué quelque temps à Londres. (...) Lateiner et Horowitz, les deux principaux ›fournisseurs‹ de pièces des théâtres judéo-allemands américains, ont composé un nombre extraordinaire de pièces (...)« (ebd., S. 498f.). – »Dans une notice biographique qu'il a écrite pour le recueil judéo-allemand, intitulé: ›La scène juive‹, qui a paru à New-York en 1897 pour célébrer le vingtième anniversaire de la fondation du théâtre judéo-allemand, Gordin indique les motifs qui ont jusqu'ici entravé le développement de ce théâtre (...) ›Le théâtre judéo-allemand, malgré les centaines de milliers de personnes formant son public, ne peut pas espérer l'avènement d'un écrivain de talent puissant, tant que le gros de ses auteurs seront des hommes comme moi, qui ne sont devenus des auteurs dramatiques que par hasard, qui n'écrivent des pièces que parce que les conditions de leur vie les y forcent et qui, comme moi, restent isolés et ne voient autour d'eux qu'ignorance, envie, inimitié et rancœur.‹« (ebd., S. 506f.).

1] *Beckermann … 1898]* Bibliographische Angabe, ebd., 28
S. 514f.: »Bekkermann (Sch.). – ›Gitil die kremerke‹, sehr a interessanter roman, wos die leser wellen sein zufrieden. Vilna, 1898, in–16, 32p.«

2] *Missionärbuch: … London]* Bibliographische Angabe, ebd., S. 516: »›Beweise‹ aus den alten propheten dos der messias schon gekommen. Londres, 1819. in–12, 28p. (édit. des Missionnaires).«

3] *Weltsch]* Felix Weltsch.

4] *Bücher über … verursachen.]* Vermutlich die in der Eintragung *Der mich … abhält.* (S. **29**) genannten Titel.

5] *Vor 3 Tagen … fremdbleibenden.]* In der Prager Premiere der Tragödie ›Erdgeist‹, am 1. Februar 1912 im Neuen deutschen Theater, gastierten der Autor Frank Wedekind in der Rolle des Chefredakteurs Schön und seine Frau Tilly als Lulu (laut ›Bohemia‹ vom 1. Februar 1912; MA Nr. 31, S. 14).

6] *Es war übrigens … brachte.]* Die Aufführung von Jacques Offenbachs Operette ›Orpheus in der Unterwelt‹ mit Max Pallenberg als Jupiter fand am 31. Januar 1912 im Neuen deutschen Theater statt. Pallenberg war während seines Prager Gastspiels enthusiastisch gefeiert worden, so daß diese Aufführung laut ›Prager Tagblatt‹ vom 29. Januar 1912 (MiA Nr. 28, S. 4) als eine Art »Zugabe« angesetzt wurde.

1] *Vor-Gestern … geschrieben.]* Offenbar nach einer Reak- 29
tion auf die Rundschreiben und den Aufruf in der ›Selbstwehr‹ (vgl. *endlich hatte ich … lassen* (S. **22**) und Kommentar **22**5).

2] *(Goethes … Frankfurt)]* ›Goethes Gespräche‹. Hrsg. v. Woldemar Frhr. v. Biedermann (vgl. S. **53–57**: *W. Freiherr von Biedermann … D. Veit.* und Kommentar **53–57**2); ›Goethes Studentenjahre (1765–1771). Novellistische Schilderungen aus dem Leben des Dichters‹. Leipzig 1910; ›Stunden mit Goethe‹. Hrsg. v. W. Bode. Berlin 1904ff. *Ein Aufenthalt Goethes in Frankfurt* könnte sich auf Ludwig Geiger, ›Goethe in Frankfurt am Main 1797. Aktenstücke und Darstellung‹. Frankfurt a.M. 1899, beziehen.

29 3] *Schmerler, ... macht.]* Salomon Schmerler, ein aktives Mitglied der Prager jüdischen Gemeinde, war an der Durchführung von Jizchak Löwys Rezitationsabend beteiligt. Möglicherweise hält diese Eintragung Kafkas Eindrücke von dem Vorgespräch fest, das er später erwähnt (siehe *Schmerler* (S. **35**) und Kommentar **35**6). Schmerlers Name findet sich auch in einer Liste auf Kafkas Notizblock (siehe Kommentar 1:**217**1), in der er offenbar den Erlös aus Sammlungen für den Rezitationsabend festhält (siehe hierzu den Apparatband der Kritischen Ausgabe, S. 70).

4] *Ruhiges, ... Gallerie.]* Offenbar hat Kafka die Aufführung von Frank Wedekinds ›Erdgeist‹ (S. **28**: *Vor 3 Tagen ... fremdbleibenden.*) gemeinsam mit Elsa Taussig besucht.

30 1] *Frl. T. ... bedeutet.]* Wie bei ›Weiberwirtschaft‹ (vgl. Kommentar 1:**165**2) handelt es sich um eine in Zusammenarbeit mit Max Brod entstandene Erzählung Elsa Taussigs, die dieser unter dem Titel ›Aus einer Nähschule‹ in sein Buch ›Weiberwirtschaft. Drei Erzählungen‹ (Berlin 1913) aufgenommen hat.

2] *Vor einer Woche ... Taufen]* »Am 28. Jänner sprach im Prager Jüdischen Rathaus Dr. Felix A. Theilhaber, der Autor des Buches ›Der Untergang der deutschen Juden‹; er versuchte aus dem Material, das er in seinem Werke verarbeitet hat, die Grundlinien herauszuschälen, die in so schlagender Weise zu der Erkenntnis führen müssen: die deutsche Judenheit ist dem Untergang verfallen. Der Redner beschränkte sich im allgemeinen darauf, das in dem Buche Gesagte nochmals in großen Zügen zusammenzufassen.« (›Selbstwehr‹ vom 2. Februar 1912; Nr. 5, S. 3).

3] *Prof. Ehrenfels]* Christian Freiherr von Ehrenfels (1859 bis 30
1932), Professor an der philosophischen Fakultät der deutschen Karls-Universität; Begründer der Gestalttheorie. Kafka hatte während seines Studiums Vorlesungen bei Ehrenfels belegt und nahm noch 1913 an Sitzungen eines Seminars bei ihm teil (vgl. S. **198** und KKAB2 Nr. 623).

4] *Müde ... aufgegeben.]* Siehe Kommentar 1:**250–251**2.

5] *Dr. Fleischmann]* Dr. Siegmund Fleischmann (1878 bis 1935), Konzipist in der AUVA. Ihn hatte Kafka bereits 1908 als Lehrer in einem Vorbereitungskurs für die angestrebte Tätigkeit in der AUVA kennengelernt (vgl. im Band ›Amtliche Schriften‹ der Kritischen Ausgabe, S. 26); in späteren Jahren äußert sich Kafka voller Hochachtung über seinen Kollegen, vgl. z.B. Br 189f.

1] *Aus einem solchen ... die Augenbrauen.]* Unter dem Titel 31
›Entschlüsse‹ von Kafka in sein im Dezember 1912 erschienenes Buch ›Betrachtung‹ aufgenommen (S. 32ff.), siehe auch im Band ›Ein Landarzt und andere Drucke zu Lebzeiten‹, S. 18–19.

1] *Goethes ... Kniebeugung.]* Nicht ermittelt. 32

1] *Goethe: ... grenzenlos.]* ›Dichtung und Wahrheit: Dritter 33
und vierter Teil‹, a.a.O., S. 87 (siehe auch Kommentar 1:**250–251**2).

2] *Als ich heute die Karte ... übernehmen müssen]* Kafka war im Begriff, einen Rezitationsabend mit Jizchak Löwy zu organisieren. Zunächst sollte Oskar Baum die einleitenden Worte sprechen, nach einigem Zögern lehnte er aber ab, und Kafka übernahm diese Aufgabe selbst. Seine Einleitung ist überliefert als ›Einleitungsvortrag über Jargon‹ in einer Abschrift von Elsa Taussig-Brod (in dem Band ›Beschreibung eines Kampfes und andere Schriften aus dem Nachlaß‹, S. 149ff.).

34 1] *eine schlechte hebräische … übersetzt.]* Zu der *Geschichte* waren keine Angaben zu ermitteln.

34-35 2] *Diesen Abend … Schwester]* Vgl. Kommentar 1:**155**2.

35-36 1] *Ich habe so lange … nicht dort.)]* Am 18. Februar 1912 »fand im Festsaale des jüdischen Rathauses der angekündigte Rezitationsabend des Warschauer Schauspielers Herrn J. Loewy statt. Nach einer feinen und liebenswürdigen Konferenz, die Herr Dr. Kafka hielt, eröffnete Herr Loewy seine Darbietungen mit einigen Rezitationen, und gab in bunter Fülle Ernstes und Heiteres, Rezitation, dramatische Szenen und Gesang.« (aus der Rezension in der ›Selbstwehr‹ vom 23. Februar 1912; Nr. 8, S. 3).

35 2] *bei dem ich einen … hielt.]* Siehe Kommentar **33**2.

3] *Konferenzen mit dem Verein Bar-Kochba]* Der zionistische Verein jüdischer Hochschüler ›Bar-Kochba‹ übernahm auf Kafkas Bitten hin das Patronat der Veranstaltung und mietete von der Kultusgemeinde-Repräsentanz den Festsaal des Jüdischen Rathauses in der Maiselgasse.

4] *(Toynbeehalle)]* Siehe Kommentar **215–216**2.

5] *Zeitungsnotizen]* Während das ›Prager Tagblatt‹ nur in knapper Form auf die Veranstaltung aufmerksam machte, wies die ›Bohemia‹ ausführlicher und unter Angabe einzelner Programmpunkte darauf hin.

6] *Schmerler]* Die ›Selbstwehr‹ schreibt in der bereits zitierten Rezension: »Herr Schneller erläuterte die Texte in einer jeden Programmabschnitt unermüdlich eröffnenden Ansprache (…)« (Nr. 8, S. 3). Wahrscheinlich handelt es sich hier um eine falsche Wiedergabe des Namens »Schmerler« (zu Salomon Schmerler siehe auch S. **29** (*Schmerler, …*) und Kommentar **29**3).

7] *mit Baum … absagte]* Siehe *Als ich heute die Karte … übernehmen müssen* (S. **33**) und Kommentar **33**2.

8] *mit Dr. Hugo Hermann und Leo Hermann]* Die Vettern Hugo

und Leo Herrmann waren führende Mitglieder des ›Bar-Kochba‹; Leo Herrmann hatte Ende 1910 die redaktionelle Leitung der zionistischen Wochenschrift ›Selbstwehr‹ übernommen, für die auch sein Vetter Hugo regelmäßig schrieb.

9] *Kafé Arco]* Das Café Arco in der Hibernergasse 16 war der 35
Treffpunkt der jungen Literaten, »in dem dann auch Franz Werfel sein Stammquartier aufschlug.« (Hans Tramer, ›Die Dreivölkerstadt Prag‹. In: ›Robert Weltsch zum 70. Geburtstag‹. Hrsg. v. H. Tramer u. K. Loewenstein. Tel Aviv 1961, S. 144).

10] *Robert Weltsch]* Robert Weltsch (1891–1983), ein Vetter von Kafkas Freund Felix Weltsch, war zu dieser Zeit Obmann des Vereins ›Bar-Kochba‹.

11] *wegen Kartenverkaufes mit Dr. Bloch]* Möglicherweise der Advokat Dr. Arthur Bloch, ein aktives Mitglied der Prager jüdischen Gemeinde.

12] *Dr. Hanzal]* Dr. Emanuel Hanzal (1880–?), ein Kollege in der AUVA; wurde zusammen mit Kafka im April 1910 zum Konzipisten befördert. Siehe auch Kafkas *Traum von Dr. Hanzal*, S. 3:**129**.

13] *Dr. Fleischmann]* Dr. Siegmund Fleischmann, ein Kollege Kafkas in der AUVA; siehe auch Kommentar **30**5.

14] *Frl. Taussig]* Elsa Taussig.

15] *Vortrag im Afike Jehuda ... Zeit]* Auf Einladung des ›Vereins zur Förderung und Verbreitung der Wissenschaft des Judentums, Afike Jehuda‹ sprach der Münchener Rabbiner Dr. Chanoch Heinrich Ehrentreu am 13. Februar 1912 im Hotel Bristol in der Langegasse 11 (laut Ankündigung in der ›Selbstwehr‹ vom 9. Februar 1912; Nr. 6, S. 5).

16] *beim Lehrer Weiß]* Emil Weis, siehe Kommentar 1:**202**2.

17] *von 12 bis 1 ... hinein]* Vermutlich Jizchak Löwy.

18] *Wegen des Saales ... Heuwagsplatz]* Dr. Karl Bendiener, 35-36
sein Vater, Dr. Ludwig Bendiener, und Siegfried Liebers wa-

ren Mitglieder der israelitischen Kultusgemeinde-Repräsentanz.

36 1] *einigemal bei Otto Pick … Bank]* Der Schriftsteller und Übersetzer Otto Pick (1887–1940) war zu jener Zeit noch hauptberuflich als Bankangestellter tätig.

2] *wegen des Klavierschlüssels … Toynbeevortrag]* Vermutlich zu dem Vortragsabend der ›Jüdischen Toynbeehalle‹ am 15. Februar 1912 im Jüdischen Rathaus, der letzten Veranstaltung vor dem Vortragsabend Jizchak Löwys (siehe auch Kommentar **37**3). – Weitere Informationen zur ›Jüdischen Toynbeehalle‹ siehe auch im Kommentar **215–216**2.

3] *Hr. Roubitschek … Lehrer Stiassny]* Nicht ermittelt.

4] *wegen des Verkaufes … Tisch«]* Ida Freund, geb. Sohr (1868 bis 1931), die mit einem Prager Advokaten verheiratete Schwester Berta Fantas (siehe Kommentar 1:**27–31**2), war Mitbegründerin des ›Klubs deutscher Künstlerinnen‹, dessen Ausstellung ›Der gedeckte Tisch‹ am 15. Februar begann und am 18. Februar endete (laut ›Prager Tagblatt‹ vom 3. Februar 1912; MA Nr. 33, S. 6).

5] *Otto Klein]* Nicht ermittelt.

6] *fürs Tagblatt]* Offenbar im Zusammenhang mit den unter dem Titel ›Ostjüdischer Abend‹ erschienenen Hinweisen auf den Vortragsabend im ›Prager Tagblatt‹ vom 17. Februar (MA Nr. 47, S. 4) und vom 18. Februar 1912 (MA Nr. 48, S. 5).

7] *Košiř]* Das Dorf Košíře wurde erst 1922 als Prager Stadtteil eingemeindet.

8] *L.]* Jizchak Löwy.

37 1] *Akademie der Herdervereinigung … zeigt.]* Das ›Prager Tagblatt‹ schreibt am 18. Februar 1912: »Eine Gruppe junger Prager, die sich zur Förderung humanitärer und geistiger Bestrebungen zusammengetan und Johann Gottfried Herder zum Schutzpatron erwählt haben, führte sich Freitag in das öffentliche Leben des deutschen Prag mit einer Veranstaltung

ein, die man immerhin ein gesellschaftliches Ereignis nennen darf.« (MA Nr. 48, S. 5). – Die Veranstaltung der ›Johann Gottfried Herder-Vereinigung zu Prag‹ fand am 16. Februar 1912 statt; eröffnet wurde sie von Oskar Bie mit einem Vortrag »über den Tanz«, den er mit Lichtbildern und Klaviervorträgen illustrierte. Anschließend las Hugo von Hofmannsthal eine Auswahl aus seinen Gedichten, u.a. den Prolog zur Kainz-Feier. Grete Wiesenthal tanzte zu Johann Strauß' ›Frühlingsstimmen‹ und ›Donauwalzer‹ sowie zu Franz Liszts ›Rhapsodie Hongroise Nr. 2‹. – Auch Willy Haas berichtet in seinen Lebenserinnerungen über diese Veranstaltung (vgl. ders., ›Die literarische Welt. Erinnerungen‹. München 1957, S. 44–46). – Im Auftrag der J. G. Herder-Vereinigung wurden die »Herder-Blätter« herausgegeben, vgl. die Kommentare 1:**176**4, 1:**211**5 und 2:**65**1.

2] *Sophieninsel]* Prager Moldauinsel mit Gartenanlagen und Restauration, in deren großem Saal die Veranstaltung stattfand. 37

3] *Eindruck der Toynbeehalle.]* Bezieht sich vermutlich auf den Besuch der Veranstaltung am 15. Februar 1912 (vgl. Kommentar **36**2), deren Schwerpunkt die – im Anschluß an Ausführungen eines Ingenieurs über »Bahnunfälle« – vom Prager Oberkantor Siegmund Schwarz vorgetragenen weltlichen Lieder ausmachten (laut ›Vereins-Mitteilungen‹ im ›Prager Tagblatt‹ vom 15. Februar 1912; MA Nr. 45, S. 14).

4] *Zionistische ... Weltorganisation]* Auf Einladung der Prager zionistischen Studentenkorporationen sprach Kurt Blumenfeld, der Generalsekretär der zionistischen Weltorganisation, am 22. Februar 1912 im kleinen Saal der Produktenbörse am Havličekplatz über ›Die Juden im akademischen Leben‹ (angekündigt im ›Prager Tagblatt‹ vom selben Tag; MA Nr. 52, S. 3).

5] *Wechselndes ... Café Arco.]* Siehe Kommentar **35**9.

39 1] *Heute ... schreiben.]* Ein Brief Kafkas an Jizchak Löwy aus dieser Zeit ist nicht überliefert.

39-47 2] *Gestern abend ... ganz aufgeweckt.]* Beim *Recitator Reichmann* handelt es sich nach Recherchen Anthony Northeys um Oskar Reichmann (1886–1934), einen Angestellten der Prager Union Bank (vgl. A. Northey in ›Seminar: A Journal of Germanic Studies‹, 28 (1992), Nr. 4, S. 372).

3] *In der Gegend ... Hess]* Eines der beiden Geschäfte der Firma Andreas Felix Hess befand sich in der Zeltnergasse 38.

40 1] *jetzt kann er schon ... nachmachen]* Der Schauspieler Josef Kainz (1858–1910) hatte sich regelmäßig zu Gastspielen in Prag aufgehalten.

2] *Am liebsten recitiert ... vorstellt]* Offenbar Richard Dehmel, ›Nachtgebet der Braut‹ (u.a. in: ders., ›Ausgewählte Gedichte‹. Berlin 1901, S. 20f.).

3] *Rideamus]* Pseudonym des Juristen und Schriftstellers Fritz Oliven, der vor allem mit humoristischen Texten erfolgreich war.

4] *Moissi]* Die Karriere des Schauspielers Alexander Moissi (1880–1935) hatte in Prag begonnen; in späteren Jahren hielt er sich hier häufig zu Lesungen und Gastspielen auf (z.B. am 28. Februar 1912, vgl. S. **48**f.: *Den 28. II bei ...*).

5] *Endlich liest er ... Männer.]* Gemeint ist der amerikanische Schriftsteller Orison Swett Marden, von dessen zahlreichen Büchern zum Zeitpunkt der Tagebucheintragung zwei in deutscher Übersetzung vorlagen: ›Wille und Erfolg‹ (Stuttgart 1909) und ›Wege zum Erfolg‹ (Stuttgart 1911), auf das sich der Rezitator Reichmann offenbar bezieht.

41 1] *»Frauenfortschritt«]* Der ›Verein zur Förderung des Wohles und der Bildung der Frauen‹ unterhielt die einzige Volksbibliothek in Prag, veranstaltete Sprach-, Stenographie- und Handarbeitskurse sowie Vortragszyklen; vgl. auch **63–64** und den Kommentar **63–64**1.

2] *Frau Durège-Wodnanski]* Jenny Durège-Wodnanski, auch 41
in anderen Prager Vereinen – z.B. im ›Klub deutscher Schriftstellerinnen‹ – aktive Dame der Prager Gesellschaft.

1] *Am Sonntag . . . fällt ihm auf]* ›Das Kind als Schöpfer‹, in der 42
›Unterhaltungs-Beilage‹ Nr. 8 des ›Prager Tagblatt‹ vom 25. Februar 1912 (MA Nr. 55, erste Seite der unpaginierten Beilage).

2] *Frau D.]* Hier und im weiteren Kontext der Eintragung: Frau Durège.

1] *auf der dritten aber . . . »Feldstein«.]* ›Die Armen. Von Hed- 44
wig Feldstein‹ (dritte Seite der unpaginierten ›Unterhaltungs-Beilage‹ des ›Prager Tagblatt‹ vom 25. Februar 1912).

1] *Redakteur Löw]* Hugo Löw. 45

2] *Herr Wittmann]* Nicht ermittelt.

3] *Die Tagblattredaktion . . . Hauptpost]* Die Redaktion des ›Prager Tagblatts‹ befand sich in der Herrengasse, einer Querstraße zur Heinrichsgasse, in der das Hauptpostamt war.

1] *Redakteur Kisch]* Egon Erwin Kisch war bis 1913 für die 46
Prager Tageszeitung ›Bohemia‹ tätig.

1] *im Deutschen Abendblatt]* Das 1896 gegründete ›Deutsche 47
Abendblatt‹, herausgegeben von Gottlieb Schmelkes.

1] *Den 28. II bei . . . und schloß.]* Über den Leseabend Alex- 48-49
ander Moissis im Rudolfinum schreibt am 29. Februar 1912 das ›Prager Tagblatt‹: »Er begann mit dem getragenen Nachruf, den Hofmannsthal auf Josef Kainz gedichtet (und vor wenigen Wochen selbst hier vorgelesen hat). Es folgte Verhaerens ›Novemberwind‹; hier schon brachen naturgewaltige Töne hervor und in den mit explosiver Kraft erfüllten Lauten stürmte und pfiff es mit Elementargewalt. Trotzig erklangen dann die Rhythmen des Goetheschen ›Prometheus‹ und eine Auswahl aus dem ›Prediger Salomon‹ schloß sich durch Moissis lebensfreudig aufjubelnde Stimme zu einem symetrischen Ganzen. Melodisch ertönte Beer-Hof-

manns in Innerlichkeiten wühlendes ›Schlaf Mirjam‹. Aber den Höhepunkt erreichte der Abend in den Rezitationen aus Goethe. Das Lied an den Mond hörte man in der ganzen von Stimmung zu Stimmung hingleitenden Süße, die für diese Art der Goetheschen Lyrik charakteristisch ist. Zum Schluß bot Moissi den seltenen Genuß einer Vorlesung aus dem letzten Teil des zweiten ›Faust‹, vom Lied des Lynkeus an, das er singend gab, bis zu den wundervollen Strophen der Himmelsszene. Hier erklang voll und metallisch die Pracht der Altersverse, die visionäre Kraft dieser unvergleichlichen Wortmusik. Das Publikum jubelte dem Künstler zu und zwang ihm Zugaben ab.« (MA Nr. 59, S. 4).

48 2] *»Regenlied« von Shakespeare]* Das abschließende Lied des Narren aus ›Was ihr wollt‹.

49 1] *Radetzkykaffee]* Das Café Radetzky am Kleinseitner Ringplatz.

49-50 2] *Diese empörenden ... beleidigt fühlt.]* Über Kafkas Einstellung zur Schulmedizin und zur Naturheilkunde schreibt Max Brod: »Allen Schädigungen seiner Gesundheit gegenüber war Kafka sehr empfindlich (...) Arzneien und Ärzten gegenüber war er mißtrauisch – er verlangte, daß die Natur selbst wieder das Gleichgewicht herstellen solle, alle ›unnatürlichen‹ Mittel verschmähte er. – Diese Richtung verstärkte sich, als er 1911 bei einer (wohl amtlichen) Reise nach Warnsdorf den Naturheilapostel Fabrikant Schnitzer kennenlernte.« (FK 97). Weiter zitiert Brod aus seinem Tagebuch, was ihm Kafka nach dieser Reise im April 1911 über Schnitzer berichtet hat: »Als Heilmittel empfiehlt er: bei offenem Fenster schlafen, Sonnenbad, Gartenarbeit, Tätigkeit in einem Naturheil-Verein und Abonnement der von diesem Verein, respektive dem Fabrikanten selbst, herausgegebenen Zeitschrift. Spricht gegen Ärzte, Medizinen, Impfen.« (FK 97). – Kafka selbst richtete sich nach diesen Grundsätzen; z.B.

fuhr er wenige Monate nach dieser Eintragung, im Juli 1912, in das Naturheilsanatorium Jungborn im Harz (vgl. im Band ›Reisetagebücher‹, S. **95**ff.: *8 Juli* ...). Dr. Heinrich Kral, praktischer Arzt in der Niklasstraße 11 (die Familie Kafka wohnte zu dieser Zeit in der Niklasstraße 36), blieb aber trotz dieser heftigen Kritik Hausarzt der Familie und wurde von Kafka noch in späteren Jahren konsultiert (vgl. z.B. Kafkas Brief an seine Schwester Ottla vom 16. März 1921, O 114ff.).

1] *Vorgelesen »Der Dämon«]* Titel eines offenbar unveröf- 50
fentlichten Einakters von Oskar Baum (siehe auch Kommentar **61**5).

2] *Verlegenheit gegenüber dem Kinde.]* Oskar Baums Sohn Leo (1909–1946).

3] *Im Kontinental bei den Kartenspielern.]* Im Café Continental am Graben 17, im ersten Stock gelegen, Prags größtem Kaffeehaus, gab es vier separate Spielzimmer, und man hielt für die Gäste 250 verschiedene Zeitungen bereit. Das Café war Treffpunkt des deutschsprachigen Bürgertums.

4] *»Journalisten« ... ergibt.]* Am Sonntag, dem 3. März 1912, gastierte der Schauspieler Leopold Kramer vom Wiener Deutschen Volkstheater als Redakteur Konrad Bolz in der Aufführung von Gustav Freytags Lustspiel ›Die Journalisten‹ im Deutschen Landestheater (angekündigt im ›Prager Tagblatt‹ vom selben Tag; MA Nr. 62, S. 13).

5] *Vorgestern ... bekommen.]* Siehe Kommentar 1:**253–254**2.

6] *Gestern Hardenvortrag ... geschnürt.]* Der Schriftsteller und 50-51
Publizist Maximilian Harden (1861–1927) sprach am 7. März 1912 auf Einladung der ›Concordia‹ (des Vereins deutscher Schriftsteller und Künstler in Böhmen) im Rudolfinum. Die ›Bohemia‹ schreibt am 8. März 1912: »Beifall empfing den Redner, mit Beifall nahm man die hübschen Worte und beziehungsvollen Sarkasmen auf, die seine Plauderei über den ernsten und großen Gegenstand ›Theater‹ un-

terbrachen, und stürmischer Beifall rief Harden, als er schon weggetreten war, nochmals hervor. Was er gestern sagte, war improvisiert, eine Geburt der Stunde und des Augenblicks, und dennoch ließ auch hier ein mit Sicherheit umrissener Plan, trotz aller Exkurse, sich wahrnehmen. Die Soziologie des Theaters, sein Zusammenhang mit dem gesellschaftlichen Dasein wurde von einem klaren, in jeder Kunstkultur heimischen Intellekt betrachtet. Wer sitzt – so etwa leitete Harden seine Untersuchung ein – in den tausenden von Schauhäusern, in denen um diese Abendstunde der Vorhang auseinandergeht?« (MA Nr. 67, S. 7f.).

51 1] *Isergebirge]* Nordwestlich vom Riesengebirge gelegener Höhenzug. Die am oder im Isergebirge gelegenen Städte (Reichenberg, Neustadt a.d. Tafelfichte u.a.) waren häufig Ziel von Dienstreisen Kafkas (z.B. Ende Februar 1911, vgl. im Band ›Reisetagebücher‹, S. **17**f.: *Reichenberg: ...*).

53 1] *Der Recitator ... gekommen.]* Nachtrag zur Eintragung *Gestern abend ...* (S. **39**ff.).

53-57 2] *W. Freiherr von Biedermann ... D. Veit.]* Auf die Titelangabe (siehe auch S. **29**: *Goethes Gespräche*) folgen Exzerpte aus ›Goethes Gespräche‹. Die im Kommentar wiedergegebenen Textstellen folgen der Ausgabe ›Goethes Gespräche‹. Hrsg. v. Woldemar Frhr. von Biedermann. Bd. 1: 1765–1804. Leipzig 1889. Die Schreibweise von Eigennamen sowie Rechtschreibung und Zeichensetzung deuten darauf hin, daß Kafkas Zitate und Zusammenfassungen auf der Lektüre dieser Ausgabe beruhen.

53 3] *wie ihn die Töchter ... 1767]* »Beide Schwestern, Marie und Doris, gedachten gern ihres Vaters, des Leipziger Kupferstechers Stock, von dem Goethe als Student sich unterrichten ließ.« (ebd., S. 7). – »(...) sodaß sie ihn den Frankfurter Strubbelpeter nannte und ihn zwang, sich das Haar auskämmen zu lassen (...) Nur auf wiederholtes Gebot der Mutter brachten

wir Schwestern unsere Kämme, und es währte lange Zeit, bis
die Frisur wieder in Ordnung gebracht war.« (ebd., S. 9f.).
4] *Wie ihn Kestner ... war.«]* »Daselbst fand ich ihn im Grase 53
unter einem Baume auf dem Rücken liegen, indem er sich
mit einigen Umstehenden, einem Epikuräischen Philoso-
phen (v. Goué, großes Genie), einem stoischen Philosophen
(v. Kielmannsegge) und einem Mitteldinge von beiden (Dr.
König) unterhielt und ihm recht wohl war.« (ebd., S. 21).
5] *mit Seidel ... Messina)]* »1783, 5.–7. Februar. Mit Seidel.« 53-54
Wörtliche Wiedergabe des zweiten Absatzes, ebd., S. 70f.
1] *mit von Trebra ... voran]* »1783, September. Mit v. Treba.« 54
(ebd., S. 75f.).
2] *Zur Herder ... geweint habe]* »1788, 7. August. Mit Caro-
line Herder geb. Flachsland. Goethe kam auch heute wieder
und sagte mir die besten Folgen Deiner Reise vor. Unter
andern sagte er auch, daß er vierzehn Tage vor der Abreise aus
Rom täglich wie ein Kind geweint habe.« (ebd., S. 89).
3] *Wie ihn die Herder ... Herders an]* Bezieht sich auf Briefe
Caroline Herders an ihren Mann, ebd., S. 89ff.
4] *Besuch bei Kagliostros Familie]* Ebd., S. 129ff.
5] *1794 ... öfters]* Aus einem Brief Schillers: »Vor einigen
Tagen waren wir von halb 12, wo ich angezogen war, bis
nachts um 11 Uhr ununterbrochen beisammen.« (ebd.,
S. 152).
1] *David Veit ... sprechen«]* Aus einem Brief David Veits, von 55
Kafka wiedergegeben mit seinem vorausgehenden Kom-
mentar: *immer jüdische ... wäre.* (S. **55**) und seiner Kürzung:
– – – *kurze Rede ... Stück* – – (S. **55**), ebd., S. 155ff.
2] *»Ich sprach immer ... Gesichter«]* Ebd., S. 160. – Kafka er-
setzt im Zitat »Wörter« durch *Worte* (S. **55**).
1] *1795 ... schwatzen.]* Zitat aus einem Brief Schillers, ebd., 56
S. 177f.
2] *1796 ... trocknete]* »1796, erste Hälfte Septembers. Beim

Vorlesen von ›Hermann und Dorothea‹. Mit Rührung erinnere ich (...) mich, wie uns Goethe in tiefer Herzensbewegung unter hervorquellenden Thränen den Gesang, der das Gespräch Hermann's mit der Mutter am Birnbaume enthält, gleich nach der Entstehung vorlas. ›So schmilzt man bei seinen eigenen Kohlen,‹ sagte er, indem er sich die Thränen trocknete.« Aus den Erinnerungen Caroline von Wolzogens, ebd., S. 186.

56 3] *»Die breite ... empfieng.]* Zitiert nach W. G. Gotthardi: »Sie vermittelte sich, diese Freundschaft, als ich eines schönen Abends in ebendemselben Theater (...) und von derselben breiten einfach breternen Brüstung der Loge des alten Herrn (...) wohlgemuth und spannungsvoll auf die Breter da vorn lugte, welche die Welt bedeuten.« (ebd., S. 210). – »Denn Goethe liebte es (...) empfing.« (ebd., S. 211).

4] *Aufführung ... Ende«]* Zusammenfassung und Zitat nach dem Bericht von Henriette Gräfin von Egloffstein, ebd., S. 234f.

5] *Stael: ... wollen.]* Nach Karl August Böttger: »Zuweilen scheine es ihr [der Stael], daß wir Deutsche sehr witzige Ausdrücke hätten, oder sehr neue, es sei aber nur Unkunde der französischen Sprache. So habe sie einmal einen Ausdruck von Goethe, der eine Idee von Schiller eine neuve et courageuse nannte, sehr bewundert, bis ihr endlich deutlich geworden, daß Goethe bloß aus Unkunde der Sprache courageuse statt hardie gesetzt habe.« (ebd., S. 258).

57 1] *Was lockst Du ... Dichtern.]* Zusammenfassende Wiedergabe des Disputs zur Übersetzung von Goethes ›Fischer‹, ebd., S. 258f.

2] *1804 ... ausnimmt.«]* Zitate aus verschiedenen Briefen von Heinrich Voß, ebd., S. 259ff.

3] *Liebe zu Heinrich Voß.]* »Er ist mit mir zufrieden; ich habe es aus seinem eigenen Munde, daß er mich der Stelle [eines

Gymnasiallehrers zu Weimar] würdig erkennt, daß er Zutrauen zu mir hat, daß er mich liebgewonnen.« (ebd., S. 260).

4] *»An Goethe ... erschütterte«]* Ebd., S. 263. 57

5] *»Wir saßen ... aussähe«]* Ebd., S. 272.

6] *»Nie aber ... sitzt.«]* Unvollständiges Zitat: »... wenn er ausgezogen ist und entweder mit dem Rücken gegen den Ofen steht, oder ...« (ebd., S. 273).

7] *»Als ich zu ... ausnimmt.«]* Ebd., S. 285.

8] *Bücher ... Veit.]* Von Kafka notierte Kurztitel aus den umfangreichen bibliographischen Quellenangaben im ersten Band von ›Goethes Gespräche‹ (ebd., S. 289ff.). Seine Notizen beziehen sich auf: ›Heinrich Stilling's Wanderschaft‹. (Zweite verbesserte Auflage. Berlin und Leipzig 1806); ›Heinrich Stilling's häusliches Leben‹ (1789); verschiedene Bände des ›Goethe-Jahrbuch‹; ›Briefwechsel zwischen Rahel und D. Veit‹ (›Erster Theil‹ und ›Zweiter Theil‹. Leipzig 1861).

1] *Kabaret Lucerna. ... zueilt.]* Das ›Prager Tagblatt‹ meldet 58-59 am 1. März 1912: »Heute beginnt das große Märzprogramm, welches mit peinlicher Sorgfalt zusammengestellt wurde. Curt Warnebold, der berühmte Klavierhumorist und Rezitator, Rocking Girls, vier entzückende junge Engländerinnen (Gesangs- und Tanzquartett), Fatinizza, eine reizende Wiener Liedersängerin, Thea Degen, unwiderstehlich nicht nur in ihrem Chanson, sondern diesmal auch in Tanzdichtungen – das sind die Hauptnummern des neuen reichhaltigen Programmes, für welches sich ein ganz außerordentliches Interesse zeigt.« (MA Nr. 60, S. 3).

1] *Fatinizza ... Erinnerung an Hansi.]* Offenbar erinnerte 59 ihn diese Wiener Sängerin an die aus Wien stammende Juliane Szokoll (»Hansi« genannt; 1886–?), mit der ihn 1908 eine unglückliche Liebe verband (vgl. KKAB1 Nr. 89); Max Brod schreibt von Kafkas Beziehung zu ihr: »Ich erinnere mich an seine Leidenschaft zu einer Weinstubenkellnerin namens Hansi, von der er einmal sagte, ganze Kavallerieregimenter seien über ihren Leib geritten. Franz war in dieser Liaison sehr unglücklich. Das sieht man auch aus einer Photographie, auf der er zusammen mit Hansi abgebildet ist (...)« (FK 104). – Die erwähnte Photographie ist u.a. abgebildet in: WB 55.

59 2] *Dummer Tanz der Degen]* Thea Degen, eine Chansonette, von der Franz Werfel so begeistert war, daß er ihr ein Gedicht widmete (siehe Hartmut Binder, ›Im Prager Kabarett Lucerna. Franz Werfels Gedicht »Einer Chansonette«‹. ›Modern Austrian Literature‹ 24 (1991), Nr. 2, S. 1–23, mit einer Photographie auf S. 8).

60 1] *Gelesen ... Schlachtenmalers«]* Albrecht Adam, ›Aus dem Leben eines Schlachtenmalers‹. Bd. 55 der Reihe ›Der Schatzgräber‹. Hrsg. v. Dürerbund durch Leo Frhn. v. Egloffstein. München 1911.

2] *Flaubert zufrieden vorgelesen.]* Text nicht ermittelt.

3] *In diesen Tagen ... gelesen.]* Der Roman ›Morgenrot‹ von Otto Stoessl war kurz zuvor im Verlag Georg Müller erschienen (München 1912).

60-61 4] *Maxens Koncert ... ganz. –]* Unter Mitwirkung der Sängerin Valesca Nigrini und des Violinisten Dr. Erwin Stein fand am 17. März 1912 im Klubheim des ›Klubs deutscher Künstlerinnen‹ in der Postgasse ein Konzert Max Brods statt, in dem Brod sich u.a. mit Liedern zu Texten von Goethe, Shakespeare, Li Tai-peh und Hugo Salus sowie zu eigenen Gedichten als Komponist präsentierte. In der Prager Tagespresse wurde das Konzert, in dem Brod selbst am Klavier saß, zum Teil sehr kritisch besprochen. Die eher wohlwollende Besprechung im ›Prager Tagblatt‹ vom 18. März 1912 schließt: »Beziehungsreich hat Max Brod an die Spitze seines Programmes den Goetheschen Vers gesetzt: ›Alles geben die

Götter, die unendlichen, ihren Lieblingen ganz. Alle Freuden, die unendlichen, alle Schmerzen, die unendlichen, ganz.‹ Er weiß, daß er als Dichter durch Schmerzen den Weg zu Freuden gegangen ist, er wird ihn auch als Komponist gehen.« (MiA Nr. 77, S. 4).

1] *Frl. T.*] Elsa Taussig. 61

2] *im Kontinental*] Das Café Continental, siehe Kommentar **50**3.

3] *Mam'zelle Nitouche am Montag.*] Die Aufführung von ›Mam'zelle Nitouche. Vaudeville in 3 Akten (4 Bildern) von H. Meilhac und A. Millaud (...) Musik von Hervé‹ (eigtl. Florimond Ronger) im Neuen deutschen Theater wurde im ›Prager Tagblatt‹ vom 18. März 1912 für denselben Abend angekündigt (MiA Nr. 77, S. 5).

4] *18. III 12*] Eine Fehldatierung Kafkas, die er ein paar Tage später bemerkte, vgl. *(ich habe ... geschrieben)* (S. **61**). Die Eintragung ist frühestens auf den 19. März 1912 zu datieren, da die Aufführung von ›Mam'zelle Nitouche‹ erst am 18. März 1912 stattgefunden hatte und zwischen diesem Ereignis und der Eintragung mindestens ein Nachmittag lag (vgl. S. **61**: *Heute den ... verbracht.*).

5] *Baums Vorlesung in der Lesehalle.*] Am 21. März 1912 las Oskar Baum in der Lese- und Redehalle der deutschen Studenten in der Krakauergasse u.a. aus ›Uferdasein‹ (Berlin 1908). Die ursprünglich im Programm angekündigte Lesung des Einakters ›Der Dämon‹ (siehe auch *Vorgelesen »Der Dämon«* (S. **50**) und Kommentar **50**1) entfiel (›Bohemia‹ vom 22. März 1912; MA Nr. 81, S. 9).

6] *Grete Fischer ... nächste Woche.*] Hartmut Binder identifiziert Margarethe Fischer (1892–1943), die am 18. April 1912 im Alter von 19 Jahren den Advokaten Dr. Leo Zuckermann heiratete (Sudel I 363ff.).

1] *gestern. ... Ehrenfels.*] Das ›Prager Tagblatt‹ kündigt am 23. 62

März 1912 für denselben Abend die Uraufführung des Dramas ›Die Sternenbraut‹ von Christian von Ehrenfels (siehe Kommentar **30**3) im Neuen deutschen Theater an (MA Nr. 82, S. 5).

62 2] *Ehepaar Lebenhart]* Möglicherweise Filip und Rosa Lebenhart, ein im Leben der jüdischen Gemeinde Prags aktives Ehepaar. Der Name Lebenhart findet sich auch in einer Liste auf Kafkas Notizblock (siehe Kommentar 1:**217**1), in der er offenbar die Ergebnisse von Sammlungen für den Rezitationsabend Jizchak Löwys festhält (siehe hierzu den Apparatband der Kritischen Ausgabe, S. 74).

63-64 1] *Aus dem Vortrag ... werden.«]* In der Sektion ›Soziale Hilfe‹ des Vereins ›Frauenfortschritt‹ sprach Berta Fanta (siehe Kommentar 1:**27–31**2) am 25. März 1912 über ihre ›Berliner Eindrücke‹: »Nach einer knappen Charakterisierung des Tag- und Nachtlebens schilderte die Rednerin die Berliner Universität, wobei einige Dozenten der philosophischen Fakultät (Simmel, Riehl u.A.) in prägnanten Portraits zur Geltung kamen. Der fesselnde Vortrag ging auf das Ausstellungswesen, die Religionssekten, die Theaterereignisse über. Die individuell gefärbten Ausführungen, denen ein zahlreiches Publikum gespannt folgte, gipfelten schließlich in dem Bekenntnis, daß die Rednerin dem ruhigeren Strömen geistiger Anregung in Prag vor dem nervösen Hasten Berlins den Vorzug erteilte.« (›Prager Tagblatt‹ vom 26. März 1912; MiA Nr. 84, S. 3). Zum ›Frauenfortschritt‹ siehe Kommentar **41**1.

64 1] *später die Schwester ... abholen]* In der ›Hamlet‹-Aufführung des Neuen deutschen Theaters am 3. April 1912 gastierte Albert Bassermann in der Titelrolle (laut ›Prager Tagblatt‹ vom 3. April 1912; MA Nr. 92, S. 10). Kafka hatte Bassermann bereits im Dezember 1910 in Berlin als Hamlet gesehen (vgl. KKAB1 Nr. 175). – Bei der Schwester handelte es sich vermutlich um Ottla.

2] *8⟨6.⟩ IV 12 Charsamstag.]* Eine Fehldatierung Kafkas. Der 64
Karsamstag fiel im Jahr 1912 auf den 6. April.

1] *Wie ich heute … erleichtern suchte]* Willy Haas (1891 bis 65
1973), Mitinitiator der ›Johann Gottfried Herder-Vereinigung zur Förderung ideeller Interessen‹ (vgl. auch Kommentar **37**1) und Mitherausgeber der ›Herder-Blätter‹, in denen der von ihm gelobte *Reisebericht* unter dem Titel ›Erstes Kapitel des Buches »Richard und Samuel« von Max Brod und Franz Kafka: Die erste lange Eisenbahnfahrt (Prag–Zürich)‹ im Juni 1912 erschien (1. Jg., Nr. 3, S. 15ff.). – Zu ›Richard und Samuel‹ siehe auch Kommentar 1:**127–131**2.

1] *Dr. von Leyden]* Während Kafkas Aufenthalt in Berlin 69
vom 3. bis 9. Dezember 1910 berichteten die Berliner Tageszeitungen ausführlich über die Trauerfeiern für den Direktor der Klinik für innere Medizin der Charité und renommierten Lungenfacharzt Prof. Dr. Ernst von Leyden (1832 bis 1910), Mitbegründer der ›Zeitschrift für physikalische und diätetische Therapie‹ (u.a. ›Berliner Börsen-Courier‹ vom 3. Dezember 1910; Nr. 566, S. 7). Der Name des Arztes, dessen ›Lebenserinnerungen‹ in der Deutschen Verlags-Anstalt erschienen waren (Stuttgart u. Leipzig 1910), war Kafka offenbar geläufig.

1] *Lessingteater: Die Ratten]* Am 2. Mai 1912 eröffnete das 70
Berliner Lessingtheater mit einer Aufführung von Gerhart Hauptmanns ›Die Ratten‹ im Neuen deutschen Theater die Prager Maifestspiele (angekündigt im ›Prager Tagblatt‹ vom 14. April 1912; MA Nr. 102, S. 31).

2] *Brief an Pick … Arnold Beer.]* Otto Picks Gedichtband ›Freundliches Erleben‹ und Max Brods Roman ›Arnold Beer. Das Schicksal eines Juden‹ waren kurz zuvor im Verlag Axel Juncker erschienen (beide Berlin 1912). Kafkas Brief an Otto Pick, der sich, wie der Zusammenhang vermuten läßt, auf das Erscheinen des Buches bezog, ist nicht überliefert. Zu Kafkas

Kartenbrief vom 7. Mai 1912 an Max Brod über ›Arnold Beer‹ siehe KKAB1 Nr. 227. Ein Exemplar des ›Arnold Beer‹ mit handschriftlicher Widmung Brods ist aus dem Besitz Kafkas überliefert, vgl. KB 22ff.

70 3] *Wie ich mich ... festhalte]* Möglicherweise eine frühe, nicht überlieferte Fassung des Romans ›Der Verschollene‹; siehe hierzu in der Kritischen Ausgabe den Apparatband ›Der Verschollene‹, S. 53.

4] *Die Schwester ... die Fabrik]* Gerti, das zweite Kind von Elli und Karl Hermann, wurde sechs Monate später, am 8. November 1912 geboren (1912–1972). Zu den Finanzierungsproblemen der Asbestfabrik siehe auch *Gestern guter Brief ... Fabrik.* (S. **71**) und Kommentar **71**4.

71 1] *Lucerna. ... Frühlingsmorgens.]* Am 21. Mai 1912 führte das tschechische ›Divadlo Umění‹ im Saal der Lucerna ›Madame la Mort‹ von Rachilde (eigtl. Marguerite Vallette) und ›Traum eines Frühlingsmorgens‹ von Gabriele d'Annunzio auf (angekündigt in der ›Národní listy‹ vom selben Tag; Nr. 139, S. 5).

2] *Vergleich von Rachilde: ... trinken.]* Kafka mißversteht den *Vergleich von Rachilde*; im ersten Akt von ›Madame la Mort‹ werden nicht die Sonnenliebhaber mit zudringlichen Betrunkenen verglichen, sondern die Sonne selbst: »Il [le soleil] éclaire des créatures bien agaçantes (...) et je ne puis supporter son air vainqueur devant des situations épouvantables. Il m'apparaît comme ces gens ivres qui, sortant d'une noce, prétendent vous forcer à boire avec eux à la santé d'une mariée (...) qu'on ne connaît pas.« (Rachilde, ›Madame la Mort. Drame cérébral en 3 actes.‹ In: ›Théâtre‹. Paris 1891, S. 49).

3] *Brief an Weltsch ... angetragen]* Der Brief Kafkas an Felix Weltsch ist nicht überliefert.

4] *Gestern guter Brief ... Fabrik.]* Vermutlich bat Kafka den in Madrid lebenden Onkel Alfred Löwy (siehe Kommentar

1:**236**1) um Rat und finanzielle Unterstützung für die Asbestfabrik; der Brief ist nicht überliefert.

5] *Vorgestern Brief an Löwy]* Der Brief an Jizchak Löwy ist 71
nicht überliefert.

1] *Das anfängliche ... Madame la mort]* Bezieht sich auf die in 72
der Eintragung *Gestern wunderschöner ...* (S. **71**) beschriebene Aufführung.

2] *In den letzten ... in Palästina.]* »Palästina als Kolonisationsland. Am 16. Mai veranstaltete das Zionistische Distriktskomitee für Böhmen im großen Saale des Jüdischen Vereinsheims (Langegasse 41) einen Vortrag des bekannten Palästina- und Orientkenners Davis Trietsch aus Berlin.« (›Selbstwehr‹ vom 17. Mai 1912; Nr. 20, S. 5). – Der zionistische Schriftsteller und Wirtschaftspolitiker Davis Trietsch (1870–1935) gehörte zu den Gründern des Berliner Jüdischen Verlages und war Mitherausgeber der Palästina-Zeitschrift ›Volk und Land‹ sowie anderer zionistischer Periodika.

3] *Abend Kaffeehaus ... Elysium«]* Franz Werfels Drama ›Der Besuch aus dem Elysium‹ war kurz zuvor in den ›Herder-Blättern‹ erschienen (1. Jg., Nr. 3 (Mai 1912), S. 1ff.).

1] *Gestern Vortrag ... tragen]]* Der tschechische sozialdemo- 73
kratische Abgeordnete Dr. František Soukup (1871–1939) war im Herbst 1911 zu einer Vortragsreise vor Arbeitervereinigungen in Amerika gewesen. Nach seiner Rückkehr gab er seine Eindrücke in Vorträgen wieder sowie in dem Buch ›Amerika. Řada obrazů amerického Života‹ (›Amerika. Eine Reihe von Bildern aus dem amerikanischen Leben‹. Prag 1912).

2] *Repräsentationshaus]* Der von 1906 bis 1911 erbaute prächtige Jugendstilbau am Josefsplatz (neben dem Pulverturm), der vom tschechischen Bürgertum genutzt wurde.

3] *dann Frühlingsfest ... spricht.]* »Deutsch-Prag versammelte sich gestern wieder im schönen Kasinogarten zum altgewohnten Frühlingsfest, das, vor nahezu drei Dezennien der nationalen Bewegung entsprossen, mit die Mittel bieten soll, das deutsche Schulwesen speziell in Prag, wo es unter dem Drucke der Verhältnisse schwer beeinträchtigt ist, in die eigene Obhut zu nehmen.« (›Prager Tagblatt‹ vom 2. Juni 1912; MA Nr. 150, S. 4). So beginnt der Bericht des ›Prager Tagblatts‹ über die alljährliche Wohltätigkeitsveranstaltung der deutschen Vereine Prags, die im Garten des Deutschen Hauses (dem Vereinshaus des ›Deutschen Kasinos‹) am Graben 26 stattfand, einem der Höhepunkte im gesellschaftlichen Leben des deutschsprachigen Bürgertums, an der verschiedentlich auch im Tagebuch erwähnte Verwandte und Bekannte Kafkas beteiligt waren: In der 1908 zum 25. Frühlingsfest herausgegebenen Festschrift sind u.a. Max Brod (der auch zum »Redaktionskomitee« gehörte), der im weiteren erwähnte Paul Kisch (siehe Kommentar 1:**198**1) und Regine Mirsky-Tauber (siehe Kommentar 3:**114**3) mit Beiträgen vertreten (›25 Jahre deutscher Arbeit.‹ Frühlingsfest der deutschen Vereine Prags, 30. und 31. Mai 1908, Deutsches Kasino. Festschrift hrsg. vom Preßausschuß. Prag 1908); Helli Haas (siehe Kommentar 1:**38**2) war im Jubiläumsjahr für das Schulvereinszelt zuständig, auf dem Frühlingsfest des Jahres 1909 verkaufte sie zusammen mit Kafkas Schwester Elli Ansichtskarten. – In einem Brief an Felice Bauer bezeichnet Kafka das Deutsche Kasino als »eine zwar allgemeine, aber unter den hiesigen Deutschen doch vornehmste Vereinigung« (KKAB2 Nr. 446).

73 4] *Paul Kisch ... erzählt.]* Paul Kischs Dissertation ›Hebbel und die Tschechen. Das Gedicht ›An seine Majestät König Wilhelm I. von Preußen‹. Seine Entstehung und Geschichte‹ erschien 1913 als 22. Heft in der Reihe ›Prager deutsche Studien‹. Hrsg. v. A. Hauffen, P. Lessiak u. A. Sauer.

74 1] *Jetzt lese ich ... eingetragen habe]* Kafka zitiert nach der aus

seinem Besitz erhaltenen Ausgabe: Gustave Flaubert, ›Briefe über seine Werke‹. Gesammelte Werke, Bd. 7. Hrsg. v. E. W. Fischer. Minden 1909, S. 249 (vgl. KB 94f.). Mit dem Nachsatz *Ähnlich … habe* bezieht Kafka sich auf seine Eintragung *Wie ich mich gegen … festhält.* (S. **70**).

2] *Montag … Menschen.]* Im Anschluß an eine gemeinsam 74
mit Max Brod unternommene Reise nach Leipzig und Weimar hielt sich Kafka vom 7. bis 27. Juli 1912 im Naturheilsanatorium ›Jungborn‹ bei Stapelburg im Harz auf. Zu den weiteren Aufzeichnungen von dieser Reise siehe im Band ›Reisetagebücher‹, S. **95–108**: *8 Juli* …

1] *Lange Plage … geben werde.]* In Leipzig hatte Max Brod am 75
29. Juni 1912 eine Begegnung Kafkas mit dem Verleger Ernst Rowohlt (1887–1960) herbeigeführt, der Kafka anbot, ein Buch von ihm herauszubringen (siehe auch im Band ›Reisetagebücher‹, S. **83**: *R. will … von mir.*). Nach seiner Rückkehr aus dem Naturheilsanatorium ›Jungborn‹ war Kafka damit beschäftigt, die Texte für den Band ›Betrachtung‹ zusammenzustellen und Reinschriften anzufertigen. Vgl. auch die Eintragungen: *»Bauernfänger« … können?* (S. **75**), *Nichts, nichts … ich bin.* (S. **76**f.), *14 … ergebener* (S. **77**). Zu dem hier erwähnten Brief siehe KKAB1 Nr. 247.

2] *»Bauernfänger« … können?]* ›Entlarvung eines Bauernfängers‹ gehört zu den Texten, die Kafka in sein Buch ›Betrachtung‹ aufgenommen hat (siehe auch im Band ›Ein Landarzt und andere Drucke zu Lebzeiten‹, S. 17ff.).

1] *Mein aus Eingebungen … kommen.]* An Grete Bloch (siehe 76
Kommentar **201**1), der er eine Ausgabe von Franz Grillparzers Erzählung ›Der arme Spielmann‹ geschenkt hatte, schreibt Kafka am 15. April 1914: *Der arme Spielmann ist schön nicht wahr? Ich erinnere mich, ihn einmal meiner jüngsten Schwester vorgelesen zu haben, wie ich niemals etwas vorgelesen habe. Ich war so davon ausgefüllt, daß für keinen Irrtum der Betonung, des Atems,*

des Klangs, des Mitgefühls, des Verständnisses Platz in mir gewesen wäre, es brach wirklich mit einer unmenschlichen Selbstverständlichkeit aus mir hervor, ich war über jedes Wort glücklich, das ich aussprach. Das wird sich nicht mehr wiederholen, ich würde niemals mehr wagen, es vorzulesen. (KKAB3 Nr. 702).

76-77 2] *Nichts, nichts ... wie ich bin.]* Bezieht sich auf die Vorbereitung des Bandes ›Betrachtung‹, vgl. Kommentar **75**1.

77 1] *Brief an Rohwolt ... Ihr ergebener]* Entwurf eines ursprünglich als Begleitschreiben gedachten Briefes, mit dem die Druckvorlagen des Bandes ›Betrachtung‹ an den Rowohlt-Verlag geschickt werden sollten. Der am selben Tag mit Schreibmaschine geschriebene Brief entspricht – bis auf den handschriftlichen Zusatz: *Manuscript folgt separat per Postpaquet* – dem Wortlaut des Entwurfes, vgl. KWBr 24f. Die falsche Schreibweise des Namens (*Rohwolt*) findet sich sowohl im Originalbrief als auch in allen weiteren Tagebucheintragungen (vgl. u.a. auf S. **79**: *Wenn Rohwolt ...*).

2] *Marienfeier ... Ring.]* Der 15. August, Mariä Himmelfahrt, war in Böhmen gesetzlicher Feiertag. Die Marienfeier fand an der 1650 auf dem Altstädter Ring errichteten Mariensäule (siehe auch Kommentar 1:**186**2) statt.

3] *Viel an – ... gedacht.]* Kafka hatte die Berlinerin Felice Bauer (1887–1960), seine spätere Verlobte, am 13. August 1912 bei Max Brod kennengelernt, vgl. *Frl. Felice ...* (S. **79**).

4] *Gestern »Polnische Wirtschaft«]* Die Operette ›Polnische Wirtschaft‹ von Jean Gilbert (eigtl. Max Winterfeld) wurde in Prag unter dem »noch unverfänglicheren Titel« (›Prager Tagblatt‹ vom 12. August 1912; MiA Nr. 221, S. 4) ›Tolle Wirtschaft‹ aufgeführt. Das ›Prager Tagblatt‹ vom 14. August 1912 zeigt für denselben Abend im Neuen deutschen Theater die Aufführung des ›Vaudeville in 3 Akten von Kurt Kraatz und Georg Okonkowski. Gesangstexte von Alfred Schönfeld. Musik von Jean Gilbert‹ an (MA Nr. 223, S. 9).

5] *An allem aber … schuld.]* Gemeint sind die 31 Manu- 77
skriptseiten für den Band ›Betrachtung‹, die Max Brod – damals hauptberuflich noch Postbeamter – am 14. August in Kafkas Auftrag an den Ernst Rowohlt Verlag sandte.

1] *Nichts weder … zuhause.]* Offenbar erwartete Kafka eine 78
umgehende Eingangsbestätigung des Rowohlt Verlags; siehe auch die Eintragung *Wenn … früher.* (S. **79**).

2] *Paar Seiten … geschrieben.]* Gemeint ist der Weimar betreffende Textteil im Band ›Reisetagebücher‹, S. **83–93**: *Weimar. … mehr glaubte. –*

3] *Universitätsbauplatz]* Vor Kafkas Fenster im Haus ›Zum Schiff‹ (Niklasstraße 36) »war durch die Assanierung [des ehem. Ghettos] ein langgestreckter, mit seinen Längsseiten parallel zum Moldauufer verlaufender freier Platz entstanden (…). Zu beiden Seiten der Niklasstrasse wies dieser ›Universitätsbauplatz‹ grossflächige, rechteckige, an ihren Rändern ziemlich abschüssige Vertiefungen auf, die man nach der Demolierung der Häuser zwischen der Südseite des ehemaligen Johannisplatzes (Jánské náměstí) und dem Moldauufer gar nicht erst zugeschüttet hatte, um sie für die geplanten Neubauten nicht von neuem ausheben zu müssen.« (KK 28f.) – Diesen *Bauplatz* erwähnt Kafka auch in einem Brief an Felice Bauer vom 24. November 1912, vgl. KKAB1 Nr. 312 und den dazugehörigen Kommentar.

1] *Wenn Rohwolt … früher.]* Vgl. die Eintragungen *Brief an* 79
Rohwolt … ergebener und *An allem … schuld.* (S. **77**) sowie den dazugehörigen Kommentar **77**1 bzw. **77**5.

2] *Frl. Felice Bauer … Wie sich –]* Kafkas Beschreibung des ersten Eindrucks, den Felice Bauer auf ihn machte; siehe auch Kommentar **77**3.

3] *zu Brod kam]* Hier ist die elterliche Wohnung der Familie Brod in der Schalengasse 1 gemeint; vgl. Kommentar 1:**61**1.

4] *werde ich noch die Geschichte … mich]* Erster Hinweis auf die geplante Niederschrift des in diesem Tagebuchheft erst im Anschluß an ›Das Urteil‹ überlieferten Erzählfragments (S. **102**: *Gustav ... zu sagen.*).

79 5] *Unaufhörlich ... geholt.]* Bezieht sich entweder auf die von Franz Blei im Verlag Georg Müller (München) herausgegebene Ausgabe: Jakob Michael Reinhold Lenz, Gesammelte Schriften (von den insgesamt fünf Bänden waren die Bände 1 und 2 im Jahr 1909, die Bände 3 und 4 im Jahr 1910 erschienen; der letzte Band erschien 1913) oder auf die gleichnamige, vierbändige, von Ernst Lewy im Verlag Paul Cassirer (Berlin) im Jahre 1909 herausgegebene Ausgabe.

80 1] *Besuch des Onkels aus Spanien.]* Alfred Löwy, vgl. Kommentar 1:**236**1 sowie *Der Onkel aus Spanien ...* (S. **81**).

2] *Vorigen Samstag ... »Opfer«.]* Sowohl ›Ein Lebenslied‹ (S. 75f.) als auch das dramatische Gedicht ›Das Opfer‹ (S. 97ff.) erschienen im Mai 1913 in Franz Werfels Gedichtband ›Wir sind‹ (Leipzig 1913); letzteres fand später auch in Max Brods Jahrbuch für Dichtkunst ›Arkadia‹ (Leipzig, Juni 1913) Aufnahme (S. 19ff.).

3] *Umfrage ... heutzutage.]* Im Rahmen der Antworten auf die Umfrage ›Où en est l'Amour?‹ veröffentlichte ›Le Miroir‹ (Sonntags-Supplement des ›Petit Parisien‹) u.a. die mit einem Zitat versehene Photographie der Schauspielerin Louise Silvain: »Jamais on n'aima tant ni si bien qu'à notre époque (...)« (›Le Miroir‹ vom 4. August 1912; Nr. 19, S. 8). Siehe hierzu auch die Reproduktion auf der folgenden Seite.

4] *Wie zerworfen ... war!]* Bezieht sich auf die Eintragung: *Vorigen Samstag ... den ganzen Abend.* (S. **80**).

5] *in die Gesellschaft ... Löwyschen]* Vielleicht ein Familientreffen bei Julie Kafkas in Prag lebendem Bruder Richard Löwy (1857–1938), anläßlich des Besuches von Alfred Löwy aus Madrid. – Zur Wortbildung *Löwyschen* vgl. *Baumischen* (S. **103**).

— Jamais on n'aima tant ni si bien qu'à notre époque, nous déclare Mme Silvain, la véhémente tragédienne.

80 6] *meines Chefs]* Vermutlich Eugen Pfohl.

7] *Absendung ... Rohwolt]* Vgl. die Eintragung *Brief an Rohwolt ... ergebener* (S. **77**) und Kommentar **77** 1.

8] *Besuch des Onkels]* Alfred Löwy, siehe die Eintragung *Der Onkel ... beurteilt.* – (S. **81**).

81 1] *Der Onkel aus Spanien]* Alfred Löwy, siehe Kommentar 1: **236** 1.

2] *Gestern Brief an Dr. Schiller] Dr. Friedrich Schiller, Magistratsbeamter Breslau*, den Kafka im Naturheilsanatorium ›Jungborn‹ kennengelernt hatte, vgl. im Band ›Reisetagebücher‹, S. **97**: *Gespräch ... Breslau.* Der Briefwechsel zwischen Kafka und Schiller ist nicht überliefert.

82 1] *Dolphi]* Adolf Ernst Kaufmann (geb. 1910), nach Recherchen Anthony Northeys ein entfernter Verwandter (vgl. A. Northey in ›Seminar‹, a.a.O., S. 372). In einem Brief an seine Eltern vom 19. Dezember 1923 erkundigt sich Kafka: *(was macht Dolfi?)* (›Briefe an die Eltern aus den Jahren 1922 bis 1924‹. Hrsg. von Josef Čermák und Martin Svatoš. Frankfurt a.M. 1990, S. 44).

2] *Vorvorgestern Abend mit Utitz.]* Emil Utitz, siehe Kommentar 1:**197** 3.

83 1] *Abend Dr. Löw ... nachgeraten wollen.]* Dr. Hugo Löw berichtete später u.a. in Briefen an die ›Selbstwehr‹ von seinen Erfahrungen in Palästina (vgl. ›Eine Pessachwanderung nach Jerusalem‹. ›Selbstwehr‹ vom 13. März 1914; Nr. 10, S. 1). – Kafkas Schulfreund Hugo Bergmann war 1910 in Palästina gewesen; Viktor Kellner (1887–1970), ein führendes Mitglied des Vereins ›Bar-Kochba‹, war nach Palästina ausgewandert und unterrichtete dort am hebräischen Gymnasium in Jaffa. Im September 1911 hatte er anläßlich eines Besuchs in Prag verschiedentlich sowohl in öffentlichen Vorträgen als auch im privaten Kreis über sein Leben in Palästina berichtet.

2] *Makkabäer]* Makkabäer (auch Hasmonäer): nach Judas

Makkabi benannte Dynastie, die das jüdische Volk aus der Herrschaft der Syrer befreite und 142 v. Chr. den jüdischen Staat wiederherstellte.

3] *daß ich dem Dr. Schiller ... habe]* Vgl. die Eintragung *Gestern* 83
Brief an Dr. Schiller (S. **81**).

4] *Verlobung meiner Schwester Valli]* Kafkas zweitälteste Schwester verlobte sich mit Josef Pollak (1882–1942), ihrem späteren Ehemann.

1] *Hubalek]* Nach Recherchen von Hartmut Binder handelt 84
es sich um Heinrich (Jindřich) Hubalek (1866–1939), einen Beamten der AUVA und möglicherweise Kafkas »Schreibmaschinist« (vgl. Sudel II 43–47).

1] *Gestern bei Bergmann ... gesungen.]* Siehe auch *Abend Dr.* 85
Löw ... wollen. (S. **83**) und Kommentar **83**1.

2] *Kontrollor Pokorny]* Václav Pokorny, siehe Kommentar 1:**178**1.

1] *Briefe an ... heute.]* Der Brief an Jizchak Löwy ist nicht 87
überliefert; zum Brief an Elsa Taussig vom 18. September 1912 siehe KKAB1 Nr. 252; zum Brief an Felice Bauer vom 20. September 1912 siehe KKAB1 Nr. 255; zum Brief an Max Brod und Felix Weltsch, der Brod während dessen Urlaubsreise in Italien besuchte, siehe KKAB1 Nr. 254.

2] *Es war an einem ... unendlicher Verkehr.]* Unter dem Titel 87-100
›Das Urteil‹ im Juni 1913 in dem von Max Brod herausgegebenen Band ›Arkadia. Ein Jahrbuch für Dichtkunst‹ erstmals veröffentlicht (Leipzig, Kurt Wolff Verlag, S. 53–65).

1] *über die Brücke]* Gemeint ist die Čechbrücke, siehe auch 101
Kommentar 1:**24**1.

2] *daß ich etwas Schönes ... haben werde]* Siehe Kommentar **87–100**2.

3] *Gedanken an Freud natürlich]* Weitere Erwähnungen des Namens und der jeweilige Zusammenhang, in dem sie stehen, deuten auf Kafkas Kenntnis der Lehren Sigmund Freuds hin (vgl. im Band ›Reisetagebücher‹, S. **97**: *Freud* sowie Br 169 und BKB 248).

101 4] *an einer Stelle an Arnold Beer]* Max Brods Roman ›Arnold Beer. Das Schicksal eines Juden‹ war im Mai erschienen (Berlin 1912).

5] *an einer andern an Wassermann]* Jakob Wassermann (1873 bis 1934) hatte sich verschiedentlich zu Leseabenden in Prag aufgehalten. Kafka war er zumindest durch seine Beiträge in der ›Neuen Rundschau‹ des S. Fischer Verlags bekannt.

6] *an Werfels Riesin]* ›Die Riesin. Ein Augenblick der Seele‹ von Franz Werfel erschien im Oktober 1912 in Heft Nr. 4/5 der ›Herder-Blätter‹ (1. Jg., S. 41f.), demselben Heft, in dem Kafkas ›Großer Lärm‹ erstmals publiziert wurde (ebd., S. 44; vgl. *Ich ... sollte.* (1:**176**) und Kommentar 1:**176**4).

7] *natürlich auch ... Welt«]* Siehe *Die städtische Welt ... verlassen.* (1:**118–124**) sowie Kommentar 1:**118–124**6.

102 1] *Gustav Blenkelt ... zu sagen.]* Siehe auch die Eintragung *Wenn mich heute bei Max ... versuchen.* (S. **79**).

103 1] *(in der Geschichte)]* Gemeint ist ›Das Urteil‹. Siehe auch *Die Schwester ... wohnen.«* (S. **126**).

2] *Gestern bei Baum ... bestätigte sich.]* Der erwähnte Kreis der Zuhörer weist darauf hin, daß Kafka ›Das Urteil‹ vor einer Gesellschaft im Hause Oskar Baums gelesen hat, und nicht bei einem der Zusammentreffen des Freundeskreises.

3] *den Baumischen]* Die Familie Baum (zur Verwendung des Familiennamens in dieser Form siehe auch Kommentar **80**5).

4] *meinen Schwestern]* Ottla und Valli, die beiden zu diesem Zeitpunkt noch nicht verheirateten Schwestern.

5] *Marta]* Vermutlich Martha Löwy (1891–?), *einer angenehmen, hübschen, eleganten und vor allem sehr rücksichtsvollen und bescheidenen Cousine* (KKAB2 Nr. 390), Tochter des in Prag lebenden Onkels Richard (siehe auch Kommentar **80**5).

6] *Frau Dr. Bloch ... Söhnen]* Möglicherweise die Familie des bereits erwähnten Dr. Bloch (siehe *wegen Kartenverkaufes mit Dr. Bloch* (S. **35**) und Kommentar **35**11.

7] *Kinematograph ... Jagd.]* Am 25. September 1912 fand im 103
Deutschen Landestheater die Premiere der ›Volkstümlichen Lichtspiele‹ statt. Laut Voranzeige in der ›Bohemia‹ vom selben Tag stand auf dem Programm dieser »Wissenschaftl. kinematographische[n] Vorstellungen«: »1. Seltsame Insekten. 2. Die Insel Ceylon. 3. Danzig. 4. Zur Erinnerung an den Geburtstag Theodor Körners: Theodor Körner. Sein Leben und Dichten. – Aus der Jugendzeit. – Der Student. – Der Theaterdichter und seine Braut. – Der Freiheitskämpfer.« (MA Nr. 265, S. 14).

8] *Frl. Oplatka]* Vermutlich Grete Oplatka, die – wie auch Kafkas Schwester Ottla – im ›Klub jüdischer Frauen und Mädchen‹ engagiert war.

1] *Als der ... und wenn]* Anfangspartie des Romans ›Der Ver- 104-122
schollene‹, deren Fortsetzung im zweiten Tagebuchheft enthalten ist. Siehe *dem Schubal ... eine Übertrei-* (1:**132–150**) sowie Kommentar 1:**132–150**1.

1] *Anläßlich ... »Urteils«]* Mit den Vorbereitungen des Erst- 125
drucks von ›Das Urteil‹ in Max Brods Jahrbuch ›Arkadia‹ im Zusammenhang stehende Korrektur. ›Arkadia‹ erschien Ende Mai 1913 (siehe auch *z.B. die Freude ... werde,* (S. **101**) sowie Kommentar **87–100**2).

2] *Der Freund ist ... stark auf ihn.]* Vgl. hierzu die Nieder- 125-126
schrift des ›Urteils‹ im »sechsten Heft« (S. **87–100**: *Es war an einem ... Verkehr.*).

1] *Georg hat ... eingewirkt.]* Die hier angestellten Überlegun- 126
gen zu den Namen im ›Urteil‹ nahm Kafka in einem Brief an Felice Bauer vom 3. Juni 1913 wieder auf, vgl. KKAB2 Nr. 541. Bereits am 24. Oktober 1912 hatte er unter Hinweis auf die Publikation im Jahrbuch ›Arkadia‹ und die von ihm beabsichtigte Widmung an Felice Bauer geschrieben: *Im übrigen*

hat die Geschichte in ihrem Wesen, soweit ich sehen kann, nicht den geringsten Zusammenhang mit Ihnen, außer daß ein darin flüchtig erscheinendes Mädchen Frieda Brandenfeld heißt, also wie ich später merkte, die Anfangsbuchstaben des Namens mit Ihnen gemeinsam hat. (KKAB1 Nr. 269).

126 2] *Steuer]* Otto Steuer (1881–?), ein ehemaliger Mitschüler Kafkas.

3] *der alte Weltsch]* Heinrich Weltsch (1856–1936), der Vater von Kafkas Freund Felix Weltsch.

4] *Die Schwester ... wohnen.«]* Wiederaufnahme der Eintragung *Meine Schwester ... wohnen.* (S. **103**).

127-131 1] *Ernst Liman ... Mädchen.]* Am 1. März 1913 schreibt Kafka an Felice Bauer: *Gestern habe ich eine kleine Geschichte angefangen, sie ist noch so klein, steckt kaum den Kopf hervor, es läßt sich nichts sagen, um so sündhafter ist es, daß ich sie heute gegen alle guten Vorsätze liegen ließ und zu Max ging. Ist sie etwas wert, wird sie aber doch vielleicht bis morgen warten können.* (KKAB2 Nr. 452). – In der Nacht vom 2. zum 3. März schreibt Kafka: *es ist 1 Uhr vorüber, ich bin, Liebste, inzwischen von meiner Geschichte fast gänzlich abgeworfen worden – heute war die Entscheidung und sie ist gegen mich ausgefallen – und krieche nun förmlich, wenn Du mich willst, zu Dir zurück.* (KKAB2 Nr. 453). – Mit dem ›Ernst-Liman-Fragment‹ brechen die Eintragungen aus dem Jahr 1913 im »siebenten Heft« ab; vom anderen Ende des Heftes beginnend, benutzt Kafka es wieder ab dem 16. Februar 1914 für die hier folgenden Tagebuchaufzeichnungen. Die Aufzeichnungen aus dem Jahr 1913 setzt er vom 2. Mai an im »achten Heft« fort (vgl. Kommentar **175** 1).

132 1] *gestern Malerin Dittrich]* Bezieht sich möglicherweise auf eine Programmnummer des von Kafka häufig besuchten Kabaretts Lucerna, das in der Tageszeitung ›Bohemia‹ am 19. Februar 1914 »Münchener Malkunst in höchster Vollendung« ankündigt (MA Nr. 48, S. 14).

2] *Ich fahre.]* Ende 1913 strebte Kafka die Eheschließung mit Felice Bauer an, die auf seine drängenden Fragen aber nur zögernd reagierte. Als Antwort auf einen Brief Kafkas vom 2. Januar 1914 sendet sie erst am 9. Februar *eine kleine immerhin freundliche Karte* (KKAB2 Nr. 651). Da er auch in den folgenden Wochen keine weitere Nachricht erhielt, entschloß sich Kafka am Tag dieser Tagebucheintragung, nach Berlin zu fahren und Felice Bauer um ein klärendes Gespräch zu bitten. An dem Wochenende vom 27. Februar bis zum 1. März 1914 kam es in Berlin zu mehreren Treffen mit Felice Bauer, bei denen sie ihm ihre Einwände gegen eine Ehe darlegte. Die Situation blieb für Kafka vorläufig ungeklärt – was auch in den folgenden auf Felice Bauer bezogenen Eintragungen zum Ausdruck kommt (vgl. die Eintragungen: *Wenn F. ... sein.* (S. **132**), *Ich bin unzweifelhaft ... verlockender.* (S. **133**), *Die Argumentation ... verloren.* (S. **134**), *Ich werde hier F. ... Verdauung* (S. **134–139**), *Wenn es möglich wäre ... würde!* (S. **142**)). Bei einem erneuten Besuch in Berlin, vom 11. bis zum 13. April 1914, kommt es schließlich zur inoffiziellen Verlobung und Felice Bauers Zusage, Kafka im September zu heiraten. 132

3] *Brief von Musil ... nichts.]* Robert Musil (1880–1942), seit Anfang 1914 Redakteur der Zeitschrift ›Die Neue Rundschau‹, hatte Max Brod um Kafkas Adresse gebeten (vgl. KKAB2 Nr. 648). Ein von ihm angestrebtes Mitwirken Kafkas an der ›Neuen Rundschau‹ kam nicht zustande (siehe auch KKAB2, Kommentar zu Nr. 655).

4] *Wenn F. ... sein.]* Siehe Kommentar **132**2.

1] *Die Großmutter ... gestorben sei.]* Die Eintragung bezieht sich vermutlich auf Kafkas am 22. Mai 1908 gestorbene Großmutter Julie Löwy (geb. 1827) und nicht auf seine Großmutter Franziska Kafka (geb. 1816), die offenbar noch vor ihrem Mann Jakob (1814–1889) gestorben ist. 133

133 2] *Es gibt zwei Mittel ... verlockender.]* Kafka erwog einerseits die Möglichkeit, Felice Bauer zu heiraten und mit ihr in Prag zu leben, andererseits, anstelle dieser eher bürgerlichen Existenz, sich als freier Schriftsteller in Berlin niederzulassen. Vgl. auch *Von Prag weggehn ...* (S. **137**) sowie *Ich muß also außerhalb ... finden.* (S. **138**) und Kommentar **138**1.

133-134 3] *Rense gieng ... müssen, Junge]* Im folgenden wiederholt aufgenommener Erzählansatz, vgl. *Rense, ein ... es nicht.* (S. **134**), *Ein kleines ... Nest* (S. **139–140**), *Gegen 5 ... Mann ein,* (S. **140**), *Anna sah ... hin.* (S. **142**).

134 1] *F.]* Felice Bauer.

138 1] *Ich muß also außerhalb ... finden.]* Über seinen hier im Tagebuch festgehaltenen Entschluß, nach Berlin zu gehen, schreibt Kafka am 15. April 1914 an Grete Bloch: *Dieser Entschluß bestand darin, daß ich für den Fall, als ich F. nicht geheiratet hätte, meinen Posten hier aufgegeben oder, wenn es möglich gewesen wäre, einen längern Urlaub ohne Gehalt genommen hätte und nach Berlin gegangen (nicht wegen F. sondern wegen Berlin und seiner vielen Möglichkeiten) und Journalist oder sonst etwas ähnliches geworden wäre.* (KKAB3 Nr. 702).

140 1] *Hinter Dostojewskis Sarg ... Miethauses.]* Kafkas Eintragung geht auf die Lektüre des Beitrags ›Dostojewski: Die Tragödie seines Lebens‹ von Stefan Zweig zurück, der im ersten Februarheft der Zeitschrift ›Der Merker‹ erschienen war (›Der Merker‹ 5 (1914), S. 97–106): »(...) er starb in einem Arbeiterviertel, in einer Winkelwohnung des vierten Stocks (...)«, S. 98. »Der Polizeipräsident will das öffentliche Leichenbegängnis verbieten, bei dem die Studenten die Ketten des Sträflings hinter seinem Sarg zu tragen planen (...)«, S. 105f.

142 1] *Wenn es möglich wäre ... würde!]* Siehe Kommentar **132**2.

2] *Heute ... Werfel.]* Siehe Kommentar **35**9.

143 1] *Die Eltern ... haben]* Im Hinblick auf die inzwischen für

den September beschlossene Heirat (siehe Kommentar **132**2) suchten Kafka und seine Familie eine Wohnung in Prag. Siehe hierzu auch KKAB3 Nr. 730.

1] *Mutter und Schwester in Berlin.]* Julie und Ottla Kafka 145
fuhren bereits Ende Mai nach Berlin, wo am 1. Juni 1914 (Pfingstmontag) die offizielle Verlobung Kafkas mit Felice Bauer gefeiert wurde.

2] *Soll ich ... spielen?]* Vgl. Kommentar 1:**155**2.

3] *(Ich ... sein)]* Bezieht sich auf die in Kafkas Handschrift auffallend geschwungenen »K«:

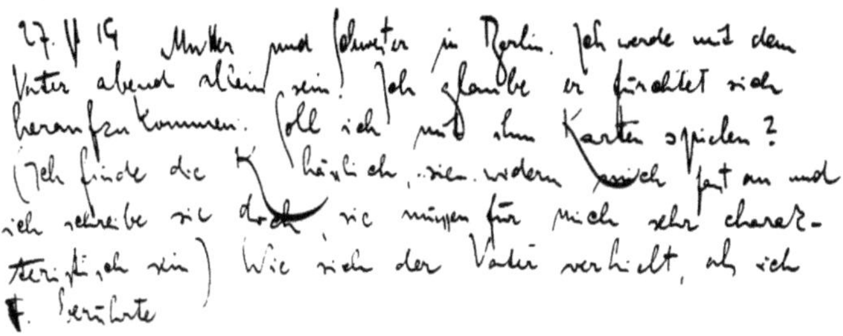
27 V 14 Mutter und Schwester in Berlin. Ich werde mit dem Vater abend allein sein. Ich glaube er fürchtet sich heraufzukommen. Soll ich mit ihm Karten spielen? (Ich finde die K häßlich, sie widern mich fast an und ich schreibe sie doch, sie müssen für mich sehr charakteristisch sein) Wie sich der Vater verhielt, als ich F. berührte

1] *Übermorgen ... Berlin.]* Kafka fuhr Pfingstsamstag, den 30. 150
Mai 1914 nach Berlin; die Feier seiner Verlobung mit Felice Bauer fand Pfingstmontag statt.

1] *Morgen nach Berlin.]* Siehe Kommentar **150**1. 151

1] *Pick]* Otto Pick, siehe Kommentar **36**1. 152

1] *Brief Dostejews. ... Zuchthaus]* Wahrscheinlich der Brief 153
an den Bruder Michail vom 22. Februar 1854: F. M. Dostojewski, ›Briefe‹. Mit Porträts, Faksimiles und Ansichten. München 1914, S. 46ff. (der Band gehört zu den aus Kafkas Besitz erhaltenen Büchern, vgl. KB 90f.).

2] *Aus Berlin zurück.]* Kafka war am 2. Juni 1914 wieder nach Prag zurückgekehrt.

1] *Kubin. Gelbliches ... Bayros haben.«]* Die Eintragung geht 158-159 auf Alfred Kubins und Anton M. Pachingers Besuche in Prag im Herbst 1911 zurück (vgl. 1:**35**f.: *Der Zeichner* ... ; 1:**38**f.: *Noch Kubin* ... ; 1:**211–215**: *Dann zu* ...), an die Kafka vermutlich durch eine Karte Kubins erinnert wurde, die er – wie sich seiner Antwort vom 22. Juli 1914 entnehmen läßt – in diesen Tagen erhielt (vgl. KKAB3 Nr. 777). Kafkas Eintragung gibt offenbar weitere Details aus den damaligen Gesprächen mit Kubin und Pachinger wieder.

158 2] *Wolfskehl]* Der mit Alfred Kubin befreundete Schriftsteller Karl Wolfskehl (1869–1948).

3] *War mit Melchior ... Indien]* Wolfskehl und der mit ihm befreundete Maler und Buchkünstler Melchior Lechter (1865–1937) waren Ende September 1910 zu ihrer Indienreise aufgebrochen. An Dysenterie erkrankt, kehrte Wolfskehl Mitte Dezember allein zurück (M. Schlösser, ›Karl Wolfskehl. Eine Bibliographie‹. Darmstadt 1971, S. 13).

159 1] *Bayros]* Franz von Bayros, österreichischer Maler, Buch- und Exlibris-Künstler, bekannt auch wegen seiner erotischen Zeichnungen.

2] *Brief Dostojewskis ... Malerin.]* F.M. Dostojewskis Brief an Jekaterina Fedorowna Junge vom 11. April 1880, in Kafkas Ausgabe der ›Briefe‹ (vgl. Kommentar **153** 1), S. 213ff.; vgl. auch KB 90f.

160 1] *Dr. W.]* Zwischen Kafka und dem aus Brünn stammenden Arzt und Schriftsteller Ernst Weiß (1882–1940) war seit dem Sommer 1913 eine freundschaftliche Beziehung entstanden. Seit Dezember 1913 hatte der in Berlin lebende Weiß auf Kafkas Wunsch hin mehrfach Felice Bauer aufgesucht und eine Art Vermittlerrolle übernommen. Am 16. oder 17. Juni 1914 kam Weiß für einige Tage nach Prag (vgl. KKAB3 Nr. 757), wo er mit Kafka zusammentraf, bevor er am 19. Juni wieder nach Berlin zurückkehrte (vgl. KKAB3 Nr. 758).

2] *Pištekovo divadlo.]* Das nach seinem Gründer Jan Pištěk benannte volkstümliche tschechische Theater im Prager Vorort Königliche Weinberge. 160

3] *Löwenstein]* Über seine Begegnung mit Eugen Löwenstein (1877–1961), dem *Chef einer großen Wäschefabrik*, berichtet Kafka unter dem Datum vom 20. Juni 1914 in einem Brief an Grete Bloch (KKAB3 Nr. 759). – Löwenstein machte sich als Literat und Mäzen einen Namen. Ab 1914 schrieb er auch Rezensionen für das ›Prager Tagblatt‹ (am 9. April 1916 zu Kafkas Erzählung ›Die Verwandlung‹, vgl. ›Franz Kafka. Kritik und Rezeption zu seinen Lebzeiten 1912–1924‹. Hrsg. v. J. Born unter Mitw. v. H. Mühlfeit u. F. Spicker. Frankfurt 1979, S. 64ff.). Zu Löwenstein siehe auch Anton Kuh, ›Der unsterbliche Österreicher‹. München 1931, S. 36f.

4] *Jetzt der grobe ... Soyka.]* Der Wiener Schriftsteller Otto Soyka (1882–1955), Verfasser vielgelesener phantastischer Romane. Zum Zeitpunkt von Kafkas Tagebucheintragung waren folgende Romane von Soyka erschienen: ›Der Fremdling‹ (München 1910), ›Herr im Spiel‹ (München 1910; rezensiert von Max Brod in: ›Das literarische Echo‹; 13. Jg., Heft 9 (1. Februar 1911), Sp. 680f.), ›Herbarium der Ehre‹ (München 1911), ›Die Söhne der Macht‹ (München 1912), ›Das Glück der Edith Hilge‹ (München 1913).

5] *F.]* Felice Bauer.

1] *Elli]* Elli Hermann, Kafkas Schwester. 161

2] *O.]* Ottla.

1] *Hellerau Leipzig ... gemahnt.]* Hauptziel der gemeinsam mit Otto Pick (siehe Kommentar **36**1) vom 27.–29. Juni 1914 unternommenen Reise war die 1906 gegründete Gartenstadt Hellerau vor den Toren Dresdens (1950 als Dresdner Stadtteil eingemeindet), die als Sitz der deutschen Werkstätten für Handwerkskunst (siehe hierzu Kafkas Brief an Felice Bauer vom 28. Mai 1914, KKAB3 Nr. 746) und der 1911 gegrün- 163-164 deten ›Bildungsanstalt Jaques Dalcroze‹ (S. **163**: *Besichtigung des Dalcrozehauses*, vgl. Kommentar **163–164**23) bekannt war. Zur Kolonie der ständig in Hellerau lebenden Künstler gehörten zu jener Zeit der Verleger Jakob Hegner (S. **163**), der aus Prag stammende Schriftsteller Paul Adler (S. **163**) sowie der Kunstschmied Georg Mendelssohn (S. **163**).

163 2] *Mann ... Flottenverein wirbt]* Der Deutsche Flottenverein war 1898 in Berlin gegründet worden, um das Interesse für die Bedeutung und die Aufgaben der Flotte bzw. der kaiserlichen Marinepolitik zu wecken, und zählte seit 1908 mehr als eine Million Mitglieder.

3] *Thomas bei dem wir wohnen]* Da in der *Waldschenke* (d.i. die Waldschänke) kein Zimmer mehr frei war, übernachteten Kafka und sein Begleiter Otto Pick privat bei dem Gymnasial-Oberlehrer Kurt Thomas und dessen Frau, Breiter Weg 10 in Hellerau (Hans-Jürgen Sarfert, ›Hellerau. Die Gartenstadt und Künstlerkolonie‹. Dresden 1992, S. 109; Michael Faßhauer, ›Das Phänomen Hellerau. Die Geschichte der Gartenstadt‹. Dresden 1997, S. 201).

4] *Prescher ... hinführt]* Hermann Prescher bewirtschaftete das Gasthaus Waldschänke in Hellerau (H.-J. Sarfert, ›Hellerau‹, a.a.O., S. 109).

5] *Hegner]* Jakob Hegner (1882–1962), Gründer des Hellerauer Verlags, Herausgeber der Halbmonatsschrift ›Neue Blätter‹ (Hellerau u. Berlin).

6] *Fantl und Frau]* Der Prager Literat Leo Fantl (1885–1944) und seine Frau Grete, geb. Theiner, die in ihrer Hellerauer Wohnung (Am Schänkenberg 24) einen kleinen literarischen Salon betrieb, was ihr den scherzhaften Beinamen »Rahel von Hellerau« eintrug (H.-J. Sarfert, ›Hellerau‹, a.a.O., S. 86 mit Photographie).

7] *Adler ... Anneliese]* Paul Adler (1878–1946), seine Lebensgefährtin und spätere Frau Anna Dusik (1874–?) und die gemeinsame Tochter Elisabeth (geb. 1912; genannt »Nise«, von Kafka als Kurzform von *Anneliese* gedeutet).

8] *Frau Dr. Kraus, Frl. Pollak, die Schwester der Frau* 163
Fantl] Nicht ermittelt.

9] *Katz]* Möglicherweise der Prager Schriftsteller Richard Katz (1888–1968).

10] *Mendelssohn]* Der Kunstschmied Georg Mendelssohn (1886–1955). Ihn beschreibt Kafka in einem Brief an Robert Klopstock im Jahre 1921 wie folgt: *Georg von Mendelssohn kenne ich flüchtig, er erinnert sich meiner gewiß nicht, ihn aber kann man nicht vergessen, ein riesiger langer nordländisch aussehender Mensch mit einem kleinen, entsetzlich energischen Vogelgesicht, man erschrickt vor seinem Wesen, seiner kurz abgehackten Rede, seiner scheinbar für jeden möglichen Fall ablehnenden Haltung, aber man muß nicht erschrecken, er meint es nicht böse, zumindest nicht im Durchschnitt seines Verhaltens und ist unbedingt zuverlässig. Er steht im Mittelpunkt des deutschen Kunstgewerbes, hat in Hellerau eine Kunstschmiede und gehört wohl in jeder Hinsicht zu den »Wissenden« des Kunstgewerbes.* (Br 355)

11] *Kind des Bruders]* Georg von Mendelssohn hatte nach dem frühen Tod seines Bruders Erich (1887–1913) dessen 1911 geborenen Sohn Harald für einige Jahre in seine Familie aufgenommen (H.-J. Sarfert, ›Hellerau‹, a.a.O., S. 64).

12] *Alpinum]* Georg von Mendelssohn bewohnte mit seiner Familie eine von Richard Riemerschmid erbaute Villa am Moritzburger Weg in Hellerau; zum großen Gartengrundstück gehörte ein Felsgärtlein mit Alpenpflanzen (H.-J. Sarfert, ›Hellerau‹, a.a.O., S. 64).

13] *Waldschenke]* Die Gaststätte »Waldschänke« (Am grünen Zipfel) ist das älteste Gebäude in Hellerau und bestand bereits vor Gründung der Gartenstadt, in die sie als einziges Gebäude einbezogen wurde. In den 1920er Jahren war sie für ihr Angebot von Gesundheitskost nach den Reformbestrebungen der Gartenstadtbewegung bekannt und nicht zuletzt durch den Gästegarten und die angeschlossene Kegelbahn beliebtes Ausflugsziel.

163 14] *»Natura«]* Gemeint ist das vegetarische Speisehaus Natura in der Dresdner Struvestraße 5, 1. Etage, das von Hedwig Jentsch betrieben wurde.

15] *Wolff, Haas]* Kafkas Verleger Kurt Wolff (1887–1963) und Willy Haas (siehe Kommentar **65** 1).

16] *Vorlesung von Narciss]* Nicht ermittelt.

17] *im Garten von Adler]* Paul Adler lebte mit seiner Familie von 1912 bis 1920 in einem Haus am Tännichtweg 6, »umgeben von Kiefern, Gebüsch und Blumensträuchern im Garten« (Ludo Abicht, ›Ein Dichter aus Prag‹. Wiesbaden/Frankfurt, 1972, S. 19).

18] *Besichtigung des Dalcrozehauses]* Der Musikpädagoge Émile Jaques-Dalcroze lebte während seiner Hellerauer Zeit (1910–1914) in der von Richard Riemerschmid entworfenen Villa Auf dem Sand 10; siehe auch Kommentar **163** bis **164** 23.

19] *Bugra]* Abkürzung für die ›Internationale Ausstellung für Buchgewerbe und Graphik‹, die 1914 in Leipzig stattfand.

20] *Nichtfinden der »Natura« ... Struvestraße]* In der Struvestraße in Dresden befand sich das vegetarische Restaurant Natura; vgl. Kommentar **163** 14.

21] *falsche Elektrische nach Hellerau]* Hellerau war mit Dresden durch eine Straßenbahnlinie verbunden.

22] *Erna]* Erna Bauer (1886–1972), die ein Jahr ältere Schwester von Kafkas Verlobten Felice.

163-164 23] *Dalcroze in Genf]* Der Schweizer Émile Jaques-Dalcroze (1865–1950) hatte seine Hellerauer Schule für Rhythmus, Musik und Körperbildung seit 1911 mit großem Erfolg geleitet. Die Bildungsanstalt wurde unter neuer Leitung weitergeführt, als er 1914 zur Gründung einer neuen Schule nach Genf zurückkehrte. – Am 7. März 1911 hatte Dalcroze im Prager Rudolfinum auf Einladung des ›Klubs deutscher Künstlerinnen‹ seine Methode der musikalischen Erziehung vorgestellt (laut ›Bohemia‹ vom 5. März 1911; MA Nr. 64, S. 12), und auch am 1. März des Jahres 1914 führte er in Prag die »Methode Dalcroze« vor, »dargestellt durch eine Gruppe Hellerauer Schülerinnen« (›Prager Tagblatt‹ vom 12. Februar 1914, Nr. 41, S. 5 und vom 3. März 1914, Nr. 60, S. 5). Möglicherweise begründeten diese Vorträge Kafkas auch in späteren Jahren noch fortwirkendes Interesse an dieser Methode (vgl. KKAB2 Nr. 398 und Br 418).

1] *F.]* Felice Bauer. **164**

2] *Wolff ... Werfel]* Offenbar hatte Kafka in Leipzig den Kurt Wolff Verlag aufgesucht, aber aus den angegebenen Gründen weder den Verleger Kurt Wolff noch dessen durch ein Gespräch mit Else Lasker-Schüler verhinderten Lektor Franz Werfel sprechen können.

3] *sinnloser Besuch der Ausstellung]* Gemeint ist die »Bugra« (siehe Kommentar **163**19).

4] *im Arco]* Café Arco, siehe Kommentar **35**9.

5] *Notizen ... eingetragen.]* Gemeint sind die Eintragungen im neunten Tagebuchheft über die Reise nach Berlin, Travemünde und Marielyst vom 11.–26. Juli 1914; vgl. 3:**24**f.: *Der Gerichtshof ... tritt)* und Kommentar 3:**24–30**1.

6] *Es ist allgemeine Mobilisierung.]* Auch Egon Erwin Kisch hielt den Ausbruch des Ersten Weltkriegs am 31. Juli 1914 in seinem Tagebuch fest: »Am Nachmittag wurde plakatiert, daß der Kaiser die allgemeine Mobilisierung angeordnet habe.« (E.E. Kisch, ›Ausmarsch und Aufmarsch‹. In: Ders., ›Soldat im Prager Korps‹. Leipzig 1922, S. 11).

7] *K. und P.]* Karl Hermann und Josef (Pepa) Pollak, die Ehemänner der beiden Schwestern Kafkas.

8] *Nachmittag werde ich ... uns.]* Die AUVA hatte Kafka als **164-165**

»unabkömmlich« reklamiert. Da er als »Rekrutierter zum Dienst ohne Waffen« in Prag blieb, mußte er sich nach der Einberufung seines Schwagers Karl Hermann verstärkt um die Asbestfabrik kümmern. Wenig später übernahmen Karl Hermanns Brüder Rudolf und Paul Aufgaben in der Geschäftsführung. – Elli Hermann, Kafkas Schwester, zog mit ihren Kindern Felix und Gerti zu ihren Eltern, während Kafka zunächst in die Wohnung seiner Schwester Valli zog (Bilekgasse 10), die nach der Einberufung ihres Mannes zu ihren Schwiegereltern nach Böhmisch-Brod gefahren war (vgl. *Allein . . . Schwester.* (S. **165**) und Kommentar **165**4 sowie KKAB3 Nr. 783), und dann ab September bis zum 9. Februar 1915 in die Wohnung Elli Hermanns im Vorort Kgl. Weinberge (Nerudagasse 48).

165 1] *K.]* Karl Hermann.

2] *Lust zu Valli zu fahren.]* Nach Böhmisch-Brod, siehe Kommentar **164–165**8.

3] *Schwimmschule]* Von den Prager Flußbädern bevorzugte Kafka die gegenüber der ehemaligen Wohnung der Familie gelegene Civilschwimmschule (vgl. Kommentar 1:**24**1) sowie die Schwimmschule auf der Sophieninsel (vgl. M 204ff.).

4] *Allein . . . Schwester.]* Während der Abwesenheit seiner Schwester Valli lebte Kafka in ihrer Wohnung in der Bilekgasse 10 (vgl. Kommentar **164–165**8).

5] *Ich habe dem Hausherrn . . . Vertrag.]* Mit Blick auf die für September 1914 geplante Hochzeit mit Felice Bauer hatte Kafka bereits einen Mietvertrag über eine Wohnung in der Langegasse 5 abgeschlossen (vgl. KKAB3 Nr. 734). Nach der Lösung der Verlobung ergaben sich für Kafka die hier beschriebenen Probleme bei der Kündigung des Mietvertrages.

166 1] *Malek]* Vermutlich ein Angestellter Hermann Kafkas.

2] *zweimal dort gewesen]* Beim Vermieter der Wohnung in der Langegasse, siehe Kommentar **165**5.

3] *bei Felix]* Felix Weltsch. 166

4] *Die Artillerie ... Nazdarrufe.]* »Eine Artillerieabteilung, die heute die Stadt durchzog, wurde vom Publikum begeistert akklamiert. Frauen warfen den Soldaten Blumen zu und immer wieder mußten die Artilleristen mit Mützenschwenken für die begeisterten Zurufe der Menge danken.« (›Ovationen für die abrückende Artillerie.‹ ›Prager Tagblatt‹ vom 5. August 1914; MA Nr. 213, S. 2).

5] *Nazdarrufe]* »Nazdar«: Tschechisch für »Heil«.

6] *Ich sah die 2 ... Ottlas Bild.]* Nicht ermittelt.

1] *Patriotischer Umzug ... Sonntag zweimal.]* Unter der Überschrift ›Wiederholte patriotische Kundgebungen in Prag‹ berichtet die ›Bohemia‹ am 9. August 1914: »Der Zug bewegte sich sodann zum Altstädter Rathaus, wo sich die Demonstranten vor der Loggia gruppierten: Es wurde Stille geboten und an einem Fenster des ersten Stockwerkes erschien Bürgermeister Dr. Groš, welcher an die Versammelten eine Ansprache hielt, in welcher er namens der Stadtvertretung für die patriotische Kundgebung dankte (...). Dr. Groš gab der Verehrung für den Kaiser Ausdruck und (...) schloß seine Ansprache mit dreimaligem ›Slava‹-Rufen auf den Kaiser, denen ›Slava‹-, ›Heil‹- und ›Hoch‹-Rufen der Menge folgten.« (zweite MA Nr. 217, S. 2). – Von Freitag, dem 7. August 1914, an kam es täglich zu patriotischen Kundgebungen und Umzügen der Prager Bevölkerung. Am 9. August veröffentlichte die Prager Tagespresse die Bitte des Statthalters, »die Straßenzüge nicht zu wiederholen und dem so berechtigten Gefühle, die eigene Gesinnung in Kundgebungen der Straße zum Ausdruck zu bringen, Einhalt zu gebieten«. (›Prager Tagblatt‹; AA Nr. 217, S. 2). 167

2] *Man behandelt, ... erschreckt mich.]* Kafka war nie in Binz; es könnte sich um eine Reflexion über die Photographie handeln, die er im Herbst 1912 von Felice erhielt und die die 167-168

Familie Bauer in Binz auf der Insel Rügen zeigt (siehe gegenüber F 177). Die Anführungszeichen deuten darauf hin, daß *»L. aus Binz«* vermutlich ein Zitat aus dem die Photographie erläuternden Brief Felice Bauers ist.

168 1] *Der ungeheuere ... Seiten.]* Bezieht sich vermutlich auf die Lektüre von August Strindberg, ›Die gotischen Zimmer: Familienschicksale vom Jahrhundertende‹. Strindbergs Werke, II. Abt.: Romane, Bd. 4. 6. Aufl. München u. Leipzig 1912. Der aus Kafkas Besitz überlieferte Band ist ein nachträgliches Geburtstagsgeschenk von Felice Bauers Schwester (vgl. 3:**25**: *Schenkt mir »Gotische Zimmer«.*); er trägt auf dem Vorsatzblatt die Widmung »Zum 3. Juli 1914 Erna.« (siehe KB 47 u. 49).

2] *Vorstellung daß ich ... gehe]* Reminiszenz an die Aufenthalte in Paris im Oktober 1910 und im September 1911 und an den zu jener Zeit in Versailles lebenden Onkel Josef Löwy (1858–1932; Lebensdaten nach Anthony Northey, ›Kafkas Mischpoche‹. Berlin 1988), mit dem sich Kafka möglicherweise während des ersten Pariser Aufenthalts getroffen hat.

169-172 1] *Eine Zeit meines ... Es war auch]* Erster Teil eines von Kafka später ›Erinnerungen an die Kaldabahn‹ betitelten Fragments (vgl. 3:**68**: *Erinnerungen an die Kaldabahn*), dessen Fortsetzung auf sechs der verbliebenen Blätter eines nicht mehr existierenden Heftes überliefert ist; siehe *nicht die ... wiederzusammenfanden.* (3:**44–51**).

175 1] *Es ist sehr notwendig ... zu führen.]* Kafka hatte im Frühjahr 1913 seine Aufzeichnungen im »siebenten Heft« mit dem ›Ernst-Liman-Fragment‹ abgebrochen; in einem neuen, dem »achten Heft«, nimmt er mit dieser Bemerkung am 2. Mai seine Tagebucheintragungen wieder auf (siehe auch Kommentar **127–131** 1).

2] *Valli geht ... Schwager]* Kafkas Schwester Valli und ihr Mann, Josef Pollak.

3] *Die Geschichte der ... heilen will]* Seit Anfang April 1913 arbeitete Kafka an seinen freien Nachmittagen in der Gärtnerei Dvorský in der Slupergasse 19. An Felice Bauer schreibt er am 7. April 1913: *Merkst Du an meiner Schrift, daß ich heute schon schwere Arbeit geleistet habe und der Federhalter für mich schon eine zu leichte Sache ist. Ja ich habe heute zum erstenmal beim Gärtner draußen in Nusle, einer Vorstadt, gearbeitet, im kühlen Regen nur in Hemd und Hosen.* (...) *Mein Hauptzweck war, mich für paar Stunden von der Selbstquälerei zu befreien, im Gegensatz zu der gespensterhaften Arbeit im Bureau, die mir förmlich davonfliegt, wenn ich sie fassen will – dort im Bureau ist die wahre Hölle, eine andere fürchte ich nicht mehr –, eine stumpfsinnige, ehrliche, nützliche, schweigsame, einsame, gesunde, anstrengende Arbeit zu leisten.* (KKAB2 Nr. 495).

1] *Der riesige Menasse ... Jargonvorstellung.]* Seit dem 26. April 176
1913 gastierte im ›Café-Restaurant Piccadilly‹ am Ziegenplatz (dem ehemaligen Café Savoy, siehe Kommentar 1:**48**1) die ›Wiener Jüdische Bühne‹. Am 2. Mai führte sie ein Stück mit dem Titel ›Die goldene Hochzeit‹ auf (›Prager Tagblatt‹ vom 2. Mai 1913; MiA Nr. 119, S. 5).

2] *Die Bailly gestern getroffen.]* Louise Bailly; siehe Kommentar 1:**45**1.

3] *Die schreckliche ... Curator]* Einen Tag nach dieser Eintragung, am 4. Mai 1913, schreibt Kafka in einem Brief an Felice Bauer: *Gestern sagte mir Felix bei irgendeiner Gelegenheit, daß ich einen Curator brauchen würde. Das ist keine schlechte Idee, den würde ich im gewöhnlichen und allerhöchsten Sinne brauchen, wenn nicht schon zu spät ist.* (KKAB2 Nr. 523).

4] *Hr. B.]* Nicht ermittelt.

1] *Übermut ... hielt.]* Kafka erhielt an diesem Tag die ersten 178
gedruckten Exemplare seiner Erzählung ›Der Heizer‹ (erschienen als dritter Band in der Reihe ›Der jüngste Tag‹ des Kurt Wolff Verlags). Einen Tag nach dieser Eintragung, am 25. Mai 1913, bestätigt er in einem Brief an seinen Verleger

den Empfang einer entsprechenden Sendung (vgl. KWBr 31f.). Zu ›Der Heizer‹ siehe auch Kommentar 1:**132–150**1.

178 2] *Löwy Geschichte ... Grenzüberschreitung.]* Jizchak Löwy hielt sich Anfang Juni 1913 wieder in Prag auf. Kafka organisierte – wie bereits im Februar 1912 – einen Vortragsabend für den sich in finanziellen Schwierigkeiten befindenden Schauspieler: (...) *wenn nicht der Löwy hier wäre, ich nicht einen Vortrag für den armen Menschen veranstalten müßte* (...) *Karten verkaufen müßte, um den Saal zu sorgen hätte und schließlich dieses nicht niederzudrückende Feuer des Löwy auf mich wirkte und mich in scheinbare Eile und Tätigkeit gebracht hätte – ich wüßte nicht, wie die paar Tage vorübergegangen wären.* (Brief an Felice Bauer vom 1. Juni 1913, KKAB2 Nr. 540). – Der vom Verein jüdischer Hochschüler ›Bar-Kochba‹ veranstaltete Vortragsabend Löwys fand am 2. Juni 1913 im Hotel Bristol in der Langegasse 11 statt (›Selbstwehr‹ vom 30. Mai 1913; Nr. 22, S. 7), das sich für jüdische Veranstaltungen und Festlichkeiten, insbesondere Trauungszeremonien (vgl. KKAB2 Nr. 418) empfahl. Es warb damit, »Einziges streng rituelles Restaurant Prags« zu sein (›Selbstwehr‹ vom 9. Juni 1911, Nr. 23, S. 2).

179 1] *Der Wunsch ... Riva haben.]* Kafka plante für den September einen Ferienaufenthalt in Riva am Gardasee; so schreibt er am 1. August 1913 an Felice Bauer: *Du mir ist elend, ich gehe aus den Fugen, wenn sie mich dort im Süden nicht wieder zusammenbringen.* (KKAB2 Nr. 577).

2] *Vorvorgestern ... Galeere.]* Kafkas erstes Zusammentreffen mit Ernst Weiß, siehe Kommentar **160**1. Der Roman ›Die Galeere‹ war im Juni im Verlag S. Fischer erschienen (Berlin 1913); siehe auch *Konstruktionen ... weiterleben.* (S. **213**).

3] *Hotel de Saxe]* Prager Hotel in der Hibernergasse 2.

180 1] *Das Bild der 300 ... Männer.]* Kafkas Eintragung geht vermutlich auf Bilder zurück, die er in einer Kino-Wochenschau gesehen hat.

2] *Der Millionär ... »Sklaven des Goldes«.]* Zu dem Spielfilm 180
›Sklaven des Goldes‹ im ›Grand Theatre Bio ›Elite‹‹ in der Poříčerstraße (Na Poříči) gibt das ›Prager Tagblatt‹ vom 1. Juli 1913 eine Beschreibung: »Etwas von einem Detektivroman steckt auch in dem zweiten Drama ›Sklaven des Goldes‹. Auch hier handelt es sich um die Beraubung eines Millionärs, doch klingt die Sache derart aus, daß die Verbrecher in Angst und Schrecken gejagt werden, da die Goldkisten – lebende Schlangen bergen. Das Milieu von Wildwest, in dem sich diese Vorgänge abspielen, tut das Übrige, um den Zuschauer zu packen.« (MA Nr. 178, S. 4). Siehe auch Hanns Zischler, ›Kafka geht ins Kino‹. Reinbek 1996, S. 119–127.

3] *Geschluchzt ... Geschichte.]* Der *Proceßbericht* erschien unter der Titelzeile ›Ihr Kind erwürgt. Das Motiv: Hunger‹ am 2. Juli 1913 in der Rubrik ›Gerichts-Zeitung‹ des ›Prager Tagblatts‹. Die »furchtbare Elendstragödie« der Marie Abraham und ihres jüngsten Kindes »Barbara, die am 30. September 1912 geboren und am 22. Mai 1913 von ihrer eigenen Mutter ermordet wurde«, die Vorgeschichte und der Mord werden ausführlich beschrieben: »Fast wahnsinnig nahm sie ihr Kind, lief mit ihm in einen nahen Wald. Dort knüpfte sie von ihrem Fuße eine schmale Männerkrawatte ab, die ihr als Strumpfband diente und wand sie der Kleinen zweimal um den Hals. (...) alle jene Momente, die für einen Freispruch in Erwägung kommen, die furchtbare und dabei unverschuldete Not der Abraham, ihre Verzweiflung und ihr durch Hunger und Entbehrungen geschwächtes Denkvermögen« führen zu einem Freispruch. Der Bericht endet: »Die Geschworenen haben inzwischen unter einander eine Kollekte veranstaltet und ihr Obmann übergibt der laut schluchzenden Angeklagten, die es gar nicht fassen kann, daß sie nun frei ist, den Betrag von sechzig Kronen: ›Damit Sie über die erste Zeit hinwegkommen!‹« (AA Nr. 179, S. 3).

181 1] *Elsa B.]* Elsa Brod, geb. Taussig; siehe Kommentar **184**2.

183 1] *Besondere Methode … (Dostojewski)]* Kafka bezieht sich vermutlich auf F.M. Dostojewskis Roman ›Ein Werdender‹ (Drei Bücher in zwei Bänden. München, Verlag Albert Langen 1905; Titel der nächsten, erst ab 1915 im Reinhard Piper Verlag erscheinenden Ausgabe: ›Der Jüngling‹), den er nach Brods Zeugnis besonders schätzte und aus dem er »enthusiasmiert« vorlas (FK 46). Im dritten Kapitel des ersten Buches heißt es unter anderem: »Nicht alle Naturen sind gleichgeartet; bei vielen Menschen verwandelt sich manchmal ein logischer Schluß in das allerstärkste Gefühl, das den ganzen Menschen ergreift und sehr schwer auszutreiben oder zu verwandeln ist. (…) Der Gedanke geht aus dem Gefühl hervor und formuliert für sein Teil wieder ein neues Gefühl, wenn er im Menschen herrschend wird!« (Bd. 1, S. 97). – Möglicherweise geht die Eintragung aber auch auf die Einleitung N.N. Strachoffs zu F.M. Dostojewski, ›Literarische Schriften‹. München 1913 (Sämtliche Werke, Bd. II/12, S. 3–91) zurück. Dort heißt es von Dostojewski: »Manch ein einfacher Gedanke, ja mitunter sogar irgendein schon allen bekannter, ganz gewöhnlicher Gedanke konnte ihn plötzlich ungeheuer begeistern, wenn er ihm auf einmal in seiner ganzen Bedeutung aufging. Der Grund hierfür war wohl der, daß er, man kann sagen, ungemein lebhaft die Gedanken fühlte.« (S. 26, Hervorhebung von Strachoff). Und zwei Seiten später (S. 28), bezogen auf die Richtung der Zeitschrift ›Wremja‹: »Die Unbestimmtheit des Gedankens an sich machte ihm weiter keine Sorgen, da er an die Entwicklung desselben nicht den geringsten Zweifel hegte.«

184 1] *F.]* Felice Bauer.

2] *Maxens Ehe]* Max Brod und Elsa Taussig hatten am 2. Februar 1913 geheiratet.

187 1] *Mit Felix in Rostock … im »stillen Tal«]* Zu Rostok, einem

12 km von Prag entfernten Ausflugsort, bemerkt Griebens Reiseführer ›Prag und Umgebung‹: »Dorf in malerischer Umgebung, mit einer Anzahl von Villen; mehrere Restaurationen. Angenehmer Spaziergang im Stillen Tal (...)« (15. Aufl. Neu bearb. v. O. Klauber. Berlin 1911, S. 145).

2] *Roskoff, ... Welt.]* »Bei den jetzigen Karaiben gilt (wie bei 187
den Macusi, Akawai und Aarawak) ›der, welcher in der Nacht arbeitet‹, als der Schöpfer der Welt, auf den sie alles Gute zurückführen.« (Gustav Roskoff, ›Geschichte des Teufels‹. Bd. 1. Leipzig 1869, S. 29).

3] *Vielleicht ... letzte.]* Siehe Kafkas Brief an Felice Bauer vom 12. August 1913 (KKAB2 Nr. 589).

1] *Belvedere]* Siehe Kommentar 1:**36**1. 188

2] *Es ist das Gegenteil ... widerstehn.]* Siehe hierzu die Eintragung *Vielleicht ist nun alles ... mir liegt.* (S. **187**f.) sowie Kafkas Brief an Felice Bauer vom 14. August 1913 (KKAB2 Nr. 590).

1] *Der Brief an die Eltern]* (...) *gleichzeitig mit diesem Brief geht* 189
auch der Brief an Deine Eltern ab, schreibt Kafka in seinem Brief an Felice Bauer vom 14. August 1913 (KKAB2 Nr. 590). Der Brief an Anna und Carl Bauer ist nicht überliefert.

2] *Wie kalt ich ... dumm.]* Bezieht sich auf einen Besuch in der Wohnung Oskar Baums, wo von der Familie offenbar nur der Sohn Leo anwesend war.

3] *den Brief]* Gemeint ist der Brief an die Eltern Felice Bauers, vgl. die Eintragung: *Der Brief an die Eltern* (S. **189**).

4] *Später fragte sie mich ... Dir.]* Anfang August 1913 hatte Kafka seinem Onkel Alfred Löwy in Madrid das Jahrbuch ›Arkadia‹ (in dem die Erzählung ›Das Urteil‹ erschienen war, siehe Kommentar **87–100**2) zusammen mit einem Begleitbrief geschickt. Am 5. August 1913 erhielt Kafka daraufhin ein Telegramm von Alfred Löwy. Am selben Tag schreibt er an Felice Bauer: *Ich klagte mich ordentlich in dem Brief aus und* *schrieb auch (dieser Onkel hätte eigentlich von unserer Verlobung vor meinen Eltern erfahren sollen) mit schöner Überleitung, daß ich mich nächstens öffentlich verloben werde.* (...) *Nun muß aber der Onkel meinen Brief mißverstanden haben und glauben, wir wären schon öffentlich verlobt, denn in dem Telegramm, das vor mir liegt, heißt es wortwörtlich: »sehr erfreut gratuliert herzlichst dem Brautpaar Onkel Alfred«.* (KKAB2 Nr. 582).

191 1] *Kierkegaard Buch des Richters]* Sören Kierkegaard, ›Buch des Richters‹. Seine Tagebücher 1833–1855 im Auszug aus dem Dänischen von Hermann Gottsched. Jena u. Leipzig 1905.

191-193 2] *Ich entwerfe ... verändern kann.]* Zu dem Entwurf eines Briefes an Carl Bauer schreibt Kafka am 22. August 1913 an Felice: (...) *und entwarf einen Brief, der ihm das klar machen sollte. Er ist nicht fertig ich schicke ihn auch nicht weg, es war nur ein Ausbruch, der mich nicht einmal erleichtert hat.* (KKAB2 Nr. 596).

193 1] *Wo finde ich ... rein.]* Offenbar im Zusammenhang stehend mit dem Inhalt von Kafkas Brief an Felice Bauer vom 30. August 1913 (siehe KKAB2 Nr. 601).

194 1] *Ich habe mich vielleicht ... Wahl.]* Die erhaltenen Briefe Kafkas zeigen, daß sich die Krise in der Beziehung zu Felice Bauer während der Reise nach Wien und Riva (siehe folgenden Kommentar) noch zugespitzt hatte. Der Briefwechsel mit ihr war seit dem 20. September 1913 unterbrochen, vgl. KKAB2 Nr. 610.

2] *Der Aufenthalt in Riva]* Am 6. September 1913 hatte Kafka eine Reise angetreten, die ihn zunächst nach Wien führte, wohin er den Direktor der AUVA, Dr. Robert Marschner, sowie seinen direkten Vorgesetzten, Oberinspektor Eugen Pfohl, zum ›2. Internationalen Kongreß für Rettungswesen und Unfallverhütung‹ begleitete. Im Anschluß an diesen dienstlichen Teil der Reise fuhr Kafka am 14. September über Triest, Venedig, Verona und Desenzano nach Riva am

Gardasee. Vom 22. September bis vermutlich 12. Oktober hielt er sich dort im Sanatorium Dr. von Hartungen auf. Zum Aufenthalt in Wien siehe die Aufzeichnungen im Band ›Reisetagebücher‹, S. **111–113**: *am 10. Sept. 1913 ...*

3] *ein christliches Mädchen]* In Riva hatte sich Kafka *in ein* 194
Mädchen verliebt, ein Kind, etwa 18 Jahre alt, eine Schweizerin (KKAB2 Nr. 641), deren Namen er im folgenden mit *W.* oder *G. W.* wiedergibt.

1] *E. Weiß]* Kafka hatte Ernst Weiß während seines Aufent- 195
haltes in Wien getroffen, vgl. Kafkas Brief an Max Brod vom 16. September 1913 (KKAB2 Nr. 611). Vgl. auch Kommentar **160**1.

2] *Prof. Grünwald]* Josef Grünwald, Professor der Mathematik an der Prager Universität.

1] *An Krapotkin nicht vergessen!]* Fürst Peter Krapotkin, ›Me- 196
moiren eines russischen Revolutionärs‹. Stuttgart 1900; 1913 in der vierten Auflage erschienen.

2] *Abend Jakobsohn ... gelesen.]* Siegfried Jacobsohn, ›Der Fall Jacobsohn‹. Charlottenburg 1913.

1] *Haas]* Willy Haas, siehe Kommentar **65**1. 197

2] *»die Verwandlung«]* Kafkas im November/Dezember 1912 entstandene Erzählung; siehe im Band ›Ein Landarzt und andere Drucke zu Lebzeiten‹, S. 91ff.

3] *W.]* Siehe Kommentar **194**3.

4] *der Russin]* Nicht ermittelt.

1] *Besuch der Ringhofferschen Fabrik]* Die Franz Ringhoffer 198
Werke, eine Maschinenfabrik im Prager Vorort Smichow (1920 als Prager Stadtteil eingemeindet), waren zu jener Zeit eines der größten Unternehmen in Österreich-Ungarn. Sie bauten nicht nur Schienenfahrzeuge aller Art, sondern auch Produktionseinrichtungen für Zuckerfabriken, Brennereien, Brauereien etc. Kafka war durch seine Tätigkeit in der AUVA für die Gefahrenklasseneinreihung auch dieser Firma

zuständig, vgl. im Band ›Amtliche Schriften‹ der Kritischen Ausgabe, S. 566 und 916.

198 2] *Seminar Ehrenfels]* Sitzungen eines Seminars des Prager Philosophieprofessors Christian von Ehrenfels (siehe Kommentar **30**3), in dem nach Max Brods Erinnerung (›Streitbares Leben. 1884–1968‹. Überarb. und erw. Neuausgabe. München, Berlin, Wien 1969, S. 164) das von ihm und Felix Weltsch gemeinsam verfaßte Buch ›Anschauung und Begriff. Grundzüge eines Systems der Begriffsbildung‹ (Leipzig 1913) zur Diskussion gestellt wurde (vgl. auch KKAB2 Nr. 623).

201 1] *Margarethe Bloch]* Margarethe Bloch, genannt Grete (1892 bis 1944), wurde von ihrer Freundin Felice Bauer um Vermittlung in ihrer Beziehung zu Kafka gebeten, die in eine ernsthafte Krise geraten war. Ende Oktober 1913 traf sie in Prag mit Kafka zusammen (vgl. KKAB2 Nr. 624). – Die Tagebucheintragung bezieht sich vermutlich auf den Empfang eines Briefes von Grete Bloch; vgl. Kafkas Brief vom 10. November 1913: (...) *Sie werden mir vielleicht böse sein, daß ich Ihren lieben Brief, dessen klare Güte nur bei der Stelle von den Rosen von einer Unverständlichkeit unterbrochen wird, noch nicht beantwortet habe* (...) (KKAB2 Nr. 627).

2] *Ehrenstein]* Der Schriftsteller Albert Ehrenstein (1886 bis 1950), dem Kafka im Jahr 1913 bereits im März in Berlin (vgl. KWBr 28) und im September in Wien (vgl. im Band ›Reisetagebücher‹, S. **112**: *Zu Ehrenstein gefahren*) begegnet war, las auf Einladung des ›Klubs deutscher Künstlerinnen‹ am 7. November 1913 in Prag »vor einem zahlreichen literarischen Freundeskreis« (laut ›Prager Tagblatt‹ vom 8. November 1913; MA Nr. 307, S. 5) u.a. aus seinem Novellenband ›Der Selbstmord eines Katers‹ (München 1912), aus seinem Gedichtband ›Die weiße Zeit‹ (München 1914) sowie seinen Beitrag zu dem von Kurt Pinthus herausgegebenen ›Kinobuch‹ (›Der Tod Homers oder Das Martyrium eines Dichters‹. In: ›Das Kinobuch‹. Hrsg. v. K. Pinthus. Leipzig 1914, S. 89ff.).

1] *Traum: ... soll.]* Den hier festgehaltenen Traum be- 202
schreibt Kafka auch in seinem Brief an Grete Bloch vom 18. und 19. November 1913, vgl. KKAB2 Nr. 628.

1] *Den Anfang ... abgequält.]* Offenbar Kafkas zunächst ab- 203
gebrochener, dann aber doch fortgesetzter Brief vom 18. und 19. November 1913, vgl. KKAB2 Nr. 628.

1] *auf der andern Seite ... Gasse]* Gemeint ist vermutlich das 204
Tempelgäßchen.

2] *F.]* Felice Bauer.

3] *Im Kino ... »Endlich allein«.]* Das direkt neben der AUVA gelegene ›Grand Théâtre Bio ›Elite‹‹ annoncierte am 19. November 1913: »›Die kleine Lolotte.‹ aus ›Das Kind von Paris‹ spielt die Hauptr. in ›Es gibt keine Kinder mehr.‹ Tragikomödie in 3 Akten. ›Die Katastrophe im Dock.‹ Großes sensationelles Schauspiel in 4 Akten. Gespielt von d. ersten Kopenhagener Schauspielern. (...) ›Isidors Hochzeitsreise.‹ (oder ›Endlich allein!‹) Großes Lustspiel in 4 Akten mit Hanny Weiße in der Hauptrolle.« (›Prager Tagblatt‹; MA Nr. 318, S. 12).

1] *von F.'s jüngster Schwester]* Die jüngste von Felice Bauers 206
Schwestern war Toni (1892–1919).

1] *Das Kind der Hausmeisterin ... Lärm einbezieht.]* Die Fa- 209
milie Kafka war im November 1913 von der Niklasstraße 36 in das Oppeltsche Haus am Altstädter Ring 6 (heute Nr. 5) gezogen (siehe hierzu auch KKAB2 Nr. 628).

2] *Bild: ... hinuntersehn.]* Vermutlich die Beschreibung einer 209-210
Filmszene, für die Kafka die damals geläufige Bezeichnung »Bild« verwendet.

1] *Brief an Weiß]* Nicht überliefert. Möglicherweise bat 211
Kafka Ernst Weiß bereits zu diesem Zeitpunkt um Vermitt-

lung in seiner Beziehung zu Felice Bauer. Siehe auch *Hatte endlich ... und geht.* (S. **217**) und Kommentar **217**2.

212 1] *P. und O.]* Die Eintragungen *Wie ich gegen meine Mutter ... sie gereizt.* (S. **213**) deuten darauf hin, daß Kafkas Abkürzungen für seine Schwester Ottla und deren späteren Ehemann Josef (genannt »Pepo« oder »Pepa«) David (1891 bis 1962) stehen. Kafkas Eltern waren entschieden gegen die Beziehung ihrer Tochter zu dem katholischen Tschechen. Ottla und Josef David heirateten am 15. Juli 1920.

213 1] *O.]* Ottla Kafka.

2] *F.]* Felice Bauer.

3] *Konstruktionen ... und weiterleben.]* Auf die Lektüre des im Juni im S. Fischer Verlag (Berlin 1913) erschienenen Romans ›Die Galeere‹ von Ernst Weiß zurückgehende Eintragungen.

214 1] *des Oberinspektors]* Eugen Pfohl.

2] *des Direktors]* Robert Marschner.

215 1] *Staatsbahnhof]* An der Ecke Hiberner- und Havlíčekgasse gelegen.

215-216 2] *In der Toynbeehalle ... geschlossen halten.]* Von der Jüdischen Toynbeehalle (einer nach Arnold Toynbee benannten Organisation) – »einem Wohltätigkeitsinstitut, in dem das Publikum vorwiegend aus sehr armen Leuten bestand. Es war nämlich statutenmäßig festgelegt, daß kein Entree eingehoben wurde und daß jeder Zuhörer sogar eine Tasse Tee und einen Kuchen gratis erhielt.« (M. Brod, ›Streitbares Leben‹, a.a.O., S. 187) – wurden allwöchentlich Vortragsabende veranstaltet, für die häufig in Kleinanzeigen Mitwirkende gesucht wurden. Im ›Prager Tagblatt‹ vom 4. Dezember 1913 weist die Toynbeehalle unter ›Vereins-Mitteilungen‹ auf ihre am selben Abend stattfindenden »musikalische[n] Vorträge« hin (MA Nr. 333, S. 17); auf die Lesung Kafkas, die wohl eine Woche später stattfand, findet sich in der Prager Tagespresse keinerlei Hinweis.

1] *Dnes to bylo ... hezky.]* Tschechisch für: »Heute war es ganz hübsch«. 216

1] *F.]* Felice Bauer. 217

2] *Hatte endlich den Plan ... und geht.]* Die Ausführung des hier dargelegten Plans bestätigt Kafka später in einem Brief an Grete Bloch vom 28. Januar 1914: *Ich habe einen sehr guten Freund in Berlin, Dr. E. Weiß* (...) *Diesen Dr. Weiß bat ich nun Anfang Dezember, mit einem Brief von mir zu F. ins Bureau zu gehn.* (KKAB2 Nr. 645).

3] *Diskussionsabend im Beamtenverein.]* Eine Veranstaltung des ›Vereins der deutschen Beamten der AUVA‹ (dessen Rechenschaftsbericht vom 17.1.1912 Kafka als einen der beiden Rechnungsprüfer nennt, vgl. Anthony Northey, ›Kafkas Mischpoche‹, a.a.O., S. 92, Anm. 14), einer Zweigorganisation des Prager ›Staatsbeamtenvereins‹, der im Hofbräuhaus in der Stefansgasse 40 zu tagen pflegte.

1] *Vortrag Beermann. ... Civilist.«]* Der zu jener Zeit in Berlin lebende Journalist und Schriftsteller Richard Arnold Bermann (1883–1939) sprach am 14. Dezember 1913 auf Einladung der ›Lese- und Redehalle der deutschen Studenten‹ unter dem Titel ›Literarische Momentbilder‹ im Kleinen Spiegelsaal des Deutschen Hauses am Graben 26 über seine ›Eindrücke aus dem modernen literarischen und künstlerischen Leben‹ (›Bohemia‹ vom 7. Dezember 1913; MA Nr. 336, S. 10). In der ›Unterhaltungsbeilage‹ des ›Prager Tagblatts‹ vom 14. Dezember erschien unter seinem Pseudonym »Arnold Höllriegel« der Beitrag ›Damit sie lachen und nicht weinen‹ über den Weihnachtsmarkt in Berlin. Darin kommt der von Kafka zitierte Reklamespruch vor: 218

»Kaufen Sie etwas für die Kleinen,
Damit sie lachen und nicht weinen!«

(MA Nr. 342, erste Seite der unpaginierten Beilage).

2] *Brief an F. im Bureau geschrieben.]* Einer der vier nicht überlieferten Briefe Kafkas an Felice Bauer aus dieser Zeit, siehe KKAB2 Nrn. 629, 631, 635 und 637 sowie die jeweiligen Kommentare dazu.

218 3] *Der Schrecken, ... gedacht hatte.]* Bereits am 29. Oktober 1913 erwähnt Kafka in einem Brief an Felice Bauer die ihr ähnlich sehende Seminarteilnehmerin: *Gestern starrte ich ein Mädchen im Seminar eine Stunde lang an weil Sie Dir ein wenig ähnlich war.* (KKAB2 Nr. 623). Zum Seminar des Philosophieprofessors Ehrenfels siehe Kommentar **198**2.

4] *Jetzt in Dostojewski ... erinnert.]* Kafka bringt das Auftreten des »Gentleman« im Kapitel ›Der Teufel. Iwan Fedorowitschs Alb‹ von F.M. Dostojewskis Roman ›Die Brüder Karamasoff‹ mit dem Auftritt des als *kleines Gespenst* eingeführten Kindes in seinem Text ›Unglücklichsein‹ (1:**85–89**: *Als es schon ...*) in Verbindung: »So saß er denn jetzt in seinem Zimmer, wußte beinahe selbst, daß er im Fieber phantasierte, und blickte, wie ich schon vorhin sagte, angestrengt zur anderen Wand, als fixiere er dort einen Gegenstand auf dem Diwan. Dort saß plötzlich jemand! Wie und wann er hereingekommen war, das mag Gott wissen, denn als Iwan Fedorowitsch nach der Rückkehr von Ssmerdjákoff das Zimmer betreten hatte, war niemand in demselben gewesen.« Zitiert nach der vierten Auflage der Ausgabe F.M. Dostojewski, ›Die Brüder Karamasoff. Roman in zwei Bänden‹. Bd. 2. Sämtliche Werke, 1. Abt., Bd. 10. Hrsg. v. Moeller van den Bruck. München 1914, S. 1304, die – mit einer Widmung vom 4. Juli 1915 – als Geburtstagsgeschenk Felice Bauers zu den erhaltenen Büchern aus Kafkas Besitz gehört (siehe auch KB 30–33). Kafkas Kenntnis des Romans beruht auf der Lektüre einer früheren Ausgabe.

219 1] *Briefe an Dr. Weiß ... Alfred.]* Beide Briefe sind nicht überliefert.

2] *Kein Telegramm gekommen.]* Kafka erwartete eine Reaktion von Felice Bauer auf seine Briefe und Telegramme, vgl. KKAB2 Nr. 634.

3] *»Wir Jungen ... gelesen.]* Hermann Schaffstein, ›Wir Jun- 219
gen von 1870/71. Erinnerungen aus meinen Kinderjahren‹. Zweiunddreißigstes der Grünen Bändchen. Hrsg. v. N. Henningsen. Cöln [1913].

4] *»Der Donnerschrei ... Seraphim«]* Zitat aus F.M. Dostojewski, ›Die Brüder Karamasoff‹. Bd. 2, a.a.O., S. 1342 (in leicht abweichender Form siehe auch ebd., S. 1333).

1] *Weltsch]* Felix Weltsch. 220

2] *Brief an Bl.]* Bezieht sich auf den nicht abgeschickten Brief an Grete Bloch vom 15./16. Dezember 1913, siehe KKAB2 Nr. 634.

3] *Brief an W. mit dem Auftrag.]* Nicht überliefert. – Offenbar der Brief mit der Bitte an Ernst Weiß, den beiliegenden Brief Felice Bauer persönlich zu überreichen. Siehe Kafkas Überlegungen hierzu in der Eintragung *Hatte endlich ... und geht.* (S. **217**).

4] *Vortrag ... Gegenwart«.]* Hugo Bergmann sprach am 17. Dezember 1913 im Hotel Bristol in einer Veranstaltung des Vereins ›Afike Jehuda‹ über ›Moses und unsere Gegenwart‹, einer weiteren »Ausführung der in dem kürzlich erschienenen Buche ›Moses‹ des Vortragenden behandelten Ethik des Pentateuchs« (angekündigt im ›Prager Tagblatt‹ vom 12. Dezember 1913; MA Nr. 340, S. 3).

5] *Und als Junge ... glaubte.]* Kafka bezieht sich auf die gemeinsame Gymnasialzeit, in der er *mit Bergmann in einer entweder innerlich vorgefundenen oder ihm nachgeahmten talmudischen Weise über Gott und seine Möglichkeit disputierte*; vgl. *So ... haben.* – (1:**258**f.) und Kommentar 1:**258–259**1.

1] *Vielleicht ist es ... entschieden.]* Bezieht sich auf den Besuch 221
von Kafkas ›Vermittler‹ Ernst Weiß bei Felice Bauer, vgl. die Eintragung *Brief an W. ...* (S. **220**).

221 2] *Bl.]* Grete Bloch.

3] *Brief von F.]* Offenbar die *paar Zeilen*, die Felice Bauer als Antwort auf Kafkas Brief Ernst Weiß übergeben hatte: *W. bekam für mich paar Zeilen, in denen mir F. versprach, am gleichen Tag ausführlich zu schreiben. Dieser angekündigte Brief kam nicht* (...) (Kafka in einem Brief an Grete Bloch vom 28. Januar 1914, KKAB2 Nr. 645).

4] *kein Brief]* Vgl. den letzten Satz des Zitats im Kommentar **221**3.

222 1] *Mit Dr. Weiß ... verbracht]* Ernst Weiß hielt sich zum Jahreswechsel in Prag auf. Vgl. Kafkas Brief an Felice Bauer vom 29. Dezember 1913: *Abend wollte ich dann zu Dr. Weiß gehn, der jetzt in Prag ist* (...) (KKAB2 Nr. 641).

223 1] *Goethes Vater ... Bekannten.]* Kafkas Notizen basieren auf der Lektüre von J. Höffner, ›Die Tragödie im Hause Goethe‹. ›Velhagen und Klasings Monatshefte‹; 28. Jg. (Januar 1914), S. 97ff.

2] *Goethes Vater ... Iphigenie]* »In der Zeit, in der die steigende Teilnahmlosigkeit und endliche gänzliche Verblödung des Vaters, das Sichfortschleppen unter einem unerträglichen Lebensjoch der Schwester ihm am bittersten vor Augen stellt, befreit sich Goethes bedrückte Seele in Iphigenie.« (ebd., S. 98).

3] *»Schaff ... Christiane]* »Christiane tanzt ihre Schuh in Tanzveranstaltungen dritten und vierten Ranges durch, und der Oberforstmeister Stein-Nordheim sagt zu Goethe: Bring dein Mensch nach Hause, es ist besoffen.« (ebd., S. 98).

4] *Der wie seine Mutter ... diktiert wird.]* »August (...) macht als Heidelberger Student Schulden, vom Vater her die Leidenschaft für Weiber, von der Mutter her die für den Wein in den Adern. (...) seine Wahl fällt auf die degenerierte Ottilie Pogwisch. Denn ihre Frau Großmutter, Oberhofmeisterin Exzellenz Gräfin Donnersmark, ist die erste Dame bei

Hof. (...) Der Mann will das Mädchen nicht, das Mädchen will den Mann nicht: aber es paßt alles so schön.« (ebd., S. 99).

5] *Wolf ... Schriftsteller]* »So kam er als Attaché nach Rom 223
und wurde zwei Jahre später Legationssekretär. (...) Seine unglückliche Leidenschaft war die Schriftstellerei (...)« (ebd., S. 102).

6] *Walter ... bin«]* In seinen Notizen verwechselt Kafka Wolf und Walter: »Wolf zieht sich monatelang in das Gartenhaus zurück (...) und für die schwere Gereiztheit der jungen Seele spricht sein gequältes Wort, als die russische Kaiserin ihn zu sehen wünscht: Sagen Sie der Zarin, ich bin kein wildes Tier! Immerhin gelingt es wenigstens Wolf, das Abiturium mit ›vorzüglich‹ zu bestehen. Walter, zu kränklich für eine geregelte Arbeitsleistung studiert bei Felix Mendelssohn Musik, der ihn ›nicht ermutigen‹ kann.« (ebd., S. 101).

7] *»Meine Gesundheit ... Eisen.«]* »Sie sind nicht sie selbst: sie sind Goethes Enkel. (...) und ihre Gesundheit war, wie Wolf einmal schreibt, mehr von Blei als von Eisen.« (ebd., S. 100f.).

8] *Kleinliche ... Wolf]* »Er schrieb mit ungeheurem Fleiß allerlei wissenschaftliche Kleinarbeit, die er als großes Werk angelegt hatte, aber die Sachen waren kaum druckreif (...)« (ebd., S. 102).

9] *Greisenhafte ... Bekannten.]* »Erst die Greisin kam nach unstetem Leben in den Mansarden bei dem Sohn unter dem alten Dach zur Ruhe. Da saß sie, immer noch geistig voll Leben und Interesse, neben sich die greise Schwester Ulrike und den immer mehr zusammensinkenden, nun auch schon fünfzigjährigen Sohn, hinter ihrem Teetisch, um den ein paar alte Freunde sich scharten. Die neunzigjährige alte Dienerin (...) Diese greisenhafte Gemeinschaft war Goethes Familie (...)« (ebd., S. 101).

224 1] *Warum wandern ... was geschieht.]* Vermutlich hat Kafka Oskar Iden-Zellers 1913 erschienenen Bericht ›Als Knecht unter heidnischen Nomaden im Tschuktschen-Lande‹ gelesen. In: Ders., ›Auf einsamen Wegen in Nordost-Sibirien‹. Neununddreißigstes der Grünen Bändchen. Hrsg. v. N. Henningsen. Cöln 1913, S. 49ff.

2] *Dilthey: ... Pascal]* Wilhelm Dilthey, ›Das Erlebnis und die Dichtung. Lessing, Goethe, Novalis, Hölderlin‹ (im folgenden zitiert nach der vierten Auflage, Leipzig u. Berlin 1913). Die Eintragung bezieht sich auf das einleitende Kapitel ›Gang der neueren europäischen Literatur‹, S. 1ff.

3] *»die mächtigen Schatten, ... hineintreten«]* Das Zitat lautet vollständig: »Die Geister, die im Mondlicht spielen, die mächtigen Schatten, die aus einer unsichtbaren Welt, angezogen von Mord und Blut, in die sichtbare hineintreten, sind dem Dichter Manifestationen der unsichtbaren Kraft.« (ebd., S. 7).

4] *Pascal]* In seinem einleitenden Kapitel weist Dilthey auf Pascal hin: »Aber schon in den Kämpfen des 17. Jahrhunderts zwischen Wissenschaft, Orthodoxie und religiöser Erfahrung ging die Darstellung über in die Debatte, und in dem Ringen dieser Gegensätze bildete sich einer der größten Schriftsteller Frankreichs – Pascal.« (ebd., S. 8f.).

5] *Brief für Anzenbacher ... geküßt.]* Albert Anzenbacher (1884–1916) war ein Kollege Kafkas, der annahm, daß seine Braut ihn mit dem Lehrer W. (vgl. S. **231**: *Erfährt nichts ...*) betrogen hatte. Um ihn und seine Braut Elisabeth Rämisch (1894–1931; genannt Liesl (*L.*)) – Kafka erfuhr die *Kußgeschichte* in *zum Teil durch Wochen getrennten Etappen* (S. **228**) – geht es auch in den Eintragungen *Anzenbacher ... war.* (S. **225**), *Sorgen A.' ...* (S. **227**), *Anzenbacher kann ...* (S. **228**f.), *Der Schwester ...* (S. **231**f.). – Die beiden heirateten bei Kriegsbeginn.

225 1] *Vorlesung Fantl ... Tonne.«]* Vermutlich las der mit dem

Übersetzer Jakob Hegner (siehe Kommentar **163–164**1) befreundete Prager Literat Leo Fantl in einem interessierten privaten Kreis aus der zu diesem Zeitpunkt noch nicht erschienenen deutschen Ausgabe von Claudels Trauerspiel. Die von Kafka aus dem Gedächtnis zitierte Textstelle lautet wörtlich: »So sind wir unter dies Heer gedrungen und haben es aufgehoben / Und haben es hingeworfen, wie eine Tonne, hin auf die andere Seite (...)« (zitiert nach Paul Claudel, ›Goldhaupt. Ein Trauerspiel in drei Teilen‹. Deutsch von Jakob Hegner. Hellerau 1915, S. 81).

2] *Anzenbacher: ... sicher war.]* Siehe Kommentar **224**5. 225

3] *Gestern: ... dunkelblau.]* Quelle nicht ermittelt.

4] *geführtem   aus]* Im Manuskript hat Kafka hier eine Lücke gelassen. Offenbar in der Absicht, die ihm bei der Niederschrift nicht einfallende Bezeichnung für das beschriebene Kleidungsstück nachzutragen.

5] *F.]* Felice Bauer.

1] *Nikolai, Litteraturbriefe.]* Bezieht sich auf die Dilthey- 226
Lektüre (vgl. Kommentar **224**2): »Und so gründete Lessing für kurze Zeit die Literaturbriefe. ›Der damalige Krieg spannte alles mit Enthusiasmus an‹, so erzählt Nicolai ausdrücklich, als Erklärungsgrund für das energische, zusammengefaßte Vorgehen der Schule in dieser Zeitschrift.« (Wilhelm Dilthey, ›Das Erlebnis und die Dichtung‹, a.a.O., S. 34f.).

2] *Tellheim: ... besitzen.]* Vollständig lautet die Textstelle bei Dilthey: »Tellheim ist die schönste Charakterfigur des deutschen Lustspiels. Er hat (...) besitzen.« (ebd., S. 71).

3] *Großer Widerwillen ... worden wäre.]* Die Arbeit an seiner zwischen dem 17. November und 6. Dezember 1912 entstandenen Erzählung ›Die Verwandlung‹ hatte Kafka am 25. und 26. November wegen einer Geschäftsreise nach Kratzau unterbrechen müssen (vgl. KKAB1 Nrn. 313 und 316). Siehe auch *Korrektur der »Verwandlung«* (S. **227**) und Kommentar **227**12.

227 1] *Oberkontrollor Bartl]* Johann Bartl, Vorstand der Rekursabteilung in der AUVA.

2] *Memoiren ... alter Mann.]* Kafkas Notizen basieren auf der Lektüre von Gräfin Lulu Thürheim, ›Mein Leben. Erinnerungen aus Österreichs großer Welt 1788–1819‹. Bd. 1. Hrsg. v. René van Rhyn. ›Denkwürdigkeiten aus Altösterreich VII‹. München 1913.

3] *Die Mutter: ... verleihen.«]* Zitat, ebd., S. 63.

4] *Sicher ist, ... allein.]* Paraphrase und Zitat, ebd., S. 83.

5] *Nach einem Stich ... Mann.]* Abbildung ebd., nach S. 82.

6] *Arbeit über ... Bureau]* Vermutlich für den ›Bericht der Arbeiter-Unfall-Versicherungs-Anstalt für das Königreich Böhmen über ihre Tätigkeit während der Zeit vom 1. Jänner bis 31. Dezember 1913‹. Prag 1914. Vgl. hierzu auch im Band ›Amtliche Schriften‹ der Kritischen Ausgabe, S. 272–275 und 857–859.

7] *Sorgen A.' ... Braut]* Vgl. *Brief für Anzenbacher ... geküßt.* (S. **224**) und Kommentar **224**5.

8] *Ottlas Zionismus]* Kafkas jüngste Schwester engagierte sich u.a. im ›Klub jüdischer Frauen und Mädchen‹ (vgl. S. **236**: *erzählt vom Clubabend*), dessen Vorsitzende Lise Weltsch (vgl. Kommentar 1:**234**4) war und zu dessen führenden Mitgliedern auch Klara Thein (vgl. Kommentar **233**6) und Grete Oplatka (vgl. Kommentar **103**8) gehörten.

9] *Vortrag Salten – Schildkraut]* Der Festabend des Vereins ›Bar-Kochba‹ am 21. Januar 1914 im Prunksaal des Hotels Central wurde mit einem Vortrag Felix Saltens (eigtl. Siegmund Salzmann, 1869–1947) über die ›jüdische Moderne‹ eingeleitet. Anschließend las der Schauspieler Rudolf Schildkraut (1862–1930) u.a. Gedichte von Max Brod (laut ›Prager Tagblatt‹ vom 23. Januar 1914; MA Nr. 22, S. 3f.).

10] *Lesen der Memoiren Thürheim]* Vgl. die Eintragung *Me-* 227
moiren ... Mann. (S. **227**) und Kommentar **227**2.

11] *Briefe an Weiß und Löwy]* Weder der Brief an Ernst Weiß noch der Brief an Jizchak Löwy ist überliefert.

12] *Korrektur der »Verwandlung«]* Lektüre (vgl. S. **226**: *19. I 14 ... wäre.*) und Korrektur der Schreibmaschinenabschrift der ›Verwandlung‹ erfolgten wohl im Hinblick auf eine mögliche Publikation in der Monatsschrift ›Die weißen Blätter‹, die dann allerdings erst im Oktober 1915 zustande kam (2. Jg., 10. Heft, S. 1177ff.).

1] *Napoleonische ... mehr.«]* Weitere Notizen zur Lektüre der 228
Memoiren der Gräfin Thürheim (vgl. S. **227**).

2] *Napoleonische ... auszukosten«.]* »Die Feste und Bälle drängten sich damals, der Karneval schien eine ununterbrochene Guirlande von Vergnügungen zu sein. Die jungen Leute der damaligen Gesellschaft waren fast ausschließlich Offiziere und darauf bedacht, in den kurzen Ruhepausen, die ihnen der Krieg ließ, die Freuden des Friedens voll auszukosten.« (Gräfin Lulu Thürheim, ›Mein Leben‹. Bd. 1, a.a.O., S. 132).

3] *»Andererseits ... Hingebung«]* Ebd., S. 132.

4] *»Heutzutage ... mehr.«]* Ebd., S. 132f.

5] *Unfähig, ... dritte.]* Siehe hierzu auch Kafkas Brief an Grete Bloch vom vermutlich 25. oder 26. Januar 1914, KKAB2 Nr. 644.

6] *Anzenbacher ... Mädchen.«]* Siehe Kommentar **224**5. 228-229

1] *Jetzt fällt mir ein ... hätte.]* Bezieht sich offenbar auf den in 229
der Eintragung *Briefe an Weiß ...* (S. **227**) erwähnten Brief an Ernst Weiß.

2] *F.]* Felice Bauer.

3] *Kann nicht in der Thürheim lesen]* Siehe Kommentar **227**2.

4] *Brief an Frl. Bl. ... aufgegeben.]* Offenbar der von Kafka auf den 23. Januar 1914 datierte Brief an Grete Bloch, siehe

KKAB2 Nr. 644 sowie auch die Eintragung *Unfähig ... dritte.* (S. **228**).

229 5] *Kartenspielen der Eltern]* Siehe Kommentar 1:**155**2.

230 1] *die »böse Unschuld«]* Oskar Baum, ›Die böse Unschuld. Ein jüdischer Kleinstadtroman‹. Frankfurt 1913.

2] *Der Tod des Vaters ... tot.«]* Gräfin Lulu Thürheim, ›Mein Leben‹. Bd. 1, a.a.O., S. 249.

3] *Vortrag über die Lourdes ... l'univers]* Im ›Deutschen Vereinshaus‹ (Smečkagasse 22) sprach der Münchener Arzt Dr. Eduard Aigner am 29. Januar 1914 über ›Die Wunderheilungen von Lourdes‹. Über die Veranstaltung des Vereins ›Freie Deutsche Schule‹ berichtete die ›Bohemia‹ am 31. Januar 1914: »Seine ernsthaft, gründlich und wissenschaftlich geführten Untersuchungen haben das Resultat gezeitigt, daß Dr. Aigner im Bewußtsein seiner ärztlichen Pflicht den Kampf gegen den Glauben an die Wunderheilungen von Lourdes aufgenommen hat.« (MA Nr. 30, S. 4).

4] *»Es ist Zeit ... Charlatanismus«]* »Dr. Aigner (...) schloß mit einem stürmisch aufgenommenen Appell an das deutsche Volk, der Wahrheit die Ehre zu geben.« (ebd.).

5] *Diskussion: ... sonst nichts«]* »Nachdem einige Anfragen von Dr. Aigner beantwortet worden waren, meldete sich als erster Gegenredner Postoffizial Heermut zum Wort, der als überzeugter Anhänger die Wunderheilungen von Lourdes verfocht (...)« (ebd.).

231 1] *Brief an Bl. ... geschickt]* Kafkas Brief an Grete Bloch vom 28. Januar 1914 (KKAB2 Nr. 645), den er ihr zusammen mit dem Roman ›Die Galeere‹ von Ernst Weiß zusandte.

231-232 2] *Der Schwester Anzenbach. ... benützt hat.]* Siehe Kommentar **224**5.

3] *A.]* Hier und im weiteren Kontext der Eintragung Anzenbacher; vgl. Kommentar **224**5.

231 4] *Schluckenau]* Ort in Nordböhmen.

5] *W.]* Der schon erwähnte Lehrer, vgl. Kommentar **224**5. 231

6] *L.]* Hier und im weiteren Kontext der Eintragung Liesl, Anzenbachers Braut; vgl. Kommentar **224**5.

7] *»Asmus Semper«]* Otto Ernst (eigtl. Otto Ernst Schmidt), ›Asmus Sempers Jugendland. Der Roman einer Kindheit‹, dessen erste Auflage 1905 in Leipzig erschienen war.

1] *Lourdes: ... ohne Veränderung.]* Weitere auf den Besuch der 232
Veranstaltung vom 29. Januar 1914 zurückgehende Aufzeichnungen, siehe *Vortrag über die Lourdes ... l'univers* (S. **230**) und Kommentar **230**3.

2] *Die Tür öffnete ... Arm.]* Vermutlich die Wiedergabe einer Filmszene.

1] *Thürheim ... (Juden)]* Notizen Kafkas zu den entsprechen- 233
den Seiten von Gräfin Lulu Thürheim, ›Mein Leben. Erinnerungen aus Österreichs großer Welt 1788–1819‹. Bd. 2. Hrsg. v. R. van Rhyn. ›Denkwürdigkeiten aus Altösterreich VIII‹. München 1913; siehe Kommentar **227**2.

2] *37 (Nichts ... Koketterie)]* »Wenn ich die Wahrheit eingestehen soll, so muß ich sagen, daß ich in meinem Leben nichts Süßeres, wie die Liebe, nichts Amüsanteres gefunden habe, als die Koketterie.« (ebd., S. 37).

3] *48 (Juden)]* »Vor Rzeszow fuhren Nany und ich dem Wagen der Goëß vor, doch o Schrecken, bei dem Orte standen zwei Reihen von Juden, die uns wie Besessene mit Vivatrufen und Schwenken ihrer Fahnen empfingen und uns zum Schlusse ihre Thora zum Kusse reichten. In meiner Bescheidenheit wußte ich nicht, wohin mich verkriechen, doch Nany beantwortete diese Ehrenbezeigungen mit lautem Gelächter. Da wir uns mit den Juden nicht verständigen konnten, mußten wir notgedrungen auf den nachfolgenden Wagen warten. Als dieser endlich erschien, wandte sich ihm die Aufmerksamkeit der Israeliten sofort zu; sie ließen uns mitten auf der Straße im Stiche und eilten mit ihren Fahnen und

Tafeln des Moses davon, um ihren Irrtum wieder gutzumachen.« (ebd., S. 48).

233 4] *Felix ... gewesen)]* Siehe auch Kafkas Eintragung vom 15. Februar 1914 *Ich sagte ... einmal.* (S. **237**).

5] *F.]* Felice Bauer.

6] *Einladung der Frau Thein]* Klara Thein (1884–1974), eine Prager Zionistin, der Kafka am 8. September 1913 auf dem ›XI. Zionisten Kongreß‹ in Wien begegnet war (vgl. im Band ›Reisetagebücher‹, S. **113**: *Frau Thein.*). – Diese und weitere Informationen sowie eine Photographie in Sudel II 22–26.

7] *Kettensteg]* Eine Fußgängerbrücke, die 1914 durch die Erzherzog Franz Ferdinand- (ab 1920 Mánes-)Brücke ersetzt wurde (vgl. Kommentar 3:**126**1). Siehe auch die Abbildung in WB 136f.

8] *»Goethe« ... durchgelesen]* Bezieht sich auf die Lektüre des Kapitels über Goethe in Wilhelm Dilthey, ›Das Erlebnis und die Dichtung‹, a.a.O., S. 223ff.

9] *Gestern bei Frau Thein]* Klara Thein wohnte mit ihrer Familie in der Königstraße 120 im Stadtteil Karolinenthal. Siehe Kommentar **233**6.

234 1] *Erinnert sehr an W.]* Möglicherweise Kafkas Urlaubsbekanntschaft *G. W.* aus Riva; siehe Kommentar **194**3.

2] *Blick aus dem Fenster über den Fluß]* Die Wohnung der Familie Thein lag im zweiten Obergeschoß, mit Blick über die Moldau (Sudel II 28).

235 1] *F.]* Hier und im weiteren Kontext der Eintragung Felice Bauer.

236 1] *die Redner des heutigen Elternabends]* Siehe Kommentar **236**4.

2] *dann den Brief an Bl. geschrieben]* Kafkas Brief an Grete Bloch vom 14. Februar 1914 (KKAB2 Nr. 653).

3] *bei Max ... neuen Wohnung]* Max Brod und seine Frau

wohnten seit ihrer Hochzeit in der Eliška Krásnohorskýgasse 3 im Zentrum Prags.

4] *dann Elternabend neben L. W.]* Die ›Zionistische Kultur- 236
kommission für Böhmen‹ veranstaltete am 14. Februar 1914 für interessierte Eltern einen »öffentlichen Diskussionsabend (›Elternabend‹)« im Hotel Bristol über ›Die Erziehung der jüdischen Jugend‹ (angekündigt im ›Prager Tagblatt‹ vom 12. Februar 1914; MA Nr. 41, S. 4).

5] *L. W.]* Lise Weltsch.

6] *Krätzig]* Vizesekretär Josef Krätzig (1874–?), ein Kollege Kafkas aus der AUVA.

7] *»Notstich«]* Nicht ermittelt.

8] *Kein Brief nicht ... Bureau]* Kafka hatte eine Karte von Felice Bauer erhalten, sofort mit einem Brief darauf reagiert und erwartete nun einen Antwortbrief (vgl. KKAB2 Nr. 653).

9] *Brief an Bl. ... eingeworfen]* Gemeint ist der Brief vom 14. Februar 1914 an Grete Bloch, vgl. die Eintragung *den Brief an Bl. geschrieben* (S. **236**) sowie KKAB2 Nr. 653.

10] *Franz Josefs Bahn]* Die vom Prager ›Kaiser Franz Josefs-Bahnhof‹ ausgehende Bahnlinie über Wesseli-Gmund nach Wien.

11] *Nachmittag Gerke]* Hans (Jan) Gerke (1895–1968) verkehrte bereits als Gymnasiast im Literatenkreis des Café Arco und war zum Zeitpunkt der Tagebucheintragung durch Publikationen im ›Prager Tagblatt‹ hervorgetreten (vgl. Hartmut Binder, ›Jan Gerke: Soziogramm eines Prager Musensohns‹. In: ›Prager deutschsprachige Literatur zur Zeit Kafkas‹. Schriftenreihe der Franz Kafka-Gesellschaft 3. Wien 1989, S. 1ff.).

12] *Khol]* František Khol (1877–1930), zum Zeitpunkt der Niederschrift Bibliothekar des Nationalmuseums, später Dramaturg am Tschechischen Nationaltheater.

236 13] *dann bei Weltsch ... Verlobung]* Die Familie Weltsch wohnte zu dieser Zeit in der Gemsengasse 4. Felix Weltsch verlobte sich mit Irma Herz (1892–1969), seiner späteren Frau.

14] *Joine Kisch]* Klaus Wagenbach erinnert sich an eine von Max Brod erzählte Anekdote, nach der Jonas Enoch Kisch, der Großvater von Paul und Egon Erwin (vgl. Kommentar 1:**198**1), bei einer solchen Verlobungsverhandlung, als ihm die Mitgift zu gering erschien, die bereits angezündeten Kerzen ausblies.

237 1] *Ich sagte bei Weltsch ... keiner.«]* In seinem Brief an Grete Bloch vom 19. Februar 1914 schreibt Kafka: *Mir ist übrigens seit meinem letzten Brief ein eigentümliches Glück widerfahren, daß ich Ihnen, die ich mit meinem Leid nicht verschone, auch nicht verschweigen darf. Mein letzter näherer, unverheirateter oder unverlobter Freund hat sich verlobt* (...) *Dadurch verliere ich allerdings gewissermaßen einen Freund, denn ein verheirateter ist keiner.* (KKAB2 Nr. 654). – Bei Felix Weltschs Mutter handelt es sich um Louise Weltsch, geb. Pereles (1861–1942).

2] *F.]* Felix Weltsch.

3] *Das Heft fängt ... machte]* Vgl. die Eintragung *Es ist sehr ... danach.* (S. **175**).

Nachbemerkung
von Hans-Gerd Koch

Die in diesem Band enthaltenen vier Hefte der Tagebücher Franz Kafkas umfassen einen Zeitraum von mehr als zwei Jahren, nämlich von Anfang Januar 1912 bis Anfang Februar 1914. In dieser Zeit entstehen auch das Romanfragment ›Der Verschollene‹, die Erzählung ›Die Verwandlung‹ sowie zahlreiche kürzere Texte. Im Tagebuch spiegelt sich zum einen in Eintragungen zu diesen literarischen Arbeiten deren Genese wieder, zum anderen dient aber auch das Tagebuch selbst als literarische »Werkstatt«. Hier versucht Kafka, mit unermüdlichen Anläufen zu neuen Texten die Kontinuität seines Schreibens zu bewahren oder überhaupt ein inspiriertes Schreiben auszulösen.

Die Regelmäßigkeit des Tagebuchführens wird immer dann durchbrochen, wenn Kafka – außerhalb des jeweiligen Heftes – mit der Niederschrift eines neuen literarischen Textes beschäftigt ist. Im Frühjahr 1912 ist es die Arbeit an einer ersten – nicht erhaltenen – Fassung seines Romans ›Der Verschollene‹, die zu den Unterbrechungen bzw. zu der lockeren Folge von Eintragungen im fünften Tagebuchheft führt. Geraten diese Arbeiten aber – wie in diesem Beispiel – ins Stokken, kehrt Kafka wieder zum vernachlässigten Tagebuch zurück. »Das Tagebuch von heute an festhalten! Regelmäßig schreiben!« (S. 34), lautet sein Entschluß vom 25. Februar 1912, an den sich eine nun wieder dichtere Folge von Eintragungen anschließt. Die im April erneut einsetzende intensivere Arbeit am Roman läßt sich an den bald wieder spärlicher werdenden Tagebucheintragungen ablesen. Als eine Art Wegbegleiter gibt das Tagebuch auf diese Weise Auskunft über die verschiedenen Schaffensphasen des Autors, wobei Eintragungen, mit denen er die Entstehung seiner Texte kommentiert, Einblick in die konkrete Schreibsituation und in die Befindlichkeit Kafkas bei der Niederschrift gewähren.

Das Tagebuch dient Kafka aber nicht nur dazu, die Kontinuität des Schreibens durch Appelle an sich selbst und regelmäßige diaristische Eintragungen aufrechtzuerhalten, es wird von ihm darüber hinaus immer wieder auch als literarisches Arbeitsheft genutzt, wie die große Zahl der hier entstandenen Texte und fragmentarischen Ansätze zeigt. Zu den umfangreicheren Ansätzen zählen etwa die Erzählfragmente zu »Gustav Blenkelt« (S. 102) und »Ernst Liman« (S. 127ff.), zu den vollendeten Texten die bald nach ihrer Entstehung unter den Überschriften ›Der plötzliche Spaziergang‹ und ›Entschlüsse‹ veröffentlichten (S. 12f. und S. 31) oder auch die Erzählung ›Das Urteil‹ (S. 87ff.). Es ist dieser Wechsel zwischen den Funktionen »Tagebuch« und »literarische Werkstatt«, der letztlich eine eindeutige Grenzziehung zwischen Tagebuchaufzeichnung und dichterischem Schreiben unmöglich macht. Beides findet sich gleichberechtigt nebeneinander – aber auch miteinander vermischt –, so daß eine besondere Form des literarischen Tagebuchs entsteht.

Auch ›Das Urteil‹, einer der bekanntesten Texte Kafkas, entsteht im Tagebuch. Die Niederschrift dieser Erzählung leitet eine intensive schriftstellerische Schaffensphase ein, in der neben anderem der größte Teil der überlieferten Fassung des Romans ›Der Verschollene‹ entsteht. Mit der Arbeit am ersten Romankapitel, ›Der Heizer‹, beginnt Kafka nur wenige Tage nach der Nacht vom 22. zum 23. September, in der ›Das Urteil‹ entstanden ist, gleichfalls im sechsten Tagebuchheft. Mit der Niederschrift füllt er zunächst die restlichen noch leeren Seiten dieses Heftes, anschließend jene des seit September 1911 nicht mehr benutzten zweiten Tagebuchheftes (vgl. ›Tagebücher, Band 1: 1909–1912‹, S. 132ff.), bevor er schließlich die Romanniederschrift außerhalb der Tagebuchhefte fortsetzt. Tagebuch führt er während dieser Zeit nicht, und auch nach dem Abbruch der Arbeit am Roman vergehen noch etwa zwei Wochen, bevor er am 11. Februar 1913 sein siebentes Tagebuchheft mit einer Eintragung zum ›Urteil‹ eröffnet (S. 125), an die sich dann nach einer weiteren Unterbrechung von gut zwei Wochen der Beginn einer neuen Erzählung anschließt. Als allerdings die Inspiration bei der Niederschrift nachläßt, legt Kafka das siebente Heft – offenbar in der Hoffnung, den Text irgendwann doch noch fortsetzen zu können – für fast ein Jahr beiseite.

Etwa zwei Monate nachdem er dieses sogenannte »Ernst-Liman-Fragment« aufgegeben hat, am 2. Mai 1913, beginnt er zur Überwindung der weiter anhaltenden Schreibhemmung ein neues Tagebuchheft, sein achtes, das er bis zum 15. Februar 1914 mit Aufzeichnungen füllt. Zu ihrer Fortsetzung nimmt er anschließend das ein Jahr zuvor aufgegebene siebente Heft wieder vor, das er jetzt aber vom Heftende her benutzt. Während die überwiegend diaristischen Eintragungen im achten Heft noch mit einiger Regelmäßigkeit aufeinander folgen, werden jetzt im siebenten Heft die Abstände bald wieder größer, und die Zahl der Ansätze zu literarischen Texten nimmt wieder zu. Parallel zu diesem Heft benutzt Kafka spätestens ab Juni 1914 ein weiteres, sein nunmehr neuntes Tagebuchheft als eine Art literarisches Arbeitsheft (vgl. ›Tagebücher, Band 3: 1914–1923‹, S. 9ff.). Das siebente Heft schließt er mit dem im August 1914 begonnenen Erzählfragment über die »Kaldabahn« ab, dessen Niederschrift er, nachdem die noch verbliebenen leeren Seiten vollgeschrieben sind, auf losen Blättern fortsetzt (vgl. ›Tagebücher, Band 3: 1914–192‹ (S. 44ff.).

Der besonderen Form des hier vorliegenden literarischen

Tagebuchs entsprechend, geht es in fast allen Eintragungen Kafkas – sofern sie nicht selbst Literatur sind – um sein Schreiben und um die Probleme seines Schriftsteller-Daseins. Was außerhalb dieses Bereichs liegt, wird in der Regel nur als störender Einfluß verzeichnet, wie etwa die Tätigkeit für die »Fabrik«, einem gemeinsam mit dem Schwager betriebenen Asbestwerk. Das »Bureau« – die Arbeiter-Unfall-Versicherungs-Anstalt – findet nur Erwähnung, wenn von Kollegen erzählte Anekdoten wiedergegeben werden oder wenn es um das Verhältnis zu Vorgesetzten geht – wobei dann im Einzelfall wiederum deren literarisches Interesse in den Mittelpunkt rückt.

Sein Tagebuch dient Kafka zuvorderst dazu, in Reflexionen und Selbstansprachen die Schwierigkeiten im Fortgang seines literarischen Schaffens zu thematisieren und diese gleichzeitig durch den Akt des Niederschreibens zu überwinden; auch dann, wenn seine Eintragungen persönliche Probleme, Fragen der Lebensführung und Zukunftsgestaltung zum Inhalt haben, steht dabei letztlich immer die Literatur im Mittelpunkt. Selbst seine Eintragungen über die Beziehung zu Felice Bauer – die erste Begegnung beschreibt er im sechsten Heft (S. 79) – , über das Verhältnis zueinander und über seine Schwierigkeiten, die Ehe mit ihr einzugehen, verbinden sich mit Überlegungen zu seinem Schreiben und zu seinem Selbstverständnis als Schriftsteller. Und auch in Aufzeichnungen zu besuchten Veranstaltungen, zu Lektüren, zu Begegnungen mit anderen Autoren stellt Kafka immer wieder einen Bezug zum eigenen Schaffen her. Kafkas Tagebuch ist aber nicht nur literarisches Arbeitsheft und »Klagemauer« des Schriftstellers; es ist auch »Ideenspeicher« und Hilfsmittel zur Selbstdisziplinierung: hier festgehaltene Träume fließen später in literarische Arbeiten ein (vgl. die Eintragung S. 82f. mit der zwei Wochen später entstandenen Eingangsszene des

›Heizers‹, S. 104); Exzerpte aus gelesenen Büchern sollen der Konzentrationsübung dienen, vor allem aber helfen, eine Unterbrechung des Schreibstromes zu vermeiden (vgl. etwa S. 53ff.).

Die Tagebuchhefte enthalten, was der *Schriftsteller* Franz Kafka aus der Perspektive der Literatur aufgezeichnet hat, sowie Eintragungen, die selbst Literatur sind: »Da ich nichts anderes bin als Litteratur und nichts anderes sein kann und will« (S. 192), wie er von sich selbst sagt; sie sind literarisches Diarium und Arbeitsheft – vom Alltag des Prager *k. k. Versicherungsbeamten* Franz Kafka erfahren wir hier nichts.

1883 Franz Kafka wird am 3. Juli als erstes Kind des Kaufmanns Hermann Kafka und seiner Frau Julie, geb. Löwy, in Prag geboren.

1889–1901 Besuch der Volksschule am Fleischmarkt, ab 1893 des Altstädter Deutschen Gymnasiums. Im Sommer 1901 Abitur.

1901–1906 Studium an der Deutschen Universität in Prag; zunächst Besuch von Veranstaltungen in Chemie, Germanistik und Kunstgeschichte, dann Entscheidung für das Jura-Studium.

1902 Im Oktober erste Begegnung mit Max Brod.

1904 Beginn der Arbeit an der ersten Fassung von ›Beschreibung eines Kampfes‹.

1906 Im Juni Promotion zum Doktor der Rechte.

1906–1907 Rechtspraktikum am Landes- und am Strafgericht.

1907 Beginn der Arbeit an der ersten Fassung von ›Hochzeitsvorbereitungen auf dem Lande‹.

1907–1908 Anstellung bei der Versicherungsgesellschaft *Assicurazioni Generali* in Prag.

1908 Im März erste Veröffentlichung: In der Zweimonatsschrift ›Hyperion‹ erscheinen kleine Prosastücke unter dem Titel ›Betrachtung‹; am 30. Juli Eintritt in die *Arbeiter-Unfall-Versicherungs-Anstalt für das Königreich Böhmen in Prag.*

1909 Im Frühsommer Beginn der Eintragungen ins erste Tagebuchheft; im September Reise mit Max und Otto Brod nach Norditalien; es entsteht der kurz darauf in der Prager Tageszeitung ›Bohemia‹ publizierte Bericht ›Die Aeroplane in Brescia‹; im Herbst Arbeit an der zweiten Fassung von ›Beschreibung eines Kampfes‹.

1910 Ende März erscheint eine Auswahl kürzerer Prosatexte unter dem Titel ›Betrachtungen‹ in der ›Bohemia‹; im Oktober Reise mit Max und Otto Brod nach Paris.

1911 Im Sommer Reise mit Max Brod in die Schweiz, nach Norditalien und Paris; Ende September Aufenthalt im Sanatorium Erlenbach bei Zürich; Begegnung mit einer mehrere Monate in Prag gastierenden jiddischen Schauspieltruppe.

1912 Im Sommer Reise mit Max Brod nach Leipzig und Weimar, anschließend Aufenthalt im Naturheilsanatorium *Jungborn* bei Stapelburg im Harz; im August erste Begegnung mit der Berlinerin Felice Bauer in Prag, im September Beginn der Korrespondenz mit ihr; es entstehen u. a. die Erzählungen ›Das Urteil‹ und ›Die Verwandlung‹, und Kafka beginnt mit der Niederschrift des Romans ›Der Verschollene‹ (von Max Brod erstmals 1927 unter dem Titel ›Amerika‹ herausgegeben); unter dem Titel ›Betrachtung‹ erscheint im Dezember Kafkas erstes Buch (Ernst Rowohlt Verlag, Leipzig).

1913 Reger Briefwechsel mit Felice Bauer; Ende Mai erscheint ›Der Heizer. Ein Fragment‹ (das erste Kapitel des Romans ›Der Verschollene‹) im Kurt Wolff Verlag in der Buchreihe ›Der jüngste Tag‹, im Juni ›Das Urteil‹ im Jahrbuch ›Arkadia‹; im September Reise nach Wien, Venedig und Riva.

1914 Am 1. Juni offizielle Verlobung mit Felice Bauer in Berlin, am 12. Juli Entlobung; im Juli Reise über Lübeck nach Marielyst; Anfang August Beginn der Niederschrift des Romans ›Der Proceß‹; während der damit einsetzenden Schaffensphase entsteht u. a. die Erzählung ›In der Strafkolonie‹.

1915 Im Januar erste Begegnung mit Felice Bauer nach der Entlobung; ›Die Verwandlung‹ erscheint im Oktoberheft der Zeitschrift ›Die Weißen Blätter‹; Carl Sternheim gibt die Preissumme des ihm verliehenen Fontane-Preises »als Zeichen seiner Anerkennung« an Kafka weiter.

1916 Erneute engere Beziehung zu Felice Bauer, im Juli gemeinsamer Urlaub in Marienbad; Entschluß zur erneuten Verlobung; Beginn der Aufzeichnungen in Oktavheften; in der Buchreihe ›Der jüngste Tag‹ des Kurt Wolff Verlags erscheint im November ›Das Urteil‹.

1916–1917 Viele kurze Texte (vor allem die später in den Band ›Ein Landarzt‹ aufgenommenen) entstehen in Kafkas Arbeitsdomizil in der Alchimistengasse auf dem Hradschin.

1917 Im August erste Anzeichen einer Lungenerkrankung, am 4. September Diagnose einer Lungentuberkulose; im Dezember Lösung der zweiten Verlobung.

1917–1918 Genesungsurlaub im nordböhmischen Zürau auf einem von Ottla Kafka bewirtschafteten Bauernhof; Entstehung vieler Aphorismen.

1919 Im Sommer Verlobung mit Julie Wohryzek; ›In der Strafkolonie‹ erscheint im Herbst bei Kurt

Wolff; im November entsteht der ›Brief an den Vater‹.

1920 Im April Genesungsurlaub in Meran; Beginn des Briefwechsels mit Milena Pollak (geb. Jesenská); im Frühjahr erscheint bei Kurt Wolff der Band ›Ein Landarzt. Kleine Erzählungen‹; im Juli Lösung des Verlöbnisses mit Julie Wohryzek.

1920–1921 Kuraufenthalt in Matliary in der Hohen Tatra (von Mitte Dezember 1920 bis August 1921).

1922 Von Ende Januar bis Mitte Februar Aufenthalt in Spindelmühle im Riesengebirge; Beginn der Niederschrift des Romans ›Das Schloß‹; außerdem entsteht u. a. ›Ein Hungerkünstler‹; am 1. Juli wird Kafka pensioniert; von Ende Juni bis September Aufenthalt in Planá an der Luschnitz (Böhmerwald).

1923 Im Juli erste Begegnung mit Dora Diamant in Müritz an der Ostsee; im September Übersiedlung von Prag nach Berlin, Lebensgemeinschaft mit Dora Diamant; es entsteht u. a. der Text ›Eine kleine Frau‹.

1924 Verschlechterung des Gesundheitszustandes; im März Rückkehr nach Prag; ›Josefine, die Sängerin oder Das Volk der Mäuse‹ entsteht; im April Aufenthalt im Sanatorium Wiener Wald in Ortmann (Niederösterreich), später in der Klinik von Prof. Hajek in Wien, schließlich Sanatorium Dr. Hugo Hoffmann in Kierling bei Wien; Kafka beginnt mit der Satzkorrektur seines Bandes ›Ein Hungerkünstler‹; am 3. Juni stirbt Franz Kafka; er wird am 11. Juni auf dem jüdischen Friedhof in Prag-Straschnitz bestattet.

Register

Zusammengestellt von
Roger Hermes, Waltraud John,
Anita Widera und Andreas Wittbrodt

Für die vier Tagebuchbände dieser Ausgabe werden folgende Siglen verwendet:

1 = ›Tagebücher, Band 1: 1909–1912‹
2 = ›Tagebücher, Band 2: 1912–1914‹
3 = ›Tagebücher, Band 3: 1914–1923‹
R = ›Reisetagebücher‹

Mit * versehene Seitenzahlen verweisen auf einen erschlossenen, in dieser Form nicht im Text stehenden Eintrag; kursive Angaben verweisen auf Fundstellen im jeweiligen Kommentar.

Chronologisch geordnetes Verzeichnis der datierten Tagebuch- und Reisetagebucheintragungen

1911	19. Januar	»Zweites Heft«	**1**: 114
	Jan./Feb.	»Reisen Januar/Februar 1911«	**R**: 11
	19. Februar	»Erstes Heft«	**1**: 26 u. 27
	20. Februar	»Zweites Heft«	**1**: 116
	21. Februar	»Zweites Heft«	**1**: 117
	26. März	»Zweites Heft«	**1**: 124
	28. März	»Erstes Heft«	**1**: 27
	15. August	»Erstes Heft«	**1**: 32
	20. August	»Erstes Heft«	**1**: 33
	24. August	»Erstes Heft«	**1**: 34
	26. August	»Erstes Heft«	**1**: 34
	26. August	»Reise August/September 1911«	**R**: 21
	28. August	»Reise August/September 1911«	**R**: 29
	29. August	»Reise August/September 1911«	**R**: 30
	30. August	»Reise August/September 1911«	**R**: 31
	31. August	»Reise August/September 1911«	**R**: 31
	1. September	»Reise August/September 1911«	**R**: 31 u. 37
	2. September	»Reise August/September 1911«	**R**: 35
	3. September	»Reise August/September 1911«	**R**: 36
	4. September	»Reise August/September 1911«	**R**: 37
	5. September	»Reise August/September 1911«	**R**: 42
	6. September	»Reise August/September 1911«	**R**: 43
	7. September	»Reise August/September 1911«	**R**: 43
	8. September	»Reise August/September 1911«	**R**: 43
	11. September	»Reise August/September 1911«	**R**: 75
	20. September	»Reise August/September 1911«	**R**: 56
	26. September	»Erstes Heft«	**1**: 35
	27. September	»Erstes Heft«	**1**: 36
	29. September	»Erstes Heft«	**1**: 36
	30. September	»Erstes Heft«	**1**: 38
	1. Oktober	»Erstes Heft«	**1**: 40
	2. Oktober	»Erstes Heft«	**1**: 42
	3. Oktober	»Erstes Heft«	**1**: 44
	4. Oktober	»Erstes Heft«	**1**: 46
	5. Oktober	»Erstes Heft«	**1**: 47
	6. Oktober	»Erstes Heft«	**1**: 50

1911	8. Oktober	»Erstes Heft«	**1**: 53
	9. Oktober	»Erstes Heft«	**1**: 57
	10. Oktober	»Erstes Heft«	**1**: 60
	12. Oktober	»Erstes Heft«	**1**: 61
	13. Oktober	»Erstes Heft«	**1**: 61
	14. Oktober	»Erstes Heft«	**1**: 64
	16. Oktober	»Erstes Heft«	**1**: 67 u. 75
	17. Oktober	»Erstes Heft«	**1**: 70
	19. Oktober	»Erstes Heft«	**1**: 72
	20. Oktober	»Erstes Heft«	**1**: 71
	21. Oktober	»Erstes Heft«	**1**: 76
	22. Oktober	»Erstes Heft«	**1**: 77
	23. Oktober	»Erstes Heft«	**1**: 79
	24. Oktober	»Erstes Heft«	**1**: 81
	26. Oktober	»Drittes Heft«	**1**: 153
	27. Oktober	»Drittes Heft«	**1**: 156
	28. Oktober	»Drittes Heft«	**1**: 158
	29. Oktober	»Drittes Heft«	**1**: 160
	30. Oktober	»Drittes Heft«	**1**: 164
	31. Oktober	»Drittes Heft«	**1**: 166
	1. November	»Drittes Heft«	**1**: 168
	2. November	»Drittes Heft«	**1**: 172
	3. November	»Drittes Heft«	**1**: 173
	5. November	»Drittes Heft«	**1**: 176
	7. November	»Drittes Heft«	**1**: 181
	8. November	»Drittes Heft«	**1**: 183
	9. November	»Drittes Heft«	**1**: 186
	11. November	»Drittes Heft«	**1**: 188
	12. November	»Drittes Heft«	**1**: 190
	13. November	»Drittes Heft«	**1**: 193
	14. November	»Drittes Heft«	**1**: 193
	15. November	»Drittes Heft«	**1**: 195
	16. November	»Drittes Heft«	**1**: 196
	18. November	»Drittes Heft«	**1**: 196
	19. November	»Drittes Heft«	**1**: 197
	20. November	»Drittes Heft«	**1**: 201

1911	21. November	»Drittes Heft«	**1**: 203
	22. November	»Drittes Heft«	**1**: 204
	23. November	»Drittes Heft«	**1**: 206
	24. November	»Drittes Heft«	**1**: 206
	25. November	»Viertes Heft«	**1**: 211
	26. November	»Viertes Heft«	**1**: 211
	28. November	»Viertes Heft«	**1**: 211
	29. November	»Viertes Heft«	**1**: 214
	3. Dezember	»Viertes Heft«	**1**: 217
	8. Dezember	»Viertes Heft«	**1**: 219
	9. Dezember	»Viertes Heft«	**1**: 223
	10. Dezember	»Viertes Heft«	**1**: 224
	13. Dezember	»Viertes Heft«	**1**: 225
	14. Dezember	»Viertes Heft«	**1**: 227
	17. Dezember	»Viertes Heft«	**1**: 229
	18. Dezember	»Viertes Heft«	**1**: 232
	19. Dezember	»Viertes Heft«	**1**: 234
	23. Dezember	»Viertes Heft«	**1**: 236
	24. Dezember	»Viertes Heft«	**1**: 240
	25. Dezember	»Viertes Heft«	**1**: 243
	26. Dezember	»Viertes Heft«	**1**: 248
	27. Dezember	»Viertes Heft«	**1**: 252
	28. Dezember	»Viertes Heft«	**1**: 253
	29. Dezember	»Viertes Heft«	**1**: 254
	30. Dezember	»Viertes Heft«	**1**: 255
	31. Dezember	»Viertes Heft«	**1**: 257
1912	2. Januar	»Viertes Heft«	**1**: 260
	3. Januar	»Viertes Heft«	**1**: 263
	4. Januar	»Fünftes Heft«	**2**: 11
	5. Januar	»Fünftes Heft«	**2**: 12
	6. Januar	»Fünftes Heft«	**2**: 14
	7. Januar	»Fünftes Heft«	**2**: 15
	24. Januar	»Fünftes Heft«	**2**: 22
	26. Januar	»Fünftes Heft«	**2**: 23
	31. Januar	»Fünftes Heft«	**2**: 28

1912	4. Februar	»Fünftes Heft«	**2**: 28
	5. Februar	»Fünftes Heft«	**2**: 30
	8. Februar	»Fünftes Heft«	**2**: 33
	13. Februar	»Fünftes Heft«	**2**: 34
	25. Februar	»Fünftes Heft«	**2**: 34
	26. Februar	»Fünftes Heft«	**2**: 37
	27. Februar	»Fünftes Heft«	**2**: 39
	28. Februar	»Fünftes Heft«	**2**: 42
	2. März	»Fünftes Heft«	**2**: 47
	3. März	»Fünftes Heft«	**2**: 48
	5. März	»Fünftes Heft«	**2**: 49
	8. März	»Fünftes Heft«	**2**: 50
	10. März	»Fünftes Heft«	**2**: 51
	11. März	»Fünftes Heft«	**2**: 53
	12. März	»Fünftes Heft«	**2**: 57
	16. März	»Fünftes Heft«	**2**: 58
	17. März	»Fünftes Heft«	**2**: 60
	18. März	»Fünftes Heft«	**2**: 61
	22. März	»Fünftes Heft«	**2**: 61
	24. März	»Fünftes Heft«	**2**: 62
	25. März	»Fünftes Heft«	**2**: 63
	26. März	»Fünftes Heft«	**2**: 63
	27. März	»Fünftes Heft«	**2**: 63
	28. März	»Fünftes Heft«	**2**: 63
	29. März	»Fünftes Heft«	**2**: 64
	1. April	»Fünftes Heft«	**2**: 64
	3. April	»Fünftes Heft«	**2**: 64
	6. April	»Fünftes Heft«	**2**: 64
	6. Mai	»Sechstes Heft«	**2**: 69
	9. Mai	»Sechstes Heft«	**2**: 70
	22. Mai	»Sechstes Heft«	**2**: 71
	23. Mai	»Sechstes Heft«	**2**: 71
	25. Mai	»Sechstes Heft«	**2**: 72
	27. Mai	»Sechstes Heft«	**2**: 72
	1. Juni	»Sechstes Heft«	**2**: 73
	2. Juni	»Sechstes Heft«	**2**: 73

1912	6. Juni	»Sechstes Heft«	**2**: 73
	7. Juni	»Sechstes Heft«	**2**: 74
	28. Juni	»Reise Juni/Juli 1912«	**R**: 81
	29. Juni	»Reise Juni/Juli 1912«	**R**: 82
	30. Juni	»Reise Juni/Juli 1912«	**R**: 83
	1. Juli	»Reise Juni/Juli 1912«	**R**: 86
	2. Juli	»Reise Juni/Juli 1912«	**R**: 86
	3. Juli	»Reise Juni/Juli 1912«	**R**: 87
	4. Juli	»Reise Juni/Juli 1912«	**R**: 88
	5. Juli	»Reise Juni/Juli 1912«	**R**: 89
	6. Juli	»Reise Juni/Juli 1912«	**R**: 91
	7. Juli	»Reise Juni/Juli 1912«	**R**: 93
	8. Juli	»Reise Juni/Juli 1912«	**R**: 95 u. **2**: 74
	9. Juli	»Reise Juni/Juli 1912«	**R**: 95 u. **2**: 74
	10. Juli	»Reise Juni/Juli 1912«	**R**: 97
	11. Juli	»Reise Juni/Juli 1912«	**R**: 97
	12. Juli	»Reise Juni/Juli 1912«	**R**: 98
	13. Juli	»Reise Juni/Juli 1912«	**R**: 99
	14. Juli	»Reise Juni/Juli 1912«	**R**: 99
	15. Juli	»Reise Juni/Juli 1912«	**R**: 100 u. 101
	16. Juli	»Reise Juni/Juli 1912«	**R**: 101
	19. Juli	»Reise Juni/Juli 1912«	**R**: 105
	20. Juli	»Reise Juni/Juli 1912«	**R**: 105
	22. Juli	»Reise Juni/Juli 1912«	**R**: 107
	7. August	»Sechstes Heft«	**2**: 75
	8. August	»Sechstes Heft«	**2**: 75
	9. August	»Sechstes Heft«	**2**: 76
	10. August	»Sechstes Heft«	**2**: 76
	11. August	»Sechstes Heft«	**2**: 76
	14. August	»Sechstes Heft«	**2**: 77
	15. August	»Sechstes Heft«	**2**: 77
	16. August	»Sechstes Heft«	**2**: 78
	20. August	»Sechstes Heft«	**2**: 78
	21. August	»Sechstes Heft«	**2**: 79
	30. August	»Sechstes Heft«	**2**: 80
	4. September	»Sechstes Heft«	**2**: 81

1912	5. September	»Sechstes Heft«	**2**: 81
	8. September	»Sechstes Heft«	**2**: 81
	11. September	»Sechstes Heft«	**2**: 82
	12. September	»Sechstes Heft«	**2**: 83
	15. September	»Sechstes Heft«	**2**: 83
	18. September	»Sechstes Heft«	**2**: 84
	19. September	»Sechstes Heft«	**2**: 85
	20. September	»Sechstes Heft«	**2**: 87
	23. September	»Sechstes Heft«	**2**: 101
	24. September	»Sechstes Heft«	**2**: 103
	25. September	»Sechstes Heft«	**2**: 103
1913	11. Februar	»Siebentes Heft«	**2**: 125
	12. Februar	»Siebentes Heft«	**2**: 126
	28. Februar	»Siebentes Heft«	**2**: 127
	2. Mai	»Achtes Heft«	**2**: 175
	3. Mai	»Achtes Heft«	**2**: 176
	4. Mai	»Achtes Heft«	**2**: 177
	24. Mai	»Achtes Heft«	**2**: 178
	5. Juni	»Achtes Heft«	**2**: 178
	21. Juni	»Achtes Heft«	**2**: 178
	1. Juli	»Achtes Heft«	**2**: 179
	2. Juli	»Achtes Heft«	**2**: 180
	3. Juli	»Achtes Heft«	**2**: 181
	19. Juli	»Achtes Heft«	**2**: 181
	20. Juli	»Achtes Heft«	**2**: 182
	21. Juli	»Achtes Heft«	**2**: 182 u. 183
	23. Juli	»Achtes Heft«	**2**: 187
	13. August	»Achtes Heft«	**2**: 187
	14. August	»Achtes Heft«	**2**: 188
	15. August	»Achtes Heft«	**2**: 189
	21. August	»Achtes Heft«	**2**: 191
	30. August	»Achtes Heft«	**2**: 193
	6. September	»Reise September 1913«	**R**: 111
	7. September	»Reise September 1913«	**R**: 112
	8. September	»Reise September 1913«	**R**: 113

1913	10. September	»Reise September 1913«	**R**: 111
	14. Oktober	»Achtes Heft«	**2**: 194
	15. Oktober	»Achtes Heft«	**2**: 194
	20. Oktober	»Achtes Heft«	**2**: 196
	21. Oktober	»Achtes Heft«	**2**: 198
	22. Oktober	»Achtes Heft«	**2**: 199
	26. Oktober	»Achtes Heft«	**2**: 199
	6. November	»Achtes Heft«	**2**: 201
	17. November	»Achtes Heft«	**2**: 202
	18. November	»Achtes Heft«	**2**: 203
	19. November	»Achtes Heft«	**2**: 203
	20. November	»Achtes Heft«	**2**: 204
	21. November	»Achtes Heft«	**2**: 204
	24. November	»Achtes Heft«	**2**: 205
	27. November	»Achtes Heft«	**2**: 209
	3. Dezember	»Achtes Heft«	**2**: 211
	4. Dezember	»Achtes Heft«	**2**: 211
	5. Dezember	»Achtes Heft«	**2**: 213
	8. Dezember	»Achtes Heft«	**2**: 213
	9. Dezember	»Achtes Heft«	**2**: 213
	10. Dezember	»Achtes Heft«	**2**: 214
	11. Dezember	»Achtes Heft«	**2**: 215
	12. Dezember	»Achtes Heft«	**2**: 216 u. 217
	14. Dezember	»Achtes Heft«	**2**: 218
	15. Dezember	»Achtes Heft«	**2**: 219
	16. Dezember	»Achtes Heft«	**2**: 219
	17. Dezember	»Achtes Heft«	**2**: 220
	18. Dezember	»Achtes Heft«	**2**: 221
	19. Dezember	»Achtes Heft«	**2**: 221
	20. Dezember	»Achtes Heft«	**2**: 221
1914	2. Januar	»Achtes Heft«	**2**: 222
	4. Januar	»Achtes Heft«	**2**: 222
	5. Januar	»Achtes Heft«	**2**: 223
	6. Januar	»Achtes Heft«	**2**: 224
	8. Januar	»Achtes Heft«	**2**: 225

1914	12. Januar	»Achtes Heft«	**2**: 225
	19. Januar	»Achtes Heft«	**2**: 226
	23. Januar	»Achtes Heft«	**2**: 227
	24. Januar	»Achtes Heft«	**2**: 228
	26. Januar	»Achtes Heft«	**2**: 229
	28. Januar	»Achtes Heft«	**2**: 230
	2. Februar	»Achtes Heft«	**2**: 231
	13. Februar	»Achtes Heft«	**2**: 233
	14. Februar	»Achtes Heft«	**2**: 235
	15. Februar	»Achtes Heft«	**2**: 236
	16. Februar	»Siebentes Heft«	**2**: 132
	20. Februar	»Achtes Heft«	**2**: 233
	21. Februar	»Achtes Heft«	**2**: 233
	22. Februar	»Siebentes Heft«	**2**: 132
	23. Februar	»Siebentes Heft«	**2**: 132
	8. März	»Siebentes Heft«	**2**: 132
	9. März	»Siebentes Heft«	**2**: 133
	15. März	»Siebentes Heft«	**2**: 140
	17. März	»Siebentes Heft«	**2**: 140
	27. März	»Siebentes Heft«	**2**: 141
	30. März	»Siebentes Heft«	**2**: 142
	5. April	»Siebentes Heft«	**2**: 142
	7. April	»Siebentes Heft«	**2**: 142
	8. April	»Siebentes Heft«	**2**: 142
	6. Mai	»Siebentes Heft«	**2**: 143
	27. Mai	»Siebentes Heft«	**2**: 145
	28. Mai	»Siebentes Heft«	**2**: 150
	29. Mai	»Siebentes Heft«	**2**: 151
	6. Juni	»Siebentes Heft«	**2**: 153
	12. Juni	»Siebentes Heft«	**2**: 158
	14. Juni	»Siebentes Heft«	**2**: 160
	19. Juni	»Siebentes Heft«	**2**: 160
	21. Juni	»Neuntes Heft«	**3**: 12
	24. Juni	»Siebentes Heft«	**2**: 161
	25. Juni	»Siebentes Heft«	**2**: 161
	30. Juni	»Siebentes Heft«	**2**: 163

1914	1. Juli	»Siebentes Heft«	**2**: 164
	5. Juli	»Siebentes Heft«	**2**: 164
	23. Juli	»Neuntes Heft«	**3**: 24
	27. Juli	»Neuntes Heft«	**3**: 25
	28. Juli	»Neuntes Heft«	**3**: 27
	29. Juli	»Neuntes Heft«	**3**: 30
	29. Juli	»Siebentes Heft«	**2**: 164
	30. Juli	»Neuntes Heft«	**3**: 32
	31. Juli	»Siebentes Heft«	**2**: 164
	1. August	»Siebentes Heft«	**2**: 165
	2. August	»Siebentes Heft«	**2**: 165
	3. August	»Siebentes Heft«	**2**: 165
	4. August	»Siebentes Heft«	**2**: 165
	5. August	»Siebentes Heft«	**2**: 166
	6. August	»Siebentes Heft«	**2**: 166 u. 167
	7. August	»Siebentes Heft«	**2**: 167
	11. August	»Siebentes Heft«	**2**: 168
	12. August	»Siebentes Heft«	**2**: 169
	15. August	»Siebentes Heft«	**2**: 169
	21. August	»Konvolute«	**3**: 37
	29. August	»Konvolute«	**3**: 37
	30. August	»Konvolute«	**3**: 37
	1. September	»Konvolute«	**3**: 38
	13. September	»Konvolute«	**3**: 38
	7. Oktober	»Konvolute«	**3**: 39
	15. Oktober	»Konvolute«	**3**: 39
	21. Oktober	»Konvolute«	**3**: 42
	25. Oktober	»Konvolute«	**3**: 42
	1. November	»Konvolute«	**3**: 42
	3. November	»Konvolute«	**3**: 43
	4. November	»Zehntes Heft«	**3**: 55
	12. November	»Zehntes Heft«	**3**: 56
	24. November	»Zehntes Heft«	**3**: 56
	25. November	»Zehntes Heft«	**3**: 57
	30. November	»Zehntes Heft«	**3**: 59
	2. Dezember	»Zehntes Heft«	**3**: 59

1914	5. Dezember	»Zehntes Heft«	**3**: 60
	8. Dezember	»Zehntes Heft«	**3**: 62
	9. Dezember	»Zehntes Heft«	**3**: 62
	13. Dezember	»Zehntes Heft«	**3**: 63
	14. Dezember	»Zehntes Heft«	**3**: 64
	15. Dezember	»Zehntes Heft«	**3**: 64
	19. Dezember	»Zehntes Heft«	**3**: 65
	20. Dezember	»Zehntes Heft«	**3**: 66
	23. Dezember	»Zehntes Heft«	**3**: 66
	26. Dezember	»Zehntes Heft«	**3**: 66
	27. Dezember	»Zehntes Heft«	**3**: 67
	31. Dezember	»Zehntes Heft«	**3**: 68
1915	4. Januar	»Zehntes Heft«	**3**: 68
	6. Januar	»Zehntes Heft«	**3**: 69
	17. Januar	»Zehntes Heft«	**3**: 69
	18. Januar	»Zehntes Heft«	**3**: 70
	19. Januar	»Zehntes Heft«	**3**: 71
	20. Januar	»Zehntes Heft«	**3**: 73
	24. Januar	»Zehntes Heft«	**3**: 73
	29. Januar	»Zehntes Heft«	**3**: 75
	30. Januar	»Zehntes Heft«	**3**: 76
	7. Februar	»Zehntes Heft«	**3**: 76
	9. Februar	»Zehntes Heft«	**3**: 77
	10. Februar	»Zehntes Heft«	**3**: 77
	14. Februar	»Zehntes Heft«	**3**: 78
	15. Februar	»Zehntes Heft«	**3**: 78
	16. Februar	»Zehntes Heft«	**3**: 79
	22. Februar	»Zehntes Heft«	**3**: 79
	25. Februar	»Zehntes Heft«	**3**: 79
	1. März	»Zehntes Heft«	**3**: 79
	11. März	»Zehntes Heft«	**3**: 80
	13. März	»Zehntes Heft«	**3**: 80
	14. März	»Zehntes Heft«	**3**: 81
	17. März	»Zehntes Heft«	**3**: 82
	23. März	»Zehntes Heft«	**3**: 82

1915	25. März	»Zehntes Heft«	**3**: 82
	9. April	»Zehntes Heft«	**3**: 83
	14. April	»Zehntes Heft«	**3**: 83
	27. April	»Zehntes Heft«	**3**: 83
	3. Mai	»Zelultes Heft«	**3**: 89
	4. Mai	»Zehntes Heft«	**3**: 89
	5. Mai	»Zehntes Heft«	**3**: 90
	14. Mai	»Zehntes Heft«	**3**: 91
	27. Mai	»Zehntes Heft«	**3**: 92
	13. September	»Elftes Heft«	**3**: 97
	14. September	»Elftes Heft«	**3**: 97
	16. September	»Elftes Heft«	**3**: 98
	28. September	»Elftes Heft«	**3**: 99
	29. September	»Elftes Heft«	**3**: 100
	30. September	»Elftes Heft«	**3**: 101
	1. Oktober	»Elftes Heft«	**3**: 101
	6. Oktober	»Elftes Heft«	**3**: 108
	7. Oktober	»Elftes Heft«	**3**: 110
	3. November	»Elftes Heft«	**3**: 111
	4. November	»Elftes Heft«	**3**: 112
	5. November	»Elftes Heft«	**3**: 112
	6. November	»Elftes Heft«	**3**: 113
	19. November	»Elftes Heft«	**3**: 114
	21. November	»Elftes Heft«	**3**: 115
	25. Dezember	»Elftes Heft«	**3**: 115
1916	19. April	»Elftes Heft«	**3**: 117
	20. April	»Elftes Heft«	**3**: 118
	11. Mai	»Elftes Heft«	**3**: 123
	2. Juni	»Elftes Heft«	**3**: 124
	19. Juni	»Elftes Heft«	**3**: 126
	3. Juli	»Elftes Heft«	**3**: 127
	4. Juli	»Elftes Heft«	**3**: 128
	5. Juli	»Elftes Heft«	**3**: 128
	6. Juli	»Elftes Heft«	**3**: 128
	13. Juli	»Elftes Heft«	**3**: 131

1916	14. Juli	»Elftes Heft«	**3**: 131
	15. Juli	»Elftes Heft«	**3**: 132
	19. Juli	»Elftes Heft«	**3**: 132
	20. Juli	»Elftes Heft«	**3**: 133
	21. Juli	»Elftes Heft«	**3**: 134
	22. Juli	»Elftes Heft«	**3**: 135
	21. August	»Elftes Heft«	**3**: 136
	27. August	»Elftes Heft«	**3**: 136
	8. Oktober	»Elftes Heft«	**3**: 138
	16. Oktober	»Elftes Heft«	**3**: 139
	18. Oktober	»Elftes Heft«	**3**: 139
	30. Oktober	»Elftes Heft«	**3**: 142
1917	6. April	»Elftes Heft«	**3**: 143
	29. Juli	»Elftes Heft«	**3**: 143
	30. Juli	»Elftes Heft«	**3**: 144
	31. Juli	»Elftes Heft«	**3**: 146
	1. August	»Elftes Heft«	**3**: 146
	2. August	»Elftes Heft«	**3**: 147
	3. August	»Elftes Heft«	**3**: 148
	4. August	»Elftes Heft«	**3**: 149
	5. August	»Elftes Heft«	**3**: 150
	6. August	»Elftes Heft«	**3**: 151
	7. August	»Elftes Heft«	**3**: 151
	8. August	»Elftes Heft«	**3**: 153
	9. August	»Elftes Heft«	**3**: 154
	10. August	»Elftes Heft«	**3**: 156
	15. September	»Zwölftes Heft«	**3**: 161
	18. September	»Zwölftes Heft«	**3**: 162
	19. September	»Zwölftes Heft«	**3**: 162
	21. September	»Zwölftes Heft«	**3**: 164
	22. September	»Zwölftes Heft«	**3**: 166
	25. September	»Zwölftes Heft«	**3**: 166
	28. September	»Zwölftes Heft«	**3**: 167
	8. Oktober	»Zwölftes Heft«	**3**: 168
	9. Oktober	»Zwölftes Heft«	**3**: 169

1917	14. Oktober	»Zwölftes Heft«	**3**: 169
	15. Oktober	»Zwölftes Heft«	**3**: 169
	21. Oktober	»Zwölftes Heft«	**3**: 170
	6. November	»Zwölftes Heft«	**3**: 170
	10. November	»Zwölftes Heft«	**3**: 170
1919	27. Juni	»Zwölftes Heft«	**3**: 171
	30. Juni	»Zwölftes Heft«	**3**: 172
	6. Juli	»Zwölftes Heft«	**3**: 172
	5. Dezember	»Zwölftes Heft«	**3**: 172
	8. Dezember	»Zwölftes Heft«	**3**: 172
	9. Dezember	»Zwölftes Heft«	**3**: 172
	11. Dezember	»Zwölftes Heft«	**3**: 172
1920	6. Januar	»Zwölftes Heft«	**3**: 173
	9. Januar	»Zwölftes Heft«	**3**: 173
	10. Januar	»Zwölftes Heft«	**3**: 173
	13. Januar	»Zwölftes Heft«	**3**: 175
	14. Januar	»Zwölftes Heft«	**3**: 175
	17. Januar	»Zwölftes Heft«	**3**: 176
	2. Februar	»Zwölftes Heft«	**3**: 178
	15. Februar	»Zwölftes Heft«	**3**: 179
	18. Februar	»Zwölftes Heft«	**3**: 181
	19. Februar	»Zwölftes Heft«	**3**: 183
	29. Februar	»Zwölftes Heft«	**3**: 185
1921	15. Oktober	»Zwölftes Heft«	**3**: 187
	16. Oktober	»Zwölftes Heft«	**3**: 187
	17. Oktober	»Zwölftes Heft«	**3**: 188
	18. Oktober	»Zwölftes Heft«	**3**: 189
	19. Oktober	»Zwölftes Heft«	**3**: 190
	20. Oktober	»Zwölftes Heft«	**3**: 191
	21. Oktober	»Zwölftes Heft«	**3**: 191
	22. Oktober	»Zwölftes Heft«	**3**: 192
	23. Oktober	»Zwölftes Heft«	**3**: 192
	25. Oktober	»Zwölftes Heft«	**3**: 192

1921	29. Oktober	»Zwölftes Heft«	**3**: 193
	30. Oktober	»Zwölftes Heft«	**3**: 194
	7. November	»Zwölftes Heft«	**3**: 195
	1. Dezember	»Zwölftes Heft«	**3**: 196
	2. Dezember	»Zwölftes Heft«	**3**: 196
	6. Dezember	»Zwölftes Heft«	**3**: 196
	20. Dezember	»Zwölftes Heft«	**3**: 197
	23. Dezember	»Zwölftes Heft«	**3**: 198
1922	16. Januar	»Zwölftes Heft«	**3**: 198
	17. Januar	»Zwölftes Heft«	**3**: 199
	18. Januar	»Zwölftes Heft«	**3**: 199
	19. Januar	»Zwölftes Heft«	**3**: 201
	20. Januar	»Zwölftes Heft«	**3**: 202
	21. Januar	»Zwölftes Heft«	**3**: 203
	22. Januar	»Zwölftes Heft«	**3**: 204
	23. Januar	»Zwölftes Heft«	**3**: 206
	24. Januar	»Zwölftes Heft«	**3**: 207
	25. Januar	»Zwölftes Heft«	**3**: 208
	27. Januar	»Zwölftes Heft«	**3**: 209
	28. Januar	»Zwölftes Heft«	**3**: 210
	29. Januar	»Zwölftes Heft«	**3**: 212
	30. Januar	»Zwölftes Heft«	**3**: 214
	31. Januar	»Zwölftes Heft«	**3**: 214
	1. Februar	»Zwölftes Heft«	**3**: 215
	2. Februar	»Zwölftes Heft«	**3**: 215
	3. Februar	»Zwölftes Heft«	**3**: 216
	4. Februar	»Zwölftes Heft«	**3**: 217
	5. Februar	»Zwölftes Heft«	**3**: 217
	6. Februar	»Zwölftes Heft«	**3**: 217
	7. Februar	»Zwölftes Heft«	**3**: 218
	8. Februar	»Zwölftes Heft«	**3**: 218
	9. Februar	»Zwölftes Heft«	**3**: 218
	10. Februar	»Zwölftes Heft«	**3**: 218
	11. Februar	»Zwölftes Heft«	**3**: 220
	12. Februar	»Zwölftes Heft«	**3**: 220

1922	13. Februar	»Zwölftes Heft«	**3**: 220
	14. Februar	»Zwölftes Heft«	**3**: 221
	15. Februar	»Zwölftes Heft«	**3**: 221
	16. Februar	»Zwölftes Heft«	**3**: 221
	17. Februar	»Zwölftes Heft«	**3**: 221
	18. Februar	»Zwölftes Heft«	**3**: 221
	19. Februar	»Zwölftes Heft«	**3**: 221
	20. Februar	»Zwölftes Heft«	**3**: 222
	21. Februar	»Zwölftes Heft«	**3**: 222
	22. Februar	»Zwölftes Heft«	**3**: 222
	23. Februar	»Zwölftes Heft«	**3**: 222
	24. Februar	»Zwölftes Heft«	**3**: 222
	25. Februar	»Zwölftes Heft«	**3**: 222
	26. Februar	»Zwölftes Heft«	**3**: 222
	27. Februar	»Zwölftes Heft«	**3**: 223
	28. Februar	»Zwölftes Heft«	**3**: 223
	1. März	»Zwölftes Heft«	**3**: 223
	5. März	»Zwölftes Heft«	**3**: 223
	6. März	»Zwölftes Heft«	**3**: 223
	7. März	»Zwölftes Heft«	**3**: 223
	9. März	»Zwölftes Heft«	**3**: 223 u. 224
	13. März	»Zwölftes Heft«	**3**: 224
	15. März	»Zwölftes Heft«	**3**: 225
	16. März	»Zwölftes Heft«	**3**: 225
	17. März	»Zwölftes Heft«	**3**: 225
	18. März	»Zwölftes Heft«	**3**: 225
	19. März	»Zwölftes Heft«	**3**: 226
	20. März	»Zwölftes Heft«	**3**: 226
	22. März	»Zwölftes Heft«	**3**: 226
	24. März	»Zwölftes Heft«	**3**: 226
	29. März	»Zwölftes Heft«	**3**: 226
	4. April	»Zwölftes Heft«	**3**: 226
	6. April	»Zwölftes Heft«	**3**: 227
	7. April	»Zwölftes Heft«	**3**: 227
	10. April	»Zwölftes Heft«	**3**: 227
	11. April	»Zwölftes Heft«	**3**: 228

1922	13. April	»Zwölftes Heft«	**3**: 229
	16. April	»Zwölftes Heft«	**3**: 229
	23. April	»Zwölftes Heft«	**3**: 230
	27. April	»Zwölftes Heft«	**3**: 230
	8. Mai	»Zwölftes Heft«	**3**: 230
	12. Mai	»Zwölftes Heft«	**3**: 231
	13. Mai	»Zwölftes Heft«	**3**: 232
	17. Mai	»Zwölftes Heft«	**3**: 232
	19. Mai	»Zwölftes Heft«	**3**: 232
	20. Mai	»Zwölftes Heft«	**3**: 232
	23. Mai	»Zwölftes Heft«	**3**: 233
	25. Mai	»Zwölftes Heft«	**3**: 233
	26. Mai	»Zwölftes Heft«	**3**: 233
	30. Mai	»Zwölftes Heft«	**3**: 233
	5. Juni	»Zwölftes Heft«	**3**: 233
	12. Juni	»Zwölftes Heft«	**3**: 234
	16. Juni	»Zwölftes Heft«	**3**: 234
	23. Juni	»Zwölftes Heft«	**3**: 235
	27. Juli	»Zwölftes Heft«	**3**: 235
	26. August	»Zwölftes Heft«	**3**: 235
	14. November	»Zwölftes Heft«	**3**: 236
	18. Dezember	»Zwölftes Heft«	**3**: 236
1923	12. Juni	»Zwölftes Heft«	**3**: 236

Verzeichnis der in den Tagebüchern enthaltenen fiktionalen Texte und Textansätze

Verzeichnis der erwähnten Werke Kafkas

Verzeichnis der erwähnten Personen, Werke und Periodika

Verzeichnis der erwähnten Vereine, Institutionen, Organisationen und Schauspielensembles

Verzeichnis der erwähnten Orte

Titelübersicht

Die Übersicht verweist unter den aus anderen Editionen bekannten Titeln und Überschriften auf die entsprechende Textstelle in den Bänden dieser Ausgabe. Sie ist nach dem Wortlaut, d. h. ohne Berücksichtigung der Artikel, alphabetisch geordnet. Von Kafka stammende Überschriften und Titel stehen gerade.

Inhalt

Anhang

Register

Tagebücher
Band 2: 1912–1914